U0937671

本著作得到2011年度教育部人文社会科学研究规划基金项目
“大学生生命感的时代解读及提升路径研究”（11YJA190014）的资助

天津大学教育文库

主编 闫广芬

大学生生命意义感的追寻

孙颖 侯振虎 饶芳◎编著

DA XUE SHENG SHENG MING YI YI GAN DE ZHUI XUN

中国社会科学出版社

图书在版编目(CIP)数据

大学生生命意义感的追寻/孙颖，侯振虎，饶芳编著.—北京：中国社会科学出版社，2014.8

ISBN 978-7-5161-5369-7

Ⅰ.①大… Ⅱ.①孙… ②侯… ③饶… Ⅲ.①大学生—人生观—研究—中国 Ⅳ.①G641.2

中国版本图书馆 CIP 数据核字(2014)第 308900 号

出 版 人　赵剑英
责任编辑　张　林
特约编辑　吴连生
责任校对　高建春
责任印制　戴　宽

出　　版　中国社会科学出版社
社　　址　北京鼓楼西大街甲 158 号（邮编 100720）
网　　址　http://www.csspw.cn
　　　　　中文域名:中国社科网　　010-64070619
发 行 部　010-84083685
门 市 部　010-84029450
经　　销　新华书店及其他书店

印　　刷　北京市大兴区新魏印刷厂
装　　订　廊坊市广阳区广增装订厂
版　　次　2014 年 8 月第 1 版
印　　次　2014 年 8 月第 1 次印刷

开　　本　710×1000　1/16
印　　张　16
插　　页　2
字　　数　263 千字
定　　价　49.00 元

前　言

当今社会，正在发生着极为深刻的变化。社会经济的不断发展与社会竞争的日益加剧，对人的素质提出了更高的要求。处于这一特定社会背景下的青年学生，在其成长历程中的各个阶段，均承受着巨大的压力——从小学阶段开始体验到的学业压力，一直到大学阶段所面临的学业、就业与生活三重之压，加之成长过程中价值取向多元化社会思潮的影响，这些交织在一起的有形或无形的竞争和压力，常常引发大学生思想观念方面的冲突与困惑。与此同时，大学阶段又是他们一生的重要转折点，在这一时期，大学生们告别了不识愁滋味的花季而进入一个崭新的世界，开始面临着学业、社交、情感、求职等扑面而来的人生新课题，以及以前没有或者很少接触到的社会矛盾与利益冲突的冲击。所有这些，无不影响着大学生们尚在形成中的世界观与价值观，使不少大学生出现心理的失落、失衡与生活的困惑与迷茫……

思想上的冲突与矛盾、生活中的困难与压力，不可避免地引发大学生们的焦虑、紧张和抑郁等心理问题。这些心理问题的诱发常常使一部分大学生不堪重负并经常性地表现出“郁闷”、“无聊”、“意志消沉”、“态度冷漠”甚或“没意义”等负性精神状态，以及深深陷入迷失自我、迷茫无助的困境中，甚至觉得生活处于一种了无生趣、毫无希望、虚度光阴等生命意义感缺乏的状态。

2011 年 10 月，我国召开了首届生命教育高峰论坛，与会专家学者都非常关注当今大学生们面临着的“生命困顿”现象。（曹专、朱敏，2011）大家普遍认为造成这一现象的根本原因在于大学生缺乏对自然、社会及自我的正确认识，缺乏对生命应有的敬重和信仰。因此，当大学生们面对压力时，由于缺乏生命意义感，很容易使他们在面对重大生活事件时，倾向于做出放弃努力的选择，更有甚者则以选择自杀的方式来逃避对生命意义感的探索与寻求。近年来，大学生的自杀事件，越来越引起全社会的广泛关注。社会和学界都在不断地思考，究竟是什么原因，使得本该朝气蓬勃的个别青年大学生走向绝路？因此，对于生命意义感课题的关注和研究，尤其是关注和研究青年学生群体的生命意义感，已显得刻不容缓。在当代大学生身上表现出的这些心理与精神问题，无不反映出他们在世界观、人生观和价值观形成过程中经历的困顿与迷茫，而正是这些困顿与迷茫，严重地影响着当代大学生的心理健康水平，更影响着他们对生命意义感的体验与感悟。（李荔波，2012）于是，关注当代大学生的心理健康现状，并探究其背后的原因，帮助大学生们找到生命的航向，变得极为迫切。

按照 Frankl V. E. 的意义治疗学说分析，部分大学生身上出现的生活空虚感、生存危机感、人格认同危机感等现象，大多与其自身生命意义的失落有关。空虚的状态容易让人产生绝望的情绪，甚至常常使人自残或者自毁，这一点在年轻人中尤其普遍，生命意义感普遍偏低。（曹艳丽，2007）研究也表明，当代大学生存在一定程度的空虚现象，特别是在消极情绪体验和意义意志缺乏上表现得更为明显。（袁雪，2009）

物质生活的丰富与生命意义感的缺乏，这对矛盾已经成为困扰我国和谐社会发展的一个重大问题。我们的研究也发现，对于生命意义认识的匮乏是幸福感降低的主要原因之一，没有意义的生命感，是没有幸福感可言的。因此，必须对生命意义感进行深入的研究和时代的解读，以帮助当代青年大学生突破这对矛盾，解决生命发展历程中的这个关键问题。正是基于这样的理解和思考，《大学生生命意义感的追寻》一书得以诞生。

本书是 2011 年度教育部人文社会科学研究规划基金项目《大学生生命感的时代解读及提升路径研究》（11YJA190014）的重要成果。课题组通过对国内外文献进行整理、分析和研究，在界定生命意义感的基础上，对影响生命意义感的因素及其相关研究成果进行总结，剖析目前我国国内生命意义研究现状的同时，就生命意义感这一核心问题展开了翔实的研究，并对未来的发展趋势进行了展望。旨在通过研究更好地理解大学生生命意义感的当代意涵，并探索性地提出了增强大学生生命意义感的多重可操作路径，为大学生生命教育的实施提供一些可行的方案。

本书由孙颖、侯振虎提出并确定研究思路、构思书稿框架、拟定撰写提纲并最终修改定稿。期间，孙颖老师的硕士研究生冯晨旭、张慧、杨英英、王芳、刘璐、刘红、薛坤、田蕊、安俐静、李婧也参与了书稿框架的修订，在多次头脑风暴会议中提出了很多建设性的意见。在孙颖、侯振虎、冯晨旭、张慧、杨英英完成初稿后，饶芳老师和冯晨旭又反复对全书进行了细致的修改，使书稿增色不少。侯振虎老师多次来津研讨，并与孙颖老师一同对书稿进行了整体修订和完善，直至最后定稿。

书稿完成后，虽感疲惫，但内心却充满着无限的感激：首先，要感谢教育部、天津大学教育学院、天津大学人文社科处对研究工作的资助，使我们顺利完成了《大学生生命感的时代解读及提升路径研究》这一课题的研究任务。其次，要感谢天津大学和内蒙古农业大学两所学校领导的支持与厚爱，鼓励我们成立了以提升大学生生命意义感为研究主题的跨校合作课题小组，指导我们形成以构建和培育大学生生命意义感的理念和体系为研究共识，突破以往对大学生生命意义感研究和生命教育中单一关注大学生思想状况的模式，转向从各种可操作路径入手，在大学生生活样态的具体情境中，分析大学生生命意义感的影响因素，深入理解大学生的生存困境，并努力探索实施科学援助的具体路径。再次，我们更要感谢天津大学孙颖老师的硕士研究生冯晨旭、杨英英、张慧、段琪、廖星、曹小燕、王芳、龙崎瑶子等人进行的大规模的数据调查与研究，正是他们的研究和书写完成的毕业论文，使本课题得以厘清一些重要变量之间的关系，也为探索提升大学生生命意义感提供了翔实的分析依据。本书的第一章至第六章，以及第七章的第三节，就是在整合、提炼和应用他们前期参与课题研究所得成果的基础上而形成的。本书第七章由天津大学研究生院张立迁老师撰写，第八章、第九章由孙颖、侯振虎在教学改革实践与研究的基础上撰写而成；我们亦要感谢天津大学安俐静同学、内蒙古农业大学大学生心理辅导与服务中心的套克申扎布老师、佟晶老师以及助理石敏同学，天津师范大学的张嫚芮同学，他们协助进行了文献整理与书稿校对工作。田蕊、王芳、吕彦为书稿配置了示图。陈士俊教授在申报此课题时，为团队指点迷津，使课题申报成功，怀丽老师也多次为书稿的形成提供建设性意见。在课题书稿出版之日，谨向他们表示由衷的感谢！

当然，也还想对这些年来参与我们课程以及咨询、辅导过的同学们道一声谢谢！正是在与他们的“人生经历”和相互间的“心灵对话”中，让我们获得了很多科学研究的灵感和对大学生生命意义感与人生幸福问题的思考，书中也有部分资料是隐去他们个人信息后的“加工材料”，比较真实地反映了同学们的所思与所想，希望能够为阅读本书的人们提供更好的案例和故事，以便增加读者对提升大学生生命意义感的可多重操作路径的感性认知。

本书稿是以授课的讲稿为蓝本，参考和引用了国内外许多同行学者的文章和著作。正是学界已有的研究成果，给了我们很多研究思路上的启发与帮助。尽管我们认真核对每一个文献和图片的出处，但依然难免存在疏漏，在此向所有给予本书启迪的学者表示感谢。

最后，要特别感谢中国社会科学出版社的领导和编辑，他们为本书的出版面世给予鼎力支持，并付出了艰辛劳动！

孙　颖　侯振虎　饶　芳

2014 年 7 月 20 日

目　录

第一章

大学生生命意义感的探索与追源

第一节　大学生生命意义感概述

近年来，社会生产力的进步和人均 GDP 的增加，使人们的生活水平和生存条件得到了极大的提高和改善，人们在物质上得到了越来越多的满足。但是，人们的幸福感指数并没有想象的那样大幅度提升，有一些人认为，自己的幸福感指数反而下降了不少，“不幸福”“不快乐”这样的词汇被越来越多的人用来描述自己的生活状态。即，虽然物质生活越来越好，但是幸福却变得遥不可及。调查还显示，年轻人的自杀数量要高于其他人群。中国心理卫生协会提供的研究数据显示：“自杀”已经成为 15—34 岁人群的首位死亡原因（翟书涛，2001），而大学生的自杀问题尤为突出。

学者分析认为，生命意义的匮乏是人们感到不幸福，甚至走上极端道路的主要推力，这一现象引发了学界对于生命意义感问题的研究热潮。对于生命意义感的研究，最初起源于哲学对于生命的思辨问题。而在 Frankl V. E. （1963）将生命意义感这一词汇引入心理学界之后，很快就引起了全世界对它的关注与解读。在一些学术网站上，以“生命意义”为关键词进行搜索，可以发现很多以它为主题的文献资料，由此可知，学者们都在试图界定生命意义感的内涵与范畴、研究影响生命意义感的各种因素，希望通过总结和梳理相关的研究成果，不仅为各国的生命意义感课题研究提供理论支撑，而且为当代社会青年提供一个理解和反思生命意义感的机会，使他们在正视生命意义感的同时，能够提升生命的质量，享受积极的生命意义感带给个体的快乐与幸福。

一　生命意义感的界定

自从生命意义感这一概念被提出之后，研究者们便开始对它的具体含义提出了各自不同的解读，还编制了许多不同类型的生命意义感测量工具。其中包括：Battista J. 和 Almond R.（1973）编制的生命关注指数量表，该量表重点在于测量个体的统合感和实现感；Antonovsky A.（1987）编制的统合感量表（Sense of Coherence Scale，SOC），重点在于测量统合感。目前，比较新近开发且应用比较广泛的生命意义感测量工具，是 Steger M. F.（2006）编制的生命意义问卷（Meaning in Life Questionnaire，MLQ），该问卷侧重总体生命意义感的测量。在该量表的题项中涉及："我理解自己的生命目标意义""我的生命有清晰的目标感""我很清楚给我生命带来意义的一些事情"等等。该量表采用 Likert 式七点计分，共 10 道题，包含 2 个维度，分别为人生意义体验和人生意义寻求，分数越高，表明生命意义感越高。人生意义体验和人生意义寻求两个分量表的内部一致性 α 系数分别为 0.85 和 0.82，量表具有较好的内部一致性和跨时间的稳定性。

由此可知，学者们对于生命意义感的解读，已经绝不仅仅局限在对其字面意思的理解，而更多地希望运用科学的手段对其进行测量，以便能够更好地理解它、贴近它，使其能够成为被人类所掌控的生命资源。

何谓生命的意义？在过去的很长时间内，这个问题都一直蕴涵在哲学的范畴内，它引导的思辨模式是对"人，为何而存在"这一问题的求解。不难看出，这是一个很难求证的哲学问题。因此，尽管这个问题提出得很早，且一直放置于哲学思辨的话题库中，但是却并未引起除了哲学领域之外的其他学者们的关注。一直到 20 世纪中叶，一个名叫 Frankl V. E.（1963）的心理学家在其著作《活出生命的意义》（Man's Searching for Meaning）中，首次将生命意义感这一概念引入心理学界，也就是从那个时候起，生命意义感这一词汇和其背后所涵盖的内容，才开始真正地进入心理学家们的研究视野。该著作的诞生，是学者将生命意义感的研究带入心理学领域的一个重要的里程碑（程明明，樊富珉，2010）。Frankl V. E.（1963）在书中描述说，生命意义因人而异，因时而变，是个体在某一特定时间内，对其自身生命中的某个目标的一种认识和追求，它是特定的时间里个体所感受到的某种特定的意义。在 Frankl V. E.（1963）提出生命意义感的概念之后，国内外的研究者，如 Crumbaugh J. C.（1973）、Reker G. T.（2000）、Steger M. F.（2005、2006、2008、2009）、宋秋蓉（1992）、张利燕（2010）等都分别从不同的角度探讨了生命意义感的结构与概念。

为了更清楚地了解学者们的观点，本书对围绕这一概念的解释和定义等进行了整理与归纳。之所以认为生命意义感这一概念如此重要，是因为在 Frankl V. E.（1991）看来，每一个个体在其一生中，都拥有着不同的事业或使命等待他完成，而且一个人在某一特定时间内，他的生活也会具有迥异于他人的特定意义，所以生命的意义将会因人而异、因时而变。为此，绝对不要只是从泛泛的角度务虚式地去谈论生命意义感，而是应该透彻地理解和追溯每一个人在具体时空下特定的生命意义感。

正是由于 Frankl V. E.（1991）提出要对生命意义感的内涵进行深度思考，引起了社会各界对这一概念的高度关注，更引发了理论界对于生命意义感研究的热潮。但是，这个被赋予了多重内涵的概念，到目前为止，也并没有形成完全一致的认识，很多的学者提出了不同于他人的、较具个性化的理论观点。

1. 国外学者的研究界定

Crumbaugh J. C.（1973）将生命意义定位为一种能够给予个体方向感和价值感的目标，通过实现此目标的过程，个体可以获得一种“成为一个有价值的人”的认同感。而生命意义感则是指个体对生命意义与目的的知觉与感受程度。

Hedlund D. E.（1977）认为，生命意义感指的是个人的意义，即个人存在的理由。它赋予个人力量与价值感。当个人能够意识到自己存在的理由时，他就会感觉到自身拥有力量，并感觉到自己的存在是有价值的。此时，个体将清楚地知道自己的方向，并满怀完成人生使命的强烈动机。Hedlund D. E.（1977）把生命意义感划分为界定性意义和个人意义两个部分，并认为，生命意义感是个体存在的基础。在他看来，如果个体能够意识到自己存在的理由，个体就会感到自身拥有无限的活力，感觉到自己的生命是有价值的，而且深知自己生命的方向，从而更加具备认真做事的动机。

Yalom I. D.（1980）提出，生命意义应该包含两个部分，其一，指的是宇宙的意义，即宇宙间存在着一个超越于人类之外的实体，个体生存的目的以及整个世界的运转规则，都被涵盖在了神的计划之中。宇宙自身具有一成不变的规律，具有超越于个人之上或之外的、非人类所能理解的内容。因此，个人的生命意义不是别的，而是穷其一生明了神的旨意。其二，指的是世俗的意义，即个人对其生命目的和生命过程的体验，有待个体实现的目标，在这一过程中，个体可以体验到自己的生命是有价值的。Yalom I. D. （1980）认为，可以通过利他主义、快乐主义、自我实现和自我超越等途径，在现实生活中使个人的意义得以实现。

Fabry J. （1980）将生命意义分为终极的意义（the ultimate meaning）和此刻的意义（the meaning of the moment）两个层次。其中：终极的意义，指的是宇宙中超越人类且无法被验证的律则；此刻的意义，指的是在生命的每一瞬间皆有一个有待实现的使命，个人只能以负责的态度来回应。

Baumeister R. F. （1991）认为，生命意义感指的是理解生命意味着什么、知道生命的含义是什么，他从人生中具有四种不同意义的需要，即目的的需要、正当性的需要、效益的需要和自我价值的需要等出发指出，人类的基本需要获得满足会让人觉得生命具有意义。

Wong P. T. （1998）对生命意义做了这样的定义，即个体在以文化为背景的基础上所建构起来的认知系统，影响着个体对行为与目标的选择，而且也正是这一认知系统，为个体的生活赋予目的感、自我价值感与成就感。

Reker G. T. （2000）认为，生命意义在概念的架构上具有多个维度，它的具体组成包括顺序感、连续感和目的感等要素的组合及排列，指的是那些被个体认为具有价值的目标的追寻与实现，以及伴随而来的成就感。

Bering J. M. （2002）认为，人类具有处理信息的能力，而信息处理能力能够使人们清楚地认识到自己的社会行为的含义，同时这一能力也能够推动人们努力地去理解生命究竟意味着什么？他认为，人们正是通过解释各自的、独一无二的经历而创造了生命的意义。

Heine S. J. （2006）则认为，个体必须对生命中的各种现象建立预期关系的心理表征，而这些预期的关系会把外在世界的各个组成要素连接在一起，与此同时，也正是这些预期的关系，将人们自我的组成要素连接在了一起。此外，最为重要的是，它还把自我和外部世界联系在了一起。

Steger M. F. 等人（2006）将生命意义定义为“个体对存在的意义感和对自我重要性的感知”。他把生命意义分为生命意义寻求和生命意义体验两个维度：生命意义寻求指的是人们努力去建立或增加对生命的含义和目标的理解；生命意义体验则指的是人们理解了生命的含义，并且认识到自己在生命中的目的、目标或使命。（张姝玥，许燕，2012）

2. 国内学者的研究界定

一些台湾和大陆学者对生命意义的研究为这一概念的界定和理解提供了宝贵的理论和数据资源，具有代表性的观点有以下几种：

何英奇（1987）认为，生命意义感是指个体对自己的生命的意义与目的的知觉与感受程度。

宋秋蓉（1992）认为，生命意义感是能够赋予每一个个体一种具有方向感与价值感的目标，让个体知道生命努力的方向和价值，并借此目标使得每一个个体获得一种肩负着有价值的任务的一种认同感，而生命意义就存在于个体对目标的实现过程中。生命意义感是个体通过思索生存的理由或目的，找到现在或未来生活方向和目标，并在追寻这一方向并实现目标的过程中，个体获得了“成为一个有价值的人”的认同感。

唐晓鸣（2008）提出生命意义感是对生命意义的感受，是个体对生活的目的、方向和态度的看法，是一种高层次的心理感受。

张利燕（2010）将生命意义的内涵归纳总结为三点：第一，从内容上，生命意义有三个核心特征，目标、统合以及实现感；第二，从结构上，生命意义是一个多维度的心理构念；第三，从性质上，生命意义是相对稳定的个体差异变量。

王东宇（2012）将生命意义感界定为个体对自我存在的价值、目的的知觉和感受程度，是个体通过自由选择、对死亡与挫折的接纳，从而达到具有丰富生命意义的状态。

通过对文献的梳理发现，国内外学者在有关生命意义感的界定问题上并没有一个明确的结论，本书作者在总结前人研究的基础上，更倾向于 Steger M. F. 等人（2006）对于生命意义感的定义。原因在于，Steger M. F. 是站在生命意义的积极心理学视角的研究基础上提出了生命意义感的定义。他将个体存在的意义感和对自我重要性的感知作为生命意义感的重要元素，提出个体只有积极地寻找生命意义，才能够在这个过程中获得真正的快乐与满足，也才能真正地拥有“有意义的人生”。

二 生命意义感的来源

生命意义感从哪里来？这是很多学者曾思索和探究过的问题。信仰、爱、成就、奉献等诸多的变量，都被认为是生命意义感的来源。

Frankl V. E.（1963）认为，人们可以通过以下三种不同的途径来发现生命的意义：

其一，在某种类型的活动中得以实现个人价值，如通过某项具体的工作或者是向社会的奉献之举，所获得的创造性价值；

其二，在发现真、善、美的过程中，或者是体验爱的过程中，深化自己的生命体验，从而获得一种体验性价值；

其三，个体透过对有关生与死的问题的态度和看法，形成个体特有的一种信仰或是价值观，以此来获得的态度性价值。并且，Frankl V. E.(1963)认为，态度性价值是人类存在的最高价值，它蕴涵着人们通过苦难的体验，深化而来的对生命的认识。

Baumeister R. F.（1991）认为，个体对于生命意义的需要主要来自于四个方面：

一是目的的需要，人们希望自己生命是有目的的，在目的达成的过程中，人们可以获得和体验到生命意义感；

二是正当性的需要，指的是人们有一种在行为过程中不断地将自己的行为正当化和合法化的趋向，即便这种行为原本是不好的，但是个体也会努力为其找到一个正当化的理由，即人们内心有对正当化和合法化的心理需要；

三是效益的需要，在设定任务的时候，人们需要对该任务具有一定的控制感，倘若任务的难度过大或者过小，人们就不容易获得生命意义感；

四是自我价值的需要，个体有获得自我尊重和他人尊重的心理需要，而且个体也正是需要在这一过程中获得生命意义感。

Emmons R. A.（2003）指出工作/成就、亲密/关系、精神以及自我超越/传承等四个部分，构成了人们获得生命意义感的特定来源。

台湾学者宋秋蓉（1992）在综合有关生命意义内容的研究后，认为关系、服务、信念、获取、成长、健康、工作、逸乐、求知、外表、学业、活动等十二项，可以作为分类青少年生命意义感来源的具体依据。

从上述学者们的研究成果中不难看出，生命意义感的来源是多种多样的，而且也并不是一成不变的。生命意义感会随着时间、环境、生活内容的变化，发生悄然的改变。如果不去关注和研究每一个特定的生活阶段发生在个体身上生命意义感的变化，对个体如何拥有一个健康和谐的生命旅程，不能不说是一个损失。

第二节　生命意义感的相关研究

目前，生命意义感的研究主要集中在三个方面：一是对生命意义感的影响因素的研究，包括个体客观因素（生物学因素）、个体主观因素和外界客观因素等方面；二是生命意义感对个体的影响实证研究；三是针对重症患者的生命意义感现状研究。以下我们分别介绍上述生命意义感研究的三个方面以及研究中的不足和前景展望。

一　生命意义感的影响因素研究

1. 个体客观因素

（1）年龄

大多数的研究显示生命意义感在年龄上存在差异，部分研究显示了生命意义感随年龄而增加。Frankl V. E.（1991）认为，青春期是个人发展过程中最容易质疑生命意义感的阶段，而随后的研究结果也证明了这一点。Meier A. 和 Edwards H.（1974）的研究将被试按年龄分为 5 组，分别是 13—15 岁、17—19 岁、25—35 岁、44—45 岁以及 65 岁以上，结果发现前两组青少年的生命意义感明显低于后来三组。但 Reker G. T.（1984）的研究则不同，他对于不同年龄分组的研究对象的生命意义感进行的研究表明，不同年龄组的被试的生命意义感之间存在差异。具体地，16—19 岁的青少年更具有强烈的目标追寻的倾向，相比之下，30—64 岁的中年人的生命意义与目标比较低，而 75 岁以上的老年组的被试，他们则更多地表现为目标追寻低，死亡的接受度较高，存在感的程度下降，在希望未来更美好方面的需求动机较低。

陈秋婷（2008）在前人的研究基础上，对年龄进行了更为细致的划分。她针对我国大学生生命意义感现状进行的研究结果显示，不同年级大学生的生命意义感水平存在显著差异，大四毕业生的生命意义感最高，大一、大二次之，而大三的生命意义感最低。分析认为，造成不同年级大学生生命意义感水平差异的主要原因在于，不同年级学生对于未来目标的期许不同，而且未来目标带给不同年级学生的压力也不同。大四毕业生表现出的较高的生命意义感水平在于他们即将离开学校，面对社会竞争和生活压力，会更加认真地关注和思考未来，加深对自我的剖析，因而比起其他年级的学生，他们会更多地表现出对生命意义感的体验。相比之下，对于那些处于大三年级的学生，他们一般都已经习惯了校园生活，而距离毕业和工作又还有一段距离，因此这个时候也很可能是他们最少地思考人生、解读生命的时间段，自然地生命意义感相对偏低。

（2）性别

对于生命意义感是否在性别上有显著差异的问题，目前为止，还没有获得较为一致的结论。有些研究认为，生命意义感会因为性别的不同而有所差异。例如，何英奇（1987）以针对国内873名大学生为对象的研究结果显示，女性被试的生命意义感较男生被试的低。性别成为生命意义感差异来源的理由在于，社会对于男女的社会角色赋予了不同的期许。在传统思想中，男主外女主内，男性在社会上被寄予了更多的期许、背负了更大的压力。虽然随着文明的进步，男女在社会分工上的差距已经在不断地缩小，但是根植于人们头脑中对于性别的社会要求的差异依然根深蒂固，因此，相对于男性，女性为了使自己更加地符合社会角色的期许，对自己的未来生活目标通常会设置得比男性要低一些，学者们据此认为，这些要素很可能成为男女之间生命意义感水平高低的缘由。但是，宋秋蓉（1992）、江慧钰（2001）和陈秀云（2007）等学者，并不认为性别和生命意义感之间存在显著差异。可见，有关这方面的讨论和研究还需要持续下去，希望能够在未来的研究中得出更为令人满意的结论和相应的理论构架。

2. 个体主观因素

（1）信仰

国内外很多学者研究过“宗教信仰”与生命意义感之间的关系，大多数研究显示宗教信仰和生命意义感之间有着显著的相关，宗教信仰越虔诚，则生命意义感越高。

Yalom I. D.（1980）研究发现，具有正向、积极的生命意义感与强烈的宗教信仰之间有着较强的正相关，即具有宗教信仰的人，其生命意义感较高。这一结论与我国学者的一些研究结论是吻合的。何英奇（1990）、何郁玲（1999）、黄国城（2003）、侯冬芬（2004）等研究也指出，具有宗教信仰的人，其生命意义感显著高于没有宗教信仰的人，而且，信仰的程度越虔诚，生命意义感的水平越高。

邱哲宜（2004）也认为，当个人有宗教信仰时，能够比较好地感受到个人生命的独特与神圣，这样的个体通常都抱有“自己能够来到世界上走一遭，一定是因为上帝的旨意和目的”这样的信条，因此他们更倾向于将个人所面临的苦难看作是上天赐予的一次次考验。他们坚信只要自己能够在这样的考验面前过关，就一定可以在精神层面获得提升。于是，他们会将生命过程中出现的任何意外和痛苦经历，看作是对意志品质的考验，也相信这些意外和痛苦的经历是可以通过意志的努力而被超越。个体也正是在这样的过程中，越来越深刻地体验到生命意义感的强大动力和深刻内涵。这就是为什么学者们普遍认为，那些拥有信仰的人，往往具有很高水平的生命意义感。但是，也有部分学者，如宋秋蓉（1992）、江慧钰（2001）等人的研究结果显示，宗教信仰和生命意义感之间并无关联。

如此一来，有关宗教信仰和生命意义感之间的关系问题，也成为生命意义感研究领域一个悬而未决的课题。

（2）自我认同

Frankl V. E.（1963）认为，意义和价值在界定人的自我感知和自我同一性的过程中，起着非常重要的作用。意志自由给了人做什么的自由和成为什么样的人的责任，正是通过自由选择，人才实现了自己的价值，并逐渐形成了属于自己而迥异于他人的特质。

孔祥娜（2005）对大学生自我认同发展与疏离感关系的调查研究显示，自我认同感高的人一般比自我认同感低的人体验到更少的无意义感。自我认同感高的个体通常能够为自己确立明确的生活目标，而自我认同感低的个体在生活的各个领域通常是混乱的，没有长久的理想和追求，自然也就很经常地体验到无意义感。因此，两者之间的生命意义感的水平会存在一定程度的差异。陈秀云（2007）的研究对这一点予以了证实，她发现大学生自我认同的状态对大学生个体的生命意义感有着非常重要的影响。

顾红亮（2005）也指出，当代中国社会在价值与伦理上遇到了前所未有的困境，其中一个主要的困境便是个体的自我认同危机问题，即意义的掩蔽问题。置身于这一危机之中，大学生有一种严重的无方向感，缺乏一种框架或视界以确定他们是谁、什么值得做、什么不值得做、什么是有意义的、什么是无意义的，这种“痛苦和可怕的经验”使大学生在进行价值选择时常常无所适从。

3. 外界客观因素

（1）经济水平

社会经济地位与生命意义感的相关研究并不多，且两者之间的关系问题也没有获得一个定论解释。Crumbagh J. C.（1973）的研究发现社会经济地位高的被试，生命意义感的分数也高，两者有显著的相关关系存在。Namkung D. A.（1981）的研究结果也证实了这一结论，他以韩国青少年为研究对象进行的研究发现，家庭经济地位越高，则青少年的个人生命意义感越高。但是，台湾学者宋秋蓉（1992）的研究结果却并未发现两者之间有显著差别。

（2）家庭环境

家庭是个体开始学习的第一场所，一个人的性格、行为、价值观、还有生命意义感的养成都要受其影响。Hurlock E. B.（1976）认为，父母管教方式的不当、来自家庭的爱的缺失、父母染有恶习或者犯罪、家庭破碎等情况都会影响青少年的认识，从而逐步地使这类孩子形成了他自己固有的生命意义感体验。江慧钰（2001）在探讨人际关系和家庭气氛与生命意义之关系时发现，家庭气氛融洽的学生，其生命意义感水平相对较高，即学生对生命意义感的追求，会受到其家庭气氛融洽与否的影响，且学生本人的生命意义感也会受到该个体与他人人际关系的影响，那些人际关系良好的学生，其生命意义感水平较高。董文香、陈秀云（2002、2007）用自编的大学生个人生命意义感量表进行调查，结果发现，来自不同家庭氛围的学生的生命意义总分及各个维度上确实都存在着极其显著的差异，这样的结果更加地说明家庭氛围融洽与否，将影响到个体的生命意义感的体验水平。

从上述各种层面的研究结果可以看出，家庭环境对于个体的生命意义感的形成有着不可忽视的作用，个体的生命意义感是在与外界的接触和互动过程中慢慢习得的，并且会随着环境的改变而做出调整。因此，在家庭教育上应该积极关注对青少年生命意义的教育，帮助青少年建立正确的生命观。

二　生命意义感对个体影响的实证研究

1. 生命意义感与心理健康

近几年来，我国学者对于生命意义感的研究，以及生命意义感与一些相关要素之间关系的研究十分广泛。其中比较集中的研究是有关生命意义感与心理健康、生命意义感与主观幸福感等之间相关关系的研究。

冯媛媛（2009）对生命意义感和生活适应程度的关系进行了研究，结果发现，生命意义感对生活适应具有一定的预测功能。糟艳丽（2007）的研究表明，由于中学生群体缺乏明确的生活目标与方向感，因而他们表现出相对低的生命意义感水平。也有学者通过对生命意义感的研究发现，现在的大学生群体同样存在着缺乏生活目标、方向迷失的现象，表现出一定程度的空虚感。（袁雪，2009）

很多学者在意识到生命意义感在大学生群体中的重要性之后，对它在青年生活中所发挥的作用进行了大量的研究。赵晴（2008）通过对医科大学生生命意义感的研究发现，这一群体的生命意义感与焦虑呈显著负相关，生命意义感与自尊、接纳他人和总体幸福感呈显著正相关，而且，医科学生的生命意义感对于压力的应对能够起到一定程度上的积极调节作用。肖蓉、张小远等人（2010）采用 PIL（Purpose in life Test）对 1 185 名大学生调查，同样发现生活目的和意义感与心理健康有很高的相关。李虹（2006）的研究发现，大学生生命意义感对于由应激引起的抑郁情绪、健康问题和自尊等，均能够起到一定程度的调节作用，其中生命意义感对于抑郁情绪的调节作用最为显著。金泽勤（2012）的调查研究发现，生命意义感对心理健康各因子的回归效应均达到显著水平，可以作为预测个体心理健康水平的一个良好的指标。朱志红（2011）则通过对高职学生的研究发现，高职生父母教养方式与生命意义密切相关，高职生的自尊水平在父母教养方式与生命意义感这两个变量之间起到了中介的作用。

有关大学生生命意义感水平的很多研究均报告，大学生群体的生命意义感水平偏低。以黄小英、温虹羽（2011）的研究为例，他们对内蒙古师范大学传媒学院的本科生进行了生命意义感问卷调查，经统计分析后提出大学生的生命意义感水平普遍偏低，没有明确的生命目标。虽然不同性别、民族、年级、接触死亡经验以及兼职工作经历等变量对于生命意义感而言，不存在显著的差异，但是，未来的职业方向感这一变量却对于生命意义感存在着显著性的差异。

当然，并不是所有的研究都如上述研究一样，报告的结果倾向于对大学生生命意义感的负性描述。赖雪芬、江冬梅（2013）采用青少年生活事件量表、应对方式问卷和大学生生命意义感量表，对广东省不同高校的650名大学生进行抽样问卷调查。结果发现，大学生生命意义感的整体水平较高，应对方式在生活事件和生命意义感之间起着部分中介的作用。

2. 生命意义感与主观幸福感

国内外对于生命意义感与主观幸福感的相关性的研究结果基本上是一致的，即生命意义感与主观幸福感正相关。

Zika S.（1982）的研究显示，生命意义感与幸福感呈现明显正相关，且生命意义在获得及维持强烈的幸福感上，可能是一个重要因素。Mooren S. L.，Metcalf B. 等人（2006）在研究老年人的生命意义时提出，自己能感觉到生命有意义的老年人，生命质量较好，即使是在困境中，也能肯定自我的价值，以积极的态度面对死亡。国外其他学者的研究结果也表明，幸福感与生命意义感呈正相关。（Michael F.，Steger M. F.，Patricia F.，2005）

我国国内对于两者相关性的结果大多与国外研究一致，即生活满意度与生命意义感呈正相关。孙梦霞、李国平（2011）等人通过探讨养老院老年人主观幸福感的影响因素发现，社会支持、日常生活能力、死亡态度及生命意义感对主观幸福感具有直接效应，而且前三者还可以通过生命意义感对主观幸福感具有间接效应，即生命意义感对养老院老年人主观幸福感有较强的预测作用。这说明生命意义感是中介变量，同时对主观幸福感具有正效应。肖蓉等人（2010）针对医学生生命意义感与幸福感的研究也同样显示，主观幸福感与生命意义感关系密切，高生命意义感水平的大学生总体情感指数和生活满意度，均高于低生命意义感的大学生。

付志高、刘亚、潘朝霞（2012）的研究也发现，生命意义感在大学生外倾性与生活满意度之间的关系中起部分中介作用。外倾性不仅能直接影响个体的生活满意度，还能通过生命意义体验的中介作用间接地影响生活满意度。大学生的生命意义感与生活满意度有密切的关系，生命意义体验可以有效地预测个体的生活满意度。同样使用 MLQ 进行的研究（王孟成，戴晓阳，2008；Steger M. F.，Kashdan T. B.，Sullivan B. A.，et al.，2008；Steger M. F.，Oishi S.，Kesebir S.，2011；Mcmahan E. A.，Renken M. D.，2011）显示，生命意义体验因子能够有效地预测个体的主观幸福感或生活满意度。谢杏利、邹兵（2013）分析发现贫困大学生自杀态度与生命意义感和主观幸福感密切相关，而主观幸福感在大学生生命意义感对自杀态度的影响机制中具有中介作用。

3. 生命意义感与死亡态度

死亡态度就是指个体对于死亡持有的看法和情绪反应。对于死亡态度与生命意义感的研究由来已久，学者们对此做了大量的研究。李桂仙（2006）以高雄市 2 599 名高职学生为研究对象，用问卷调查法的方式对其生命意义感进行研究，结果发现高职学生生命意义感、忧郁情绪和自杀倾向呈显著正相关。生命意义感和忧郁情绪存在交互作用，忧郁情绪越低则生命意义感越高，反之亦然。宋春蕾、徐光兴等人（2011）对大学生的生死观进行了调查，结果表明大学生生命意义感较高，但死亡恐惧感也较高，生命意义感和死亡态度的部分因素之间存在关联。徐洁、常美玲（2011）在探讨大学生生命意义感与死亡态度的关系时发现，大学生生命意义与死亡态度各维度显著相关，与其在自然死亡接受维度正相关，与恐惧死亡和濒死、趋近导向的死亡接受，逃离导向的死亡接受三个维度负相关，不同生命意义状态的大学生在死亡态度不同维度的得分上均有显著差异。李鹏忠、黄仙红、张邢炜（2013）对杭州某校大学生生命意义与死亡态度进行典则相关分析，有 2 对典则变量的相关系数差异具有统计学意义，生命意义感中的四个维度与死亡态度中的逃离接受维度呈负向关系，与自然接受维度呈正向关系，而生命意义感中的生活目标维度与死亡态度中的死亡恐惧维度、死亡逃避维度均存在负向关系。该研究证明死亡态度对生命意义感的影响作用强于生命意义感对死亡态度的影响作用，这对生命教育的开展具有重要的启示作用。

4. 生命意义感与人格

王亚杰（2010）研究发现大学生的生命意义感与自我和谐密切相关。罗献明、范燕等人（2013）研究证明：自我和谐可以影响生命意义感，对生命意义感有反向预测的作用，生命意义感在自我和谐对自杀行为的认识的影响上发挥了显著的中介效应。付志高、刘亚、潘朝霞（2012）研究了大学生外倾性、生命意义感与生活满意度的关系，结果显示生命意义体验与外倾性和生活满意度呈显著正相关，生命意义寻求与大学生外倾性呈显著正相关，而与生命意义体验和生活满意度的相关均不显著，中介效应分析表明：生命意义体验在外倾性与生活满意度之间的关系中起部分中介作用，即外倾性可以通过生命意义体验的中介作用间接影响生活满意度。调节效应分析表明，生命意义寻求能调节外倾性对生命意义体验的影响。

陈秀云（2007）的研究发现：大学生的自我认同状态对生命意义的影响较大。杨牡娟（2011）的研究发现：大学生的生命意义感与自我价值感存在显著相关。姬云兵、刘启珍（2013）的研究发现：大学生生命意义感与自我概念有密切相关，且自我概念对大学生的生命意义感发挥预测作用。

三 针对重症患者的生命意义感现状研究

台湾学者邓旗明（2003）、梁惠茹（2009）等人通过个案研究对癌症患者的生命意义感的状况进行研究，邓旗明（2003）通过深度访谈的方法研究乳癌患者的生命意义感构成，研究发现乳癌患者的生命意义包括以下四个方面：①人生意义，对亲人的感谢和人生的奉献，把握当下的生活；②重新划定人生目标，完成未完成的事情，不留遗憾，与家人朋友亲密相处，充实自己，重回工作岗位等等；③生存理由，为了家人的希望而活，为了不给家人、朋友带来痛苦，要完成未完成的事情；④对于疾病的思考，认为病痛是上天赐给自己一次反省和成长的机会，平静地接受事实等等。

梁惠茹（2009）通过深度访谈，研究癌症患者在不同阶段的生命意义感变化，最终提出 8 个生命意义的模型，研究发现癌症患者经历病痛的折磨与病情的发展，反而促使病人积极地思考自己的生命意义，并且伴随成长。Xiao H. M.，Kwong E.，Pang S.（2012）等人通过对中国癌症晚期患者进行个人深入访谈，探索生命回顾计划及其对他们的生命意义感的影响，并且提出可以将生命回顾计划作为一种心理精神干预方法将其应用于临床。明星、赵继军（2012）总结提出意义干预措施、生命回顾、群体生命意义心理疗法等三种干预措施，是目前国内外在对癌症患者的生命意义进行干预的主要措施。

四　研究的不足和研究前景展望

1. 有关生命意义感的研究

在国外已经有着比较成熟的研究体系，而在我国，这方面的研究目前还主要集中在台湾地区，尤其是有关生死教育的研究方面，台湾学者的研究也已经较大陆学者先行一步。在大陆地区的学者一致认同，国内目前还没有设置生命教育这一特殊的教育课程，因此，今后的中小学及大学的课程设置上，应该多多参考台湾地区的相关研究成果和课程设置经验，通过课程建设，帮助学生提高生命意义感水平，以更好地应对他们在生活中必然会遇到的重大挫折，形成面对死亡的正确认知，更加积极地面对生活。

2. 作为生命意义感领域极为关注的生命教育的实证研究

目前，主要集中在对于重症患者、特殊职业者、丧子女父母、犯罪青少年等遭受过重大事故和苦难，或者有过某些特殊经历的特殊人群，对于普通人群的研究相对而言还非常得少。尤其是对于处在自我认同关键期阶段的大学生们，从生命意义感的视角对他们进行的研究和关注度还很少，需要后继学者的大量研究作为补充。原因在于：大学生所在的年龄阶段，正是从青年期走向成年期的过渡阶段，他们会面临人生中诸如求学、择业、恋爱和价值观形成等重大的选择问题，也是埃里克森所称为的自我认同对角色混淆的危机解决期，他们很容易在生命意义感问题上暴露出很多成长的危机，有很多重大的问题都需要他们认真地思考。因此，今后围绕着这一群体的大学生进行的生命意义感的研究是非常有必要的。

而且，国内对于大学生的生命意义的提升的干预措施研究较少。李慧茹、李英（2012）和黄成毅，李英（2012），分别从定性的角度来探讨奥地利精神病学家弗兰克尔的意义疗法的理论与实践，对意义疗法的理论基础、生命意义内涵、来源于建构的途径和技术等方面进行梳理，以及意义治疗中所蕴含的生命意义教育思想，对当代生命意义教育工作的启示。康积勤、郭若虹（2013）提出，存在主义团体心理治疗强调对生命意义的追寻，这是该疗法最大的特点，通过为大学生实施团体心理辅导，他们的空虚感和无意义感下降了很多，团体辅导的成员增加了自信心，能够主动地面对他人和环境，勇于作出人生选择，并能够主动地将生命意义融入到学习和生活中去。

第三节　生命意义感的结构与测量

一　生命意义感测量工具汇总

经过半个世纪的开发和研究，生命意义感的测量工具已经发展到相对成熟的阶段。但是与物理世界的研究不同，对于生命意义感这类归属于精神世界层面的研究，尽管研究者们不断地试图通过开发新的测量方法、探究新的测量内容，来更好地解读生命意义感的结构和内涵，但是若想达成一个非常统一的结论，直至目前为止也还远远没能达到（张姝玥，许燕，2012）。可是，正是学者们尽心尽力地探寻，留下了一些让后继的研究人员感受到具有冲击力的、有关生命意义感测量的经典之作，其中的PIL、LRI、SOC-M等也成为生命意义感量表开发中，非常能够给予后人以启迪、从不同角度建构生命意义感框架的研究成果（程明明，樊富珉，2010），见表1-1。

表1-1　　生命意义感测量工具的汇总表

编号	量表名称（制作者，时间）	结构、测量方式及信效度检验
1	生命目的量表 Purpose in Life Test, PIL（Crumbaugh J. C., Maholic L. T., 1964; Crumbaugh J. C., 1977）	1. 单维。 2. 三个分量表：第一部分有20个条目，以Likert式七点量表式作为评定作答方式；第二部分是让被试填写未完成的句子；第三部分让被试详细写出自己生活的目标等。 3. 该量表的信效度较好，在国内外应用较广

续表

编号	量表名称（制作者，时间）	结构、测量方式及信效度检验
2	生命指标量表 Life Regard Index，LRI（Battista J.，Almond R.，1973；Debatsd L.，1990；Zika S.，Chamberlain K.，1992）	1. 双维：人生规划（架构）、目标实现（完满）。 2. 每个维度有 14 道题，采用 Likert 式五点记分。 3. 两个分量表的内部一致性分别为 0.79、0.80，整个量表的内部一致性系数为 0.86，具有较好的效标效度
3	一致感量表 Sense of Coherence，SOC（程明明，樊富珉，2010；Antonovsky A.，1987）	1. 三维：理解力、处事能力、意义感。 2. 有些学者在研究中仅使用意义感分量表来测量个体的生命意义感。 3. 内部一致性系数从 0.82 到 0.95，时间间隔为两年的重测信度为 0.54
4	生命态度剖面图量表 Life Attitude Profile，LAP（何英奇，1987；贾林祥，2008；郝红英，2012）	1. 六维：意义的意志、存在盈实（无挫折感）、生命目的、生命控制、苦难接纳、死亡接纳。 2. 该量表共 39 道题，采用 Likert 式五点记分。 3. 总量表的 Cronbach a 系数为 0.908
5	生命态度剖面图修订量表 Life Attitude Profile – Revised，LAP – R（Reker G. T.，1992）	1. 七维：目的、一致性、选择与责任、死亡接受、存在空虚、目标追寻、未来意义实现。 2. 该量表共 48 道题。 3. 内部一致性系数与再测信度均为 0.77—0.87
6	个人生命意义量表 Personal Meaning Profile，PMP（Wong P. T.，1998）	1. 八维：成就、关系、宗教、自我超越、自我接纳、亲密、公平对待、完满。 2. 该量表共 57 道题。 3. 该量表的信效度较好
7	生命意义感问卷 Meaning in Life Questionnaire，MLQ（Steger M. F.，Frazier P.，Kaler M.，Qishi S，2006；Steger M. F.，Kashdan T. B.，Sullivan B. A.，2008）	1. 双维：人生意义体验和人生意义寻求。 2. 该量表共 10 道题。 3. 该问卷在美国和日本大学生样本中表现出良好的内部一致性、重测信度和结构效度

续表

编号	量表名称（制作者，时间）	结构、测量方式及信效度检验
8	生命意义感量表 Meaningful Life Meansure, MLM（程明明，樊富珉，2010；Morgan，J.，Farsides T.，2009；张利燕，谢佳，郭芳姣，2010；谢佳，杨国庆，徐晓，2011）	1. 五维：有激情的生活、有价值的生活、有原则的生活、有目标的生活、有成就的生活。 2. 该量表共10道题，采用Likert式七点记分。 3. 各个分量表的内部一致性系数在0.758—0.906之间，总量表的内部一致性系数为0.917，信度良好，建构效度良好
9	生命意义源和生命意义感问卷 The Sources of Meaning and Meaning in Life Questionnaire, SoMe（Schnell T.，2009）	1. 三维：生命意义源、生命意义感、意义危机感。 2. 意义等级模型：该模型由五个层次构成，由低到高分别是知觉、行动、目标、意义的来源、生命意义。 3. 该量表的信效度较好

二　国内生命意义感量表的发展

1. 对生命目的量表（PIL）的修订

对于生命意义感的测量国内最常见的是对PIL修订。目前在国内常见的PIL中文翻译版，均是以台湾学者宋秋蓉（1992）、尹美琪（1988）修订的量表为依据的，分为以下四种：

第一种，朱志红（2011）、李荔波（2012）、姬云兵（2013）、王杰法（2013）等使用的中文翻译版采用Likert式七点计分，包含20个题目，分为五个维度：对生命的热诚（评测个人对目前生活的感受）、生活目标（评测个人对目标的掌握与实践程度）、自主感（评测个人的自主性）、逃避（了解个人的积极程度）、对未来期待（评测个人对于长远未来的感受）。肖蓉、张小远、赵久波（2010）的研究也表明，PIL在中国大学生中的应用具有良好的信度与效度，其内部结构良好，具有良好的应用价值。

第二种，徐洁（2011）、金泽勤（2012）等使用的中文翻译版的生命意义感量表（PIL），采用Likert式五点计分，由20个自评条目构成，分为4个维度：生活品质（对目前生活原感受）、生活目标（对自身生活目标掌握和实践的程度）、生命价值（对自身生活价值的肯定感）和生活自由（个体自主性）。

第三种，刘雪珍（2012）、李鹏忠（2013）等人使用的中文翻译版生命意义量表采用Likert式七点计分，共20个条目组成，分为4个维度：生活态度（生活质量）、生活目标、生命价值、生活自主（生活自由）。

第四种，董文香（2002）在宋秋蓉的基础上再次进行了修订，修订后的生命意义感量表采用Likert式七点计分，共18个项目，分为4个维度：生活目标（个人对生活目标掌控的程度）、生命价值（个人对自己生命价值的肯定感）、生活热忱（个人对目前生活的感受）和生活自主（个人的生活的自主性）。

虽然在以往的研究中使用PIL的研究者较多，但是谢杏利等人（2012）在研究中提出PIL是单维度的结构，侧重于测量生活目标感，因此本书涉及的研究没有采用该量表。

2. 自编生命意义感量表

李虹（2006）自编“自我超越生命意义量表”，共8个题目，内部一致性系数为0.79，有良好的信效度。李虹（2004）自编“生命愿景量表”，该量表共38个题目，分为四个维度：生命控制感、积极生命意义、消极生命意义、追寻生命的意义。量表采用四级评分制，高分表示高的生命愿景水平，低分表示低的生命愿景水平。生命愿景量表总量表有较好的信度，内部一致性系数为0.91，四个分量表的信度系数分别为0.87、0.79、0.79、0.77。总量表和各分量表的效度指标也都良好，相关系数均在0.30—0.70之间。林宁（2012）自编“生命观调查问卷”，包括个人基本资料和生命观问卷两部分，其中生命观问卷包括对生命的态度、对生命意义的认识和对死亡的态度等内容，共计19项，每道题可单选或多选。张家园（2006）、陈秀云（2007）等分别自编了“大学生生命意义感量表”，表1-2是对近年来国内学者编制的大学生生命意义感量表的汇总。

表1-2　　自编大学生生命意义感量表

自编量表	作者及年代	结构	信效度
大学生生命意义感量表	张家园（2006）	包含39道题，分为4个维度：意义的意志、生命态度与生命自主、苦难与死亡的接纳、存在空虚	内部一致性系数0.804，具有较好的内部一致性
	陈秀云（2007）	包含81道题，分为7个维度：目标追求、亲密关系、接纳超越、自我肯定、人际关系、公平需求、信念	内部一致性系数为0.95，各维度的内部一致性系数在0.70—0.90之间，全量表的重测信度为0.72，效标效度较好
	王彦朴、王有智等（2011）	包含44道题，分为7个维度：成就感、自我超越、自我同一、人际关系、信仰、亲密关系、公平	验证性因素分析表明，各维度信度系数在0.608—0.847之间，具有较好的信效度
	王东宇、赵慧琴（2012）	包含28道题，分为6个维度：自主性、亲密关系、价值感、目标、死亡与挫折的接纳、情绪情感体验	总量表的Cronbach a系数为0.921，各因子Cronbach a系数在0.773—0.843之间，具有良好的结构效度

三　对生命意义感量表的发展分析

由上可知，由于各学者关于生命意义感的理论取向不同，对生命意义感的定义不同，所以对生命意义感的结构与测量的认识也各有侧重，研究者们从20世纪60—70年代开始不断地推陈出新，研制和开发出不同功用的测量工具。使用PIL、LRI和SOC进行的相关研究基本证实了各个量表的内部一致性和稳定性。这三个量表自开发以来不仅被广泛应用于生命意义相关研究，而且还带动了后续量表的开发。20世纪90年代，何英奇（1987）、Reker G. T.（1992）从态度测量的角度发展了生命态度量表（LAP、LAP-R）。进入21世纪后，基于临床、心理健康等不同研究的需要，生命意义感的测量进入了一个新的大发展时期，其中：Steger M. F.（2006）开发的生命意义问卷（MLQ）在测量内容上有新的突破；而 Morgan J. 与 Farsides T.（2009）开发的 MLM 是在 PIL 与 LRI 题目的基础上，使用因素分析法获得量表的条目，与以前的测量量表相比，MLM 在测量方法上有很大的进步。近年来，生命意义感与生命意义源的测量走向综合已成为一种趋势，生命意义源和生命意义感问卷（The Sources of Meaning and Meaning in Life Questionnaire）的开发推动生命意义测量在内容和方法上都向前迈出了新的一步，为后续量表的开发提供了一种新的研究思路。

第二章

大学生幸福感的探索与追源

第一节　幸福感的理解与界定

一　幸福感的界定

从心理学的视角分析，幸福感是人类的一种复杂的心理状态。幸福感的产生与诸多心理因素和外界诱因的相互作用有关。幸福感不会是空穴来风，它必须产生于个体需要的满足或理想的实现。在幸福感的研究伊始，学者们多采用主观幸福感这一概念，认为它是用以评价个体在一个固定时期内的生活满意度指数和情感体验程度的一个相对稳定的表征。主观幸福感不仅是描述个体生活质量的指标，也可以用来衡量个体心理状况的健康与否。

谈及学者们对主观幸福感的研究，就必须提到 20 世纪 40 年代末到 50 年代初，在美国兴起的积极心理学运动。其原因在于：正是随着积极心理学作为一个新兴的研究领域在美国心理学界的兴起，才使得主观幸福感这一词汇逐渐地进入了众多积极心理学研究者们的视野，进而成为积极心理学视域下的一个被广泛研究的概念。

截至目前，不同的学者对主观幸福感的定义依然有着不同的看法。Neugarten B. L.，Cantril A. H.（1961）认为，主观幸福感是人们对自身生活满意程度的认知评价。Bradburn N. M.，Watson D.（1969）认为，主观幸福感是当前正性情感和负性情感平衡的结果。Revicki D. A.（1990）认为，心理健康是幸福感的基础，从负面来反映主观幸福感。Ryff C. D.（1995）认为，幸福不仅仅是快乐的情感体验，还包含潜能得以充分发掘后的满足感等体验。Ryff C. D.（1995）用心理幸福感的概念代替了以往学者使用的主观幸福感的概念。Andrews, F. M. 和 Withey S. B. (1976) 曾经对主观幸福感的成分进行过研究，他们提出主观幸福感包括生活满意度、积极情感和消极情感三种成分。其中：生活满意度这一成分，被 Andrews F. M. , Withey S. B. (1976) 认为，是主观幸福感的认知评价成分；而积极情感和消极情感则被他们定义为共属情感成分。在 Andrews F. M. 和 Withey S. B. (1976) 看来，构成主观幸福感的这三个成分之间是彼此相互独立的。此后，心理学界出现了另一种观点，主张把情感成分的积极情感和消极情感两个维度归为一个新的维度，即情感平衡度。

但目前，国内外研究者们使用最多的应该还是 Diener E. (1984) 对主观幸福感所下的定义。Diener E. (1984) 认为，主观幸福感 (Subjective well - being, SWB) 是一个综合性的心理指标，它所反映的是个体自身的适应状态和社会功能，用来衡量个体的整体生活质量。在 Diener E. (1984) 看来，每一个个体都有一套自定的对幸福的评价标准，个体通常会下意识地使用这套标准对自己的整体生活质量进行评价。主观幸福感包含认知评价和情感评价两个成分，其中的认知评价成分，是衡量个体整体生活质量的一个关键性指标。

基于主观幸福感的定义，国内学者任俊 (2006) 总结了它的三个基本特点：①主观幸福感具有一定的主观性，原因在于，主观幸福感存在于个体的主观体验之中，个体对于自己是否幸福的评定主要依赖于自己的内定标准，而非他人或外界规定的外部标准；②主观幸福感具有相对的稳定性，这是因为主观幸福感关注的是个体体验到的积极情感，反映的是一个长期的、相对稳定的情感反应和满意值；③主观幸福感具有架构上的整体性，这是由于主观幸福感评估的是个体对整个生活体验的总体评价，而不是某个单独的生活领域，因而必须承认它反映出来的是一个综合性的指标。

综上所述，主观幸福感 (SWB) 主要指，个体根据自己内心所固有的标准对自身近期生活现状以及生活质量所作的评价，一般包括生活满意度和情感体验两个方面，生活满意度通常侧重个体对自身生沽整体质量的客观评价，即在总体上对自己生活状态做出满意程度的评判；情感体验则是指个体在现实生活中的情感体验，包括积极情感和消极情感两方面。(李幼穗、吉楠，2006)

二 幸福感研究的相关理论

围绕着主观幸福感的定义，学者们依据自己的研究成果，形成了一些非常有价值，但又各不相同的理论体系。学者们总结了关于幸福感研究的代表性理论，包括目标理论、社会比较理论、期望理论、适应和应对理论，以及人格与环境交互作用理论。（王克静、王振宏、戴雅玲，2013）

1. 目标理论

主观幸福感的目标理论认为，需要的满足和目标的实现会使个体产生主观幸福感。因为该理论流派的学者们认为，目标与价值取向决定着个体的主观幸福感，也是个体获得与维持主观幸福感的主要源泉，个体目标与价值取向的不同会使人们在主观幸福感上存在着很大的差异（吴明霞，2000）。目标理论（Diener E.，1984）还认为，只有当目标与个体的生活背景相适应的时候，目标才能够真正地提高个体拥有的主观幸福感水平。这里所说的生活背景，主要是指个体所接触到的文化生活环境。而且需要注意的是，目标与主观幸福感的关系并不是一成不变的，它们之间会发生不断地转换。即一旦一个目标被实现了，此时，这个已经达成的目标就会失去对个体主观幸福感的影响力，为了获得新的主观幸福感的体验，个体自然就会追求新的、更高的目标，在内心升腾起一种对既有目标已经实现后的新的不满足感和追逐新异目标的渴望之情。当然，这里提到的新异目标通常不应该是那种空穴来风的、迥异于个体系统内部的异质目标，而是和个体整个生活相和谐的新一层级的目标。正因为如此，才使个体的主观幸福感会围绕着目标的不断实现而呈现出不同的水平，也才会促进个体对和谐生活状态的把控。

2. 社会比较理论

社会比较理论认为，除了目标理论以外，对主观幸福感造成影响的主要原因应该是来自于人们在意识层面，甚至是在潜意识层面所进行的社会比较。有学者认为，个体之所以对生活保有不同程度的满意度水平，其根本原因在于个体采用了多种评价标准，进行了向上或向下的社会比较而导致的。这些标准包括过去的经历、他人、满意感理想水平、期望值、需要以及目标等。这里面虽然也涉及目标等元素，但是与目标理论所不同的是，社会比较理论更为强调针对某个目标或需要、期望值等，与他人进行的比较所导致的结果。个体与周围人相比，如果自己在比较的指标上优于他人，个体通常就会感觉到幸福。反之，就算个体已经处于一个客观上相对高的水平，但是如果个体与相比较的对象之间有差距，个体通常会忽视自己的绝对水平，而往往都很在乎比较而产生的相对低下的水平，进而影响到个体的主观幸福感。此外，研究者还进一步地发现，人格这一要素，为社会比较涂上了鲜明的“个人色彩”，即不同人格特征的个体会在进行社会比较的时候，其所使用的比较方式，乃至其后产生的比较结果等方面，表现出非常明显的差异。例如：经常报告自己很幸福的人，他们更倾向于做向下比较；而那些经常报告自己不幸福的人，则会既做向下比较，也做向上比较。乐观的个体更倾向于关注比自己差的人的数量，而悲观的个体则更多地关注比自己好的人的数量。

3. 期望理论

期望理论（Diener E.，Scollon C. N.，Lucas R. E.，2004）认为期望值与个体实际成就之间的差异和个体的主观幸福感之间有着密切的关系。在众多的标准中，期望值才是个体体验幸福感时所要选择的参照标准。期望理论认为，尽管期望值本身并不是主观幸福感的良好预测指标，但是，期望值、现实条件与个体内外资源是否一致，却是个体主观幸福感的一个重要预测指标。过高的期望值会对个体的生活满意度产生非常不利的影响，甚至是破坏性的心理阴影。

4. 适应与应对理论

适应与应对理论关注的是个体所进行的纵向比较。由适应与应对理论可知，如果个体现在过得比过去好，个体会感觉到幸福。反之，个体会感觉不到幸福，甚至是悲哀。该理论中所提到的适应，指的是个体对重复出现的刺激，其反应会逐渐减少或减弱。人们生理上的这一功能原本是为了保存个体的能量，使保存起来的能量能够在需要的时候及时地被调动出来，且使个体不至于被一些非新异刺激所干扰，这一点从进化论视角上来解释是非常有意义的。正是对反复出现的刺激的适应，使人们在一定程度上总是适时地调整自己的情绪，从而保持对自己生活的相对满意度。适应与应对理论认为，个体的情绪系统会对新异刺激反应强烈，但是随着时间的推移，个体对其的反应强度会逐渐降低，正是个体的这一适应功能，使经常出现的生活事件对个体的主观幸福感的影响力逐渐减弱。整体而言，适应的这一心理功能，更多表现出的是一种消极、被动的心理过程。相比较，适应与应对理论中提到的应对功能，与适应功能不同。该理论中提到的应对，指的是一种积极主动的心理过程。具体而言，具有精神信仰、理性行为、对事件进行积极评价、问题焦点式应对、给普通生活事件予以积极意义以及寻求帮助等有效应对策略的个体，他们一般都会有较高的主观幸福感水平。(Diener E.，1984)

5. 人格与环境交互作用理论

人格与环境交互作用理论也是目前比较经典的、关于主观幸福感的理论。人格理论认为，主观幸福感作为一种主观体验，客观的外部因素往往需要通过主观的认知加工影响到个体的幸福感水平。相关的实证研究也发现，外部的生活事件往往很少是对个体的主观幸福感产生直接的影响力，而是需要通过人格特质的作用来最终影响个体的主观幸福感。进一步地，学者们又细致地将人格理论划分为特质理论与状态理论，用以解释人格在个体主观幸福感中产生的不同作用机理。特质理论认为，具有愉悦特质的个体常常能够以一种积极的方式看待其所处的生活环境，从而会相对容易地获得较高的主观幸福感。而状态理论则认为，个体的幸福感等于各种愉悦因素的简单相加。依照状态理论，只需要对许多暂时的愉悦与痛苦进行简单的加减运算，即通过愉悦感减去痛苦感的得分来判断个体的幸福感程度。(Veenhoven R.，1991)

第二节　幸福感的测量及研究脉络

一　幸福感的测量

主观幸福感的测量常用的方法有：实验操作法、自陈量表法、朋友或配偶报告法、生理测验法、经验样本法、记忆测量法等。其中，使用最多的还是自陈量表法。(王希平，2011)

在幸福感的研究初期，研究者们基本采用单一题项作为测量工具来评定个体的幸福感。由于该种测量工具的评定标准只包含一个问题，因此可以要求被试直接回答出自己的总体幸福感指数。在随后的研究中，随着人们对主观幸福感的界定越来越明细，对它的理解越来越深化，学者们逐渐将主观幸福感的测量量表中的题项由单个题项发展为多个题项的形式，以便从更多的维度来把握个体的主观幸福感。在主观幸福感测量的多题项量表中，比较具有代表性的量表包括总体幸福感量表（General Well-Being Schedule，GWB）、纽芬兰纪念大学幸福度量表（Memorial University of Newfoundland Scale of Happiness，MUNSH）、国际大学调查问卷（International colleague survey，ICS）以及牛津主观幸福感问卷（Oxford Happiness Inventory，OHI）。

随着主观幸福感的概念逐渐引入我国，我国学者也进行了主观幸福感测量工具的本土化研究，其中，代表人物有邢占军（2002）、张兴贵（2004）等人。2003 年，邢占军编制了中国城市居民主观幸福感量表（subjective well - being scale for Chinese citizen，SWBS-CC）。2004 年，张兴贵编制了青少年学生生活满意度量表。后来，杨琳娜（2007）结合我国大学生的实际情况，对上述的 GWB 进行了修订，这次修订是在原始量表的结构框架基础之上，对旧版中的语言表达进行了修正或调整，并根据统计学原理删除了一些不适合中国文化的题项。孙颖等（2012）在《思想政治教育柔性化对提升大学生心理幸福感的有效性研究》中编制了大学生心理幸福感问卷，共包括 41 个条目，八个维度：恋爱婚姻、成熟成长、人际支持、职业期望、学业成就、经济保障、休闲娱乐和自我接纳。所有这些量表的编制，都为了能够更好地了解和测度个体的幸福感水平。

二 幸福感的研究脉络

1. 国外对主观幸福感的研究状况

国外对主观幸福感的研究，最早是从哲学和社会学的角度开展的。早在古希腊，苏格拉底和柏拉图就都对“幸福”作过自己的阐述，苏格拉底认为，一个人的幸福是由他所拥有的智慧和知识决定的；而柏拉图认为，幸福是“善”的理念（罗素，1981）。在他们之后的很多后继的学者，也都陆续地提出了他们各自对“幸福”的不同见解。

从心理学角度出发，对主观幸福感的研究开始于 20 世纪 60 年代，Wilson W. 在 1967 年撰写的《自称幸福感的相关因素——一篇关于主观幸福感的综述》，在很有限的资料总结的基础上，对当时主观幸福感培养的理论和方法进行了总结，标志着国外现代主观幸福感培养研究的起源。

从那以后的数十多年，主观幸福感培养研究取得了丰硕的成果。在这很短的研究发展历程中，随着主观幸福感主题研究的不断深入发展，研究的重点和层面也在不断转换，从整个发展过程来看，可以分为描述比较、理论建构、测量发展三个主要的发展阶段。

自此，国外学者对于“主观幸福感”的研究被划分为三个研究阶段。(Diener E.，1999)

第一个阶段是描述比较阶段。在这个阶段，学者们着眼于测量不同人口统计学变量上的主观幸福感水平，对不同群体的主观幸福感水平进行描述和比较。在这一阶段，主要采用的研究工具是单项目测量量表。

第二个阶段是理论建构阶段。在这个阶段，学者们围绕很多与个体幸福感直接或间接相关的很多因素，阐述了自己卓有成效的思想观点，这些思想观点都为相关的理论建构奠定了坚实的基础。

第三个阶段是测量发展阶段。在这个阶段，学者们对主观幸福感的研究主要侧重于测量技术的发展与完善，学者采用多样化的幸福感测量标准，借助实验设计和纵向追踪手段，试图揭示主观幸福感产生的内在的心理机制和基本过程，以期构建整合的幸福感模型。

在20世纪60—70年代，Wilson W. 提出“具有幸福感的人应该是年轻、健康、受过良好教育、乐观、有智慧的”。这是他总结和提炼早期有关主观幸福感的研究成果而提出的观点。在他所处的时代，当时的研究主要集中在对不同人群主观幸福的统计与比较上，尤其关注易于观察和统计的人口统计学方面的一系列指标，如年龄、性别、收入、教育程度等。1967年，由于早期的研究方法过于简单，信度和效度也没有得到检验，因此，Wilson W. 的一些结论已经被后来的研究所推翻。比如，年轻和受教育程度已不再被认为是具有幸福感的先决条件。另外，这一阶段的大部分研究侧重于对一些外部影响因素的研究，如人口学统计变量、生活事件等如何影响主观幸福感。而鉴于外部因素对主观幸福感的影响因素较小，学者们主张将研究重心转向内部因素（如人格、气质、认知方式等），提出要建构幸福感的理论，以便对其进行更深入的研究（Diener E.，1967）。由于这个阶段的研究主要集中在描述、统计和比较上，因此学者们称为描述比较阶段。

20世纪70—90年代，Diener E.（1984）撰写的《主观幸福感》一书，标志着主观幸福感培养的研究进入了更多地使用心理学理论和方法的阶段。与过去很多学者关注主观幸福感如何受到外部因素的影响相比，此时的研究者们更加关注主观幸福感形成的心理机制，建构了众多理论模型，分别从不同角度、不同侧面对主观幸福感形成的心理机制进行了理论解释。这些模型不仅使主观幸福感在理论研究上取得了很大的进展，同时，也为主观幸福感随后发展起来的实证性研究奠定了坚实的理论基础。由于这个时期产生了一些理论和模型，学者们将其命名为理论建构阶段（见表2－1）。

表2－1　　主观幸福感的理论

因素	代表学者	年代	主要思想观点
目标	Maslow A. H.	1943	认为主观幸福感源于目标的实现和需要的满足，个人目标与价值差异直接导致人们幸福感的高低
活动	Durkheim E.	1951	认为主观幸福感并不是源于目标的实现，而是源于活动本身。 在一个整合度高的社会中，个人参与社会活动可以保护个体使其免遭病态
特质	Andrews F. Withey S. B.	1976	认为幸福源于个体具有的以积极方式体验生活的性格倾向
比较	Campbell A.	1976	认为主观幸福感源于个体所有的现实条件与固有标准的比较，若现实高于标准，则主观幸福感升高，反之亦然
状态	Forayce	1986	认为主观幸福感等于各个快乐事件简单相加的总和
动力平衡	Heady B. Wearing A.	1989	认为当个体所经历的生活事件处于平衡状态时，主观幸福感保持不变，若偏离平衡状态，随着事件的变好/变坏，主观幸福感水平升高/降低

20世纪90年代开始，人们把主观幸福感测量的理论和方法结合起来，大大地完善并发展了主观幸福感测量技术。与之前很多人采用单维量表相比，此时人们更多地采用了多维的幸福感测量标准，并通过横向与纵向的实验设计进行相关研究，试图揭示主观幸福感产生的基本过程以及心理机制，建构整合的幸福感模型。在这一阶段，研究主观幸福感的方法和手段迅速发展，变得丰富多彩，学者们对主观幸福感进行了更多的测量研究。所以，该阶段也被称为测量阶段。

不管是描述比较、理论建构，还是测量统计，更多的精力都集中在回答“是什么?”“为什么?”的问题之上，我们只能在这些研究成果当中捕捉到主观幸福感的一些方法措施，也就是说人们还没有能够回答“怎么办?”这个问题。虽然中国传统文化回答了这个问题，甚至提出了切实可行的操作方法，但是由于方法论上的不足，没有受到人们的重视。

2. 国内对主观幸福感的研究状况

从一定意义而言，在中国古代词汇中的“乐”字，相当于现今的“幸福感”。中国人自古以来十分重视幸福感的培养，体现在许多成语、谚语、典故、童话、传说之中。以成语为例：知足常乐，强调了期望值不要过高，适当降低期望值就是提升幸福感的途径；助人为乐、乐善好施，指出了人不要过于自私，帮助别人就是一种获得幸福的方法；以苦为乐，认为心平气和地接受所遭受的挫折、痛苦、磨难正是得到幸福的一种好办法；贫而乐道，中国人甚至认为掌握知识明白事理就是获得幸福的途径，而与金钱无关。乐不极盘、哀乐相生，智慧的中国人运用五行相生相克的哲学理论，指出了获得永久幸福的方法，那就是珍惜幸福，不要过分追求，否则就会得到相反的东西。

国内学者运用实证方法研究幸福感，始于20世纪80年代中期，研究对象主要集中于老年人群，研究的内容包括老年人群的心理健康、心理卫生问题，主要的代表人物有杨彦春、郭晋武、刘仁刚、龚耀先和刘萃侠等，而对于其他领域和人群的研究，则相对比较少，而且零星散乱，缺乏一定的系统性。

随着我国改革开放和经济的突飞猛进，人民经济水平的宽裕和生活水平的提高，我国正在步入富裕的小康生活阶段。人们在享受物质文明的同时，开始关注自身的内心世界了。因此越来越多的哲学家、心理学家和社会学家将注意力转向了主观幸福感这个主题。后来国内学者大量借鉴和学习国外关于主观幸福感的研究方法与研究成果，使得国内的实证研究也开始有了长足的发展和提高。例如，有的学者对如何培养中学生的主观幸福感进行了一系列卓有成效的研究（丁新华，王极盛，2003），他们所使用的由正性情感、学业满意感、家庭满意感、同伴交往满意感、教师满意感、自我满意感、生活条件满意感几个维度所组成的自编初中生主观幸福感量表，不仅能够了解中学生主观幸福感的组成因素，也能够为培养学生的主观幸福感，提供大量可具体操作的内容。近年来，对主观幸福感的内在结构进行深入探讨的文章也逐步出现。如郑雪、严标宾（2001）等运用“国际大学调查”（ICS）问卷对幸福感结构进行了深入的研究，并针对大学生主观幸福感的养成，提供了一些切实有效的操作方法。

总之，目前国内学者对于主观幸福感的养成问题研究，仍处于借鉴国外经验的阶段，还远未形成源自本土文化、适合本国国情的理论和方法。即，试图对主观幸福感的结构进行分析的研究比较多，对如何培养和提升主观幸福感的研究却很少，研究结论也存在着较大的差异。为此，近年来也有不少的学者开始转向从中国传统文化中汲取养分，进行幸福感问题的研究。

第三节 生命意义感与幸福感关系探究

一 生命意义感与幸福感的关系

许多研究结果表明，生活满意度与生命意义呈正相关，生命意义感缺乏的个体，其生活满意度较低。生命意义感能有效地预测个体的生活满意度或幸福感。如 Michael F.（2005）、Zika S.（1992）、孙梦霞（2011）、肖蓉（2010）等的研究，都证明生命意义感与主观满意度呈正相关。Zika S.（1992）的研究显示，生命意义感与幸福感呈现明显正相关，且生命意义在获得及维持强烈的幸福感上，可能是一个重要因素。我国国内对于两者相关性的结果大多与国外研究一致，即生活满意度与生命意义感正相关，如孙梦霞（2011）等人对养老院老年人做主观幸福感的调查研究结果显示，老年人的死亡态度和生命意义对主观幸福感有直接效应，生命意义感越高，则主观幸福感越高。

谢杏利、邹兵（2013）的研究，将主观幸福感作为大学生自杀态度与生命意义感的中介变量进行研究，发现在两者之间加入主观幸福感中介变量之后，生命意义感对大学生自杀态度的回归系数由 0.007 降为 0.005，但仍有统计学意义。该结果说明主观幸福感在生命意义感对自杀态度的关系中发挥着部分中介作用。柳迎新等（2012）研究证实，幸福感在生活满意度与自杀意念之间存在中介作用。生命意义水平高的个体有着自己的目标和追求的动力，并为之努力奋斗，生活也感到充实，从而主观幸福感也随之增加。

但是这并不意味着生活满意度低的个体就认为生命毫无意义，谢曼盈（2003）的研究结果表明，生命态度倾向于正向的人，对目前生活有着较高的满意度，而部分对于目前生活觉得非常不满意的人，生命态度也倾向于较正向。

二　幸福感提升研究中需要注意的问题

1. 幸福观的问题

当今人们在“幸福是主观的”这一观点上越来越趋于一致。既然幸福是主观的，那么肯定会因人而异、因文化而异、因地区而异、因境况而异，因此，作为人肯定有共同的幸福的标志，也就会有放之四海而皆准的培养幸福感的方法；而芸芸众生由于上述诸多不同之处，培养其幸福感肯定也要考虑到那些诸多的“而异”。

2. 人格的问题

人格当中的需要、动机、气质、性格和能力，都与人的幸福感息息相关，马斯洛的需要层次理论也说明了人的需要与人的幸福感之间、人的需要与挫败感之间的关系。社会心理学家多拉德等人的挫折理论也折射出了人的需要与挫败感之间的关系。挫败感的对立面就是幸福感，培养幸福感首先要从塑造健康健全的人格特征入手，忽略人格塑造的理论和方法将会是徒劳无益的。

3. 情感的问题

在心理学上，情感属于心理过程，而不是心理状态。因此终其一生，人的各种情感没有不波动、不淡化，甚至不消失的。培养幸福感就要考虑到情感的这个特征。情感与幸福感既有联系又有区别。正性的、肯定的情感会引起幸福感，但情感的不稳定性又让它区别于幸福感。因此，什么样的情感可以作为幸福感的指标，是值得深思的问题。

第三章

当代大学生的生命样态扫描

第一节　当代大学生生命意义感的现状扫描

生命意义感对个体的重要性已经引起研究者们的重视。近年来，对于各类人群的生命意义感的现状的调查研究一直是研究热点，研究对象主要是各类大学生、老年人、重症病人等人群。其中针对大学生的研究有细化的趋势。具体地，有的研究结合当地的经济与人文发展状况，研究桂西北、内蒙包头、重庆、杭州、温州等地方院校大学生的生命意义感的现状；有的研究结合专业特点，研究与生命或教育关系非常紧密的一些专业的大学生的生命意义感的现状，研究对象多涉及医学生、护士生、师范生等；还有的研究则是结合办学的层次，研究高职类大学生、普通高校大学生、研究生等之间的差异。虽然各个研究者在进行各自研究的时候，他们所使用的测量生命意义感的工具不尽相同，但是从总体来看，他们得出的结论具有一定的一致性。很多研究普遍认为，当代大学生，包括普通大学生（赖雪芬、林瑞琦，2011；李凤英、李斌，2011）与医学生（金玲玲、李芳、刘芳，2011）、护士生（占春旺、胡光丽，2013）、师范生（闫梅洁，2013）的生命意义感现状不容乐观，在总体水平上表现为中等偏低。林宁（2012）以开封大学为例，在对高职生的生命意义感的调查结果显示，大学生对生命意义的认识基本正确，但部分大学生的生命意义感偏低，缺少精神上的归属感，更缺少人生追求，对生命存在的价值认识不到位。陈萍等（2012）对高职院校女大学生的调查提出高职院校女大学生生命意义感教育具备现实紧迫性。张琴（2012）通过对广西壮族自治区的621名硕士研究生的问卷调查发现，大部分硕士研究生的生命意义感处于中等水平。孙梦霞（2011）研究发现养老院的老人整体生命意义感得分不高，处于中下水平。孙小明、郝福华（2012）针对老年荣军患者的生命意义感现状进行调查，所谓的老年荣军患者，指的是那些既有战争时期遗留下的躯体和精神创伤，又有一般老年人所具有的老年性疾病特征的人，研究发现在老年荣军患者中，有63.0%的患者的生命意义感较好（总分高于33分），这一结果说明大多数老年荣军患者能够积极地面对疾病带来的苦难。而李国平（2011）使用同一测量工具对慢性阻塞性肺疾病病患的生命意义感进行的调查发现，其中只用有27.0%的患者的生命意义感较好（总分高于33分）。

为此，我们也针对一些不同的分类标准，对大学生的生命意义感现状进行全景扫描，以期对该群体的生命样态有一个更为清晰的展示。

一　大学生生命意义感总体特点

杨英英（2013）、冯晨旭（2013）做了有关大学生生命意义感的状况扫描，得到了比较一致的结论。

杨英英（2013）对来自南京航空航天大学、天津大学、廊坊师范学院等7所院校的350名被试进行中文版生命意义问卷（China－Meaning in Life Questionnaire，C-MLQ）① 的团体施测得出下列结论（表3－1）：

表3－1　　大学生生命意义感总分及各维度的得分

	平均数	标准差	偏度	峰度
人生意义寻求（MLQ-S）	24.53	6.54	－0.672	0.336
人生意义体验（MLQ-P）	23.32	6.31	－0.335	－0.039
生命意义感总分	47.85	10.32	－0.566	1.005

① 王孟成和戴晓阳修订，共含10个条目，量表包含两个因子，各5个条目，这两个因子分别是生命意义体验（MLQ-Presence，MLQ-P）和生命意义寻求（MLQ-Search，MLQ-S），分别检测生命意义感的认知维度和动机。每个条目采用Likert式七点记分，从“非常不符合”到“非常符合”。得分越高，生命意义感水平越高。该量表具有较好的内部一致性和跨时间的稳定性，体验和追寻问卷的内部一致性系数分别为0.85、0.82。

冯晨旭（2013）对来自天津大学各个年级的300名大学生进行中文版人生意义问卷（C-MLQ）的团体施测得出如下结论（表3-2）：

表3-2　　大学生生命意义感总分及各维度平均数和标准差

	平均数	标准差	偏度	峰度
人生意义寻求（MLQ-S）	26.67	5.719	-0.938	1.409
人生意义体验（MLQ-P）	17.91	2.822	0.689	0.267
生命意义感	51.9	10.639	0.142	0.803

杨英英（2013）、冯晨旭（2013）的研究数据表明，大学生的生命意义感总体以及各维度，均处于中等水平，人生意义寻求的得分高于人生意义体验。这说明大学生积极地追求生命意义感，但生命意义感体验的水平却并不高。从积极的方面而言，大学生积极地追寻生命意义，勇敢地探索自己的生命意义感，这是大学生积极心态的一种表现。生命意义感能够给予大学生应对社会压力的心理力量，与大学生人生价值的实现紧密相连，并且有助于大学生精神健康的发展（贾林祥、郭利，2013）。当代大学生青春洋溢，价值取向多元，个体意识与竞争意识较强，他们追求自己的个性，关注自己的发展，对生命意义充满期待与热情。但是研究数据表明，他们所体验到的生命意义感却并不是很高，这一结果必须引起教育工作者的高度重视。导致这一现象发生的原因，很可能是由于当前的在校大学生中的大部分人都是“90后”，他们中的大多数都是独生子女，而且又都出生在我国经济、社会高速发展的年代，使得他们基本上都享受到了物质条件的丰盈给家庭带来的较高生活水准，即便那些家庭经济条件不是很优越的大学生，作为独生子女，相比于以往年代的非独生子女大学生们，还是享受了来自父母、亲人更多的关爱与期待。另外，无论是父母，还是“90后”大学生自身，可以说从小到大，他们更多地受到“不要让孩子输在起跑线上”的舆论诱导。因此，几乎是无一例外地把教育、学习放在至高无上的位置上。为了让孩子能有更多的时间和精力学习，一些家庭从祖辈到父辈，不让孩子做任何除学习之外的活动，把各种时间都用于为孩子的学习充电。这势必造成这代大学生，

在从小到大的成长过程中，一直以来都缺少丰富的生活体验与人生阅历。因此，这也就不难理解，为什么他们如此地缺乏对于生命意义感的深刻体验。

二 不同变量视域下大学生生命意义感现状

杨英英（2013）通过问卷调查还发现，获得过各种奖励的大学生，他们的生命意义感与人生意义寻求因子显著地高于那些没有获奖经历的大学生。

由表 3－3 可知，获奖的学生在大学生生命意义感总分及各维度的得分均高于未获奖的学生，是否获奖在大学生生命意义感总分与人生意义寻求因子上差异显著，而在人生意义体验因子维度上，两者差别不显著。

表 3－3 是否获奖在大学生生命意义感总分及各维度差异比较

	是否获奖	N	平均数	标准差	t	p
人生意义寻求（MLQ-S）	是	220	25.10	6.24	2.206	0.028*
	否	120	23.48	6.98		
人生意义体验（MLQ-P）	是	220	23.66	6.18	1.352	0.177
	否	120	22.69	6.53		
生命意义感总分	是	220	48.76	9.56	2.117	0.035*
	否	120	46.17	11.434		

注：* $p<0.05$，** $p<0.01$，*** $p<0.001$。

这些获得过奖励的大学生们对自己未来的发展有着更加明确的目标，对自己的人生价值也更为关注，也更加积极主动地追寻人生的意义，生命意义感表现出更高的水平。在家庭经济状况这一人口变量上，杨英英（2013）的调查还显示，不同家庭经济状况的大学生在生命意义总分上存在显著差异（$p<0.05$）。经事后检验得知，处于工薪家庭的大学生的生命意义感总分要显著高于贫困家庭的学生；不同家庭经济状况的大学生在人生意义寻求维度上差异极其显著（$p<0.01$）。经事后检验得知：处于工薪家庭的大学生的人生意义寻求得分要显著高于贫困家庭的学生，处于富裕家庭的大学生的人生意义寻求得分要显著高于贫困家庭的学生，而处于工薪家庭的大学生在人生意义寻求得分高于处于富裕家庭的大学

生，但是差异不显著（表3－4，表3－5，表3－6）。

表3－4　　不同家庭经济状况大学生生命意义感总分及各维度差异比较

	家庭收入状况	N	平均数	标准差	F	p
人生意义寻求（MLQ-S）	工薪	160	25.49	6.50	5.268**	0.006
	富裕	102	24.51	6.06		
	贫困	78	22.59	6.89		
人生意义体验（MLQ-P）	工薪	160	23.44	6.30	0.537	0.585
	富裕	102	23.61	5.92		
	贫困	78	22.68	6.86		
生命意义感总分	工薪	160	48.93	10.12	3.40*	0.035
	富裕	102	48.12	10.06		
	贫困	78	45.27	10.73		

注：$*p<0.05$，$**p<0.01$，$***p<0.001$。

表3－5　　人生意义寻求事后检验结果

Dependent Variable		(I) 家庭收入状况	(J) 家庭收入状况	Mean Difference (I－J)	Std. Error	Sig.	95% Confidence Interval	
							Lower Bound	Upper Bound
MLQ-S	LSD	1	2	0.978	0.819	0.234	－0.63	2.59
			3	2.898*	0.893	0.001	1.14	4.65
		2	1	－0.978	0.819	0.234	－2.59	0.63
			3	1.920*	0.972	0.049	0.01	3.83
		3	1	－2.898*	0.893	0.001	－4.65	－1.14
			2	－1.920*	0.972	0.049	－3.83	0.00
	Tamhance	1	2	0.978	0.790	0.520	－0.92	2.88
			3	2.898*	0.934	0.007	0.64	5.15
		2	1	－0.978	0.790	0.520	－2.88	0.92
			3	1.920	0.984	0.150	－0.45	4.30
		3	1	－2.898*	0.934	0.007	－5.15	－.64
			2	－1.920	0.984	0.150	－4.30	0.45

注：$*p<0.05$，$**p<0.01$，$***p<0.001$。

表 3-6 生命意义感总分事后检验结果

Dependent Variable		(I) 家庭收入状况	(J) 家庭收入状况	Mean Difference (I-J)	Std. Error	Sig.	95% Confidence Interval	
							Lower Bound	Upper Bound
生命意义感总分	LSD	1	2	0.814	1.298	0.531	-1.74	3.37
			3	3.662*	1.415	0.010	0.88	6.45
		2	1	-0.814	1.298	0.531	-3.37	1.74
			3	2.848	1.541	0.065	-0.18	5.88
		3	1	-3.662*	1.415	0.010	-6.45	-0.88
			2	-2.848	1.541	0.065	-5.88	0.18
	Tamhance	1	2	0.814	1.278	0.893	-2.26	3.89
			3	3.662*	1.455	0.038	0.15	7.18
		2	1	-0.814	1.278	0.893	-3.89	2.26
			3	2.848	1.571	0.200	-0.94	6.64
		3	1	-3.662*	1.455	0.038	-7.18	-0.15
			2	-2.848	1.571	0.200	-6.64	0.94

注：* $p<0.05$，** $p<0.01$，*** $p<0.001$。

究其原因，可能是由于贫困家庭的家庭收入低而且不稳定，这给大学生们的心理上带来了很大的不安全感。来自贫困家庭的大学生在学校里生活、学习的压力更大，人生对于他们来说更加沉重。从需要层次理论的视角来看，安全需要位于生理需要之上，如果低层次的生理需要不能得到满足，就很容易引起个体内心的不安全、不平衡，进而会影响个体其他高层次需要的发展，如社交的需要、尊重的需要、自我实现的需要，当高层次需要的满足受到影响时，个体对自身生命意义的理解以及对生命意义的追寻就会受到限制。(杨英英，2013)

第二节　当代大学生幸福感的现状扫描

一　大学生主观幸福感的总体情况

冯晨旭（2013）、张慧（2013）对大学生的主观幸福感进行了问卷调查，得出了很多一致性的结论。大学生在总体幸福感量表上的得分越高，说明其幸福感指数越高。张慧（2013）使用“总体幸福感量表”（General Well-Being，GWB）①，采用分层随机取样法，以学校层次（如一本、二本、三本）、专业类别及地域为划分标准，选取山西、广东、天津等地发放问卷共512份，收回有效问卷470份。其中：男生232人，女生238人；文科148人，理科153人，工科169人；平均年龄为21.39±1.66岁。被试在“总体幸福感量表”的得分为77.31±11.02分，其中男性大学生得分为78.65±10.42分、女性大学生得分为76±11.45分，显著高于常模（男75分，女71分）②，处于中等偏上水平（表3－7）。

表3－7　　大学生主观幸福感的状况

	M	SD	常模 M	t
男	78.65	10.418	75	5.331***
女	76.00	11.445	71	0.740***

注：$*p<0.05$，$**p<0.01$，$***p<0.001$。

二　不同变量视域下大学生幸福感现状

张慧（2013）研究发现，男女大学生在总体幸福感上得分差异非常显著（$p<0.01$），男大学生的主观幸福感要高于女大学生。在忧郁或愉快的心境和精力、松弛与紧张这三方面，男大学生的得分都显著高于女

① 本量表分为6个维度，分别是：①对健康的担心；②精力；③对生活的满足和兴趣；④抑郁或愉快的心境；⑤对情感和行为的控制，⑥松弛与紧张。量表共有33个题项，每个维度下的题项数目不尽相同。量表的33个题项中，每个题项与总分的相关系数介于0.48—0.78。其内部一致性系数为0.85，且与抑郁、焦虑类量表一致性良好。

② 汪向东、王希林、马弘：《心理卫生评定量表手册》，中国心理卫生杂志社1999年版，第83页。

生（$p<0.01$，$p<0.05$）（表3-8）。

表3-8　　不同性别主观幸福感的差异

	性别	N	M	SD	t
对健康的担心	男	232	7.99	2.617	-0.411
	女	238	8.09	2.716	
精力	男	232	18.65	3.663	2.983**
	女	238	17.64	3.692	
对生活的满足和兴趣	男	232	6.62	1.623	1.006
	女	238	6.46	1.698	
忧郁或愉快的心境	男	232	16.23	2.711	2.627**
	女	238	15.51	3.217	
对情感和行为的控制	男	232	12.47	1.794	0.937
	女	238	12.30	1.970	
松弛与紧张	男	232	16.69	3.387	2.221*
	女	238	15.99	3.426	
总体幸福感总分	男	232	78.65	10.418	2.620**
	女	238	76.00	11.445	

注：*$p<0.05$，**$p<0.01$，***$p<0.001$。

大学生主观幸福感在是否独生子女变量上差异极其显著（$p<0.001$），在“对生活的满足和兴趣”“忧郁或愉快的心境”两个维度上，差异极其显著（$p<0.001$）；在“松弛与紧张”“精力”和“对情感和行为的控制”维度上差异达到统计学意义上的显著（$p<0.01$，$p<0.05$）。说明与非独生子女相比，独生子女有更高的主观幸福感体验（表3-9）。

表3-9　　是否独生子女在主观幸福感得分上的差异

	是否独生	N	M	SD	t
对健康的担心	是	149	7.97	2.585	-.421
	否	321	8.08	2.705	
精力	是	149	18.68	3.992	2.157*
	否	321	17.89	3.548	

续表

	是否独生	N	M	SD	t
对生活的满足和兴趣	是	149	6.94	1.690	3.613***
	否	321	6.35	1.618	
忧郁或愉快的心境	是	149	16.60	2.873	3.641***
	否	321	15.53	2.997	
对情感和行为的控制	是	149	12.67	1.843	2.267*
	否	321	12.25	1.892	
松弛与紧张	是	149	16.93	3.245	2.562**
	否	321	16.06	3.471	
总体幸福感总分	是	149	79.78	10.696	3.350***
	否	321	76.16	10.993	

注：* $p<0.05$，** $p<0.01$，*** $p<0.001$。

本次调查发现不同家庭所在地的被试大学生，在总体幸福感的得分上差异极其显著。事后检验发现，来自大城市的被试大学生的总体幸福感得分低于中小城市和农村，且差异显著。不同家庭所在地的大学生在“忧郁或愉快的心境”“松弛与紧张”的得分上差异极其显著，事后检验结果，同样地，大城市的被试大学生的总体幸福感得分低于中小城市和农村，该结果与总体幸福感在家庭所在地学生的得分情况一致（表3－10）。本次问卷调查还发现，出身985院校、211院校和普通院校的被试大学生在总体幸福感的得分上存在显著差异（$p<0.001$）。且在松弛与紧张、心境维度上得分也极其显著（$p<0.001$），在精力维度上的差异也非常显著（$p<0.01$）。事后检验发现，985院校、211院校和普通院校的大学生在总体幸福感上两两差异均显著，主观幸福感的高低依次排序为211院校大于普通院校大于985院校（表3－11）。（张慧，2013）

表3－10　　　　不同家庭所在地主观幸福感的差异

		SS	df	MS	F
对健康的担心	组间	16.610	3	5.537	0.778
	组内	3 314.539	466	7.113	
	总和	3 331.149	469		

续表

		SS	df	MS	F
精力	组间	127.633	3	42.544	3.136
	组内	6 322.378	466	13.567	
	总和	6 450.011	469		
对生活的满足和兴趣	组间	13.716	3	4.572	1.663
	组内	1 281.095	466	2.749	
	总和	1 294.811	469		
忧郁或愉快的心境	组间	162.251	3	54.084	6.224***
	组内	4 049.570	466	8.690	
	总和	4 211.821	469		
对情感和行为的控制	组间	29.218	3	9.739	2.771*
	组内	1 637.846	466	3.515	
	总和	1 667.064	469		
松弛与紧张	组间	229.593	3	76.531	6.781***
	组内	5 259.292	466	11.286	
	总和	5 488.885	469		
总体幸福感总分	组间	2 266.794	3	755.598	6.440***
	组内	54 671.087	466	117.320	
	总和	56 937.881	469		

注：* $p<0.05$，** $p<0.01$，*** $p<0.001$。

表 3-11　　985、211、普通院校的大学生主观幸福感的差异

		SS	df	MS	F
对健康的担心	组间	15.892	2	7.946	1.118
	组内	3 296.874	464	7.105	
	总和	3 312.767	466		
精力	组间	130.608	2	65.304	4.801**
	组内	6 311.345	464	13.602	
	总和	6 441.953	466		
对生活的满足和兴趣	组间	6.033	2	3.016	1.087
	组内	1 287. 984	464	2.776	
	总和	1 294.017	466		

续表

		SS	df	MS	F
忧郁或愉快的心境	组间	116.073	2	58.037	6.621***
	组内	4 067.434	464	8.766	
	总和	4 183.507	466		
对情感和行为的控制	组间	20.623	2	10.312	2.908
	组内	1 645.531	464	3.546	
	总和	1 666.154	466		
松弛与紧张	组间	156.663	2	78.331	6.832***
	组内	5 319.556	464	11.465	
	总和	5 476.218	466		
总体幸福感总分	组间	1 835. 563	2	917.782	7.735***
	组内	55 056.064	464	118.655	
	总和	56 891.627	466		

注：* $p<0.05$，** $p<0.01$，*** $p<0.001$。

由上述的研究可知，大学生的主观幸福感状况处于中等偏上水平，这与大多数的研究结果是一致的（冯晨旭，2013；严标宾，2003）。男大学生和女大学生的得分情况都高于常模，且差异极其显著（$p<0.001$）（张慧，2013）。这些结果说明，进入21世纪，中国大学生们的幸福感指数与以往相比有上升和提高的趋势。

对于不同性别的大学生，其主观幸福感的差异，目前还没有定论，严标宾（2003），李祚山（2006）等认为，男女大学生在主观幸福感总分及各个维度上都不存在显著的差异。但在本研究中，男大学生的主观幸福感得分要显著高于女大学生，男大学生比女大学生体验到了更多的幸福感，这与徐维东（2005）、蒋燕宾（2009）等的结果是一致的。（张慧，2013）

男大学生的主观幸福感得分之所以高于女大学生，首先，男大学生的精力可能与女生相比较为充沛，在大学阶段参加各种体育锻炼的频率也高于女生。分析认为，在当今的社会，女生在就业和学习上的压力要远远高于男生，理工科的女生在就业时的这种压力感尤为明显。而且，男女大学生的个性也各有特点，他们在对事物的认知、思维、情感体验等方面都有很大的不同，男大学生比较洒脱，而女大学生多数心思更加细腻、敏感，情感体验也比较丰富，这也就使她们更容易接收负面信息，引起更大的心理压力。

问卷调查还发现，对于学校类型属于不同批次的大学生，他们的主观幸福感得分也存在差异。985 院校的大学生群体，整体比较优秀，竞争的氛围也更强，在学习上要付出很大的精力，因此感受到的学习压力更大，为了出色地完成课业，精神状态比较紧张，可能对生活中其他美好事物的体验会更少一些，所以该类高校的大学生在调查中反映出他们的主观幸福感水平低于其他院校大学生的主观幸福感水平。(张慧，2013)

在是否是独生子女这个因素上，独生子女的主观幸福感显著高于非独生子女。这可能是因为独生子女与非独生子女相比，从小得到的物质条件比较充裕，得到父母更多的关注和情感关怀。独生子女的物质需求和精神需求都更容易得到满足，所以他们的主观幸福感体验会更高。(张慧，2013)

不同家庭所在地的大学生，其主观幸福感的差异也极其显著，以往研究只笼统地划分城市和农村，在本研究中我们将城市又细分为大城市和中小城市。结果显示来自中小城市的大学生主观幸福感最高，而来自大城市的大学生主观幸福感次之，来自农村的大学生最低。对于来自农村大学生和来自大城市的学生，引发这样的结果的原因可能并不相同(张慧，2013)。近年来，随着社会的发展，城乡差距逐渐减小，但是城市和农村在经济和文明方面依然还存在着很大的差距。来自农村的大学生受到生活条件的限制，接触外部世界的机会明显少于来自非农村的大学生，因此，当他们进入大学之后，相比于那些从小就在城市里长大的大学生，对城市化环境的适应会更艰巨，适应的过程也会更加困难。而且，来自农村的大学生的家庭，往往经济上并不宽裕，这种状况对于这些农村籍大学生来说不能不说是一个很大的压力，与此同时，由于他们成为当地圈子里的一个出类拔萃的人物，因此家庭对他们又往往会寄托更高的期望与期待，显然，自身适应任务的艰巨，加上背负的压力又大，很容易使农村大学生的幸福感体验相对较低。相比之下，从小生活在大城市的大学生，从其内心深处就具有很强的优越感，这种优越感自然也会提高他们对自己的要求和期望，当这样的学生进入大学之后，如果同学中出现了比他更为优秀的人时，就需要他付出更大的努力来保持住自

己的优越感。这种情况下，个体面临的来自各个方面的压力就会更大些，主观幸福感通常也会更低一些。(彭香萍，2006)

应该说，目前对于各人口学变量对主观幸福感的影响还没有定论，Campbell A.（1976）等研究发现，性别、收入等人口统计学变量综合起来对主观幸福感的解释率不足20%，这也说明人口学变量可能不是影响当代大学生主观幸福感的主要因素。但是在本次课题进行的调查中，课题组依然对一些人口学变量进行了细化分类。这样做的目的是希望通过细致划分，可以找到不同类别的大学生群体，他们在主观幸福感水平上的差异线索，为后续研究者更好地从群体的现状中找寻人口变量学方面的规律和证据，提供一些客观的支持。

第四章

影响当代大学生生命意义感的实证调查

第一节　大学生自我效能感对生命意义感的影响

无论是时代的因素，还是大学生自身所处的年龄阶段，都使他们不可避免地会遇到生涯发展的危机。而正是他们正在面临的危机，和他们可能会经历的一些潜在的危机，都会对大学生个体的生命感、幸福感造成这样或那样的影响。但是正如危机并不完全都是负面的一样，大学生生命感和幸福感水平不高的现状也并不都是坏事，有的时候它正是个体积攒生命能量的一个必经过程，也更是个体启动自己生命正能量的一个契机。所以，不要完全地从消极方面批评当代大学生的生命意义感、幸福感现状，而应该从更为积极的层面，对大学生的生命意义感和幸福感现状予以阐述和解读。大学生在高压力的社会现实面前，在挑战自我的过程中出现的生命意义感和幸福感的波动，是个体进行人生探索的一个必经之路，没有高低起伏反而是不正常的，也并不可取。重要的是，教育者一定要充分地了解究竟会有哪些因素影响，以及如何影响了大学生们的生命意义感和幸福感水平。

一　自我效能感定义与特点

自我效能感理论最早是由心理学家 Bandura A.（1977）提出，他认为，自我效能感是指个体对自己是否有能力为完成某一行为所进行的推测与判断。自我效能影响人们对活动的选择以及对该活动的坚持性；影响人们在困难面前的态度；影响人们的思维模式和情感反应模式。

Frankl V. E.（1991）认为，个体都应为自己负起选择的责任，才能追求或者发现人生的意义。Bandura A.（1977）也认为，自我效能包含了认知、社会以及行为所衍生出的能力，这种能力具有使个体采取行动达成目标的作用，自我效能感将影响个人对于事件的抉择，具有激发行为的作用。Baumeister R. F.（1991）认为，生命意义感有四个来源：（1）目的；（2）正当性；（3）自我效能；（4）自我价值感。由上述理论可见，个体生命意义感会受到自我效能感的影响。

二　大学生自我效能感与生命意义感的相关分析

国内外关于生命意义感与自我效能感的研究不多，不过已有的研究结果均显示，自我效能感和生命意义感有着密切联系。Michael F.，Steger M. F.，和 Patricia F.（1992）对大学生的研究显示，自我效能感与生命意义感呈显著正相关。曾天德（2008）在自我超越、生命意义与压力关系研究的基础上，引入自我效能感，其研究结果也表明，生命意义感与自我效能感具有显著相关，且大学生生命意义感直接影响个体的一般自我效能感；何英奇（1979）在对大学生进行生命意义感相关研究时，曾提出另一个研究假设，一个具有生命意义感的人，对现在和未来持积极的态度，对过去持乐观的态度；郑惟谦（2006）对台湾两县的初中教师生命意义感和自我效能感的研究中发现，初中教师生命意义感与自我效能感呈现显著相关，生命意义感对教师自我效能感有一定程度预测作用。

王芳（2012）使用一般自我效能感量表（General Self Efficacy Scale，GSES）[①] 和中文版人生意义问卷（China-Meaning in Life Questionnaire，C-MLQ），对来自天津 10 所高校的 2 300 名大学生进行团体施测，得出大学生自我效能感和生命意义感的相关关系如下（表 4－1）：

① 该量表由德国临床和健康心理学家 Ralf、Schwarzer 等人编制，量表包含 10 个条目，由“完全不同意”到“完全同意”分 4 级评定，分值越高则说明个体自信程度越高，GSES 的内部一致性系数为 0.87。

表 4－1 大学生自我效能感与生命意义感的相关分析

	人生意义体验	人生意义寻求
自我效能感	0.237 **	0.128 **

注：* $p<0.05$，** $p<0.01$，*** $p<0.001$。

从表 4－1 可知，自我效能感同生命意义感的两个维度均呈现正相关，自我效能感越强则生命意义感越大。该结果说明，自我效能感对于生命意义感起着积极的正向作用。自我效能感高的个体相信自己能够掌控生活，能够为自己树立生活目标，并主动采取积极的行动努力实现目标，不断促进自己能力的提升。在苦难失败等消极情境下，自我效能感高的个体能够正确判断并相信自己的能力，有着坚定的克服困难和战胜挑战的决心，这种内心的力量能够帮助那些自我效能感强的个体，在人生道路上走得更远，他们获得成功的可能性也更大，而所有这些努力均能提升他们的生命意义体验感。与其相反，当被困难缠绕时，自我效能感低的个体则会过多地想到自己的不足，并将潜在的困难主观放大，从而产生心理压力，生命意义体验感降低。

第二节 大学生完美主义对生命意义感的影响

一 完美主义的定义与特点

心理学界关于完美主义的研究，最初源于个体心理学派的创始人 Adler，A.。在他看来，人类最根本的目的就是不断地、更好地适应他所在的生存环境，而促使人类不断改变自己、发展自己的内在动力就是追求完美。追求完美是最为纯净和最为本质的动机，他指出“从追求完美是生活一部分的意义上看，追求完美是先天的，是一种奋斗，一种驱力，一种如果没有它生活将变得不可思议的东西”。但是他也认为，个体追求完美必须是以社会兴趣为目的，否则将导致诸多心理问题和心理障碍（Adler A.，1956）。Horney K.（1950）将过分的井然有序和一丝不苟的行为视为完美主义。Horney K. 认为，寻求卓越的最高境界之需要只是完美主义的表层意义，其深层意义在于精神体验层面，后者对个体尤为重要。对个体而言，完美主义不仅是一种获得优越感的手段，也是一种控制生活的方法。Horney，K.（1950）指出，完美主义者有很强的优越感，因为他们认为自己智力上和道德上的标准高于别人。在遇到不幸或发现自己并非完美无缺时，他们将面临心理上的巨大失衡，甚至导致心理崩溃。

Horney K. 和 Adler A. 的理论观点为以后的完美主义研究奠定了基础。在两者理论观点的基础上，国内外的学者也对完美主义的概念做出了自己的界定。Hollender M. H.（1965）认为，完美主义者“与情景相比，要求自己或他人有更高的工作质量”。Burns D. D.（1980）指出，所谓完美主义者，是指那一种把目标定得过高，然后又过度地要求自己去追求这种遥不可及目标的人，他们往往会以生产力和成就来衡量自己本身的价值，然而对这些人而言，过度要求自己去达到这种目标，往往会伤到自己。Pacht A. R.（1984）指出，完美主义者倾向于采用“全或无”的思维方式，只能看到两个极端而看不到中间地带，要么是成功，要么是失败。完美主义者为自己设立了超高的工作标准，并伴有严格的自我评价，哪怕成功达到了95%甚至99%，他们仍然认为不完美（常保瑞，2007）。Halgin R. P.（1989）为完美主义者下的定义是，为实现不可能达到的目标而受到自我不良激励（ego-dystonic）和强迫性内驱力折磨的个体，他们称这些完美主义者为“永不满足的完美主义”，并将之视为导致大学生自杀的常见因素。Frost R. 等人（1990）认为，完美主义是“力求高标准地完成任务并伴随批判性自我评估倾向的人格特质”，这种过高标准通常是与恐惧失败联系在一起，恐惧导致回避行为，而回避行为会意味着一个人必须不断地处于警戒和防御中，以避开他所恐惧的事物，因而出现了完美主义的行为成分，如仔细检查、反复考虑、拖延等。张春兴（1995）认为，完美主义是指在工作表现上对自己或他人所要求的一种态度，持完美主义的人，对任何事都要求达到毫无缺点的地步，致使他们总是按照非常苛刻的标准对人对事，而无法从现实情境出发对人对事留有余地，考虑问题的思路缺乏弹性。

由上可知，完美主义仍没有一个统一明确的概念，而且越来越多的学者关注到了完美主义带给个体的消极影响（孙颖、冯晨旭，2012）。如高恐惧、高回避、强迫性内驱力等，特别是消极完美主义者身上表现出来的过度的高标准，以及对失败的恐惧。因此，王敬群、梁宝勇、邵秀巧（2005）在前人的研究基础上，将完美主义的核心特征提取归纳为自我强加的高标准、自我评价过于依赖成功和成就、较高的自我批评、恐惧失败四种。

二 大学生完美主义与生命意义感的相关分析

完美主义是一种稳定的、追求高标准地完成任务并伴有批判性自我评估倾向的人格特质。生命意义是生命的一种精神性存在，是生命存在的最终归宿和精神支撑。两者各自的实证研究已经取得了相当的成果，但是有关两者相关性的研究寥寥可数，也只局限于完美主义程度较高，且常与死亡打交道的医护人员等特殊人群。臧爽和计永利（2011）对护理本科生和医科生进行了调查研究，结果显示人生意义与积极完美主义评分具有正相关性，对人生意义认知程度高的学生，追求积极完美主义的倾向性更强，表现为积极的自我评价，期望获得成功，做事情具有良好的条理性。同时，积极的完美主义会使个体主动去了解自身的人生意义所在，并且不断地为理想和目标努力。林慧芬（2011）对615名台湾地区的大学生进行调查后也发现，适应性完美主义与生命态度呈正相关，它们相较于非完美主义或非适应性完美主义持有更为积极的生命态度。

王芳（2012）使用杨宏飞、张小燕、赵燕（2007）等人编制的“大学生一般完美主义量表”① 和中文版“人生意义问卷（China-Meaning in Life Questionnaire，C-MLQ）”对来自天津的10所高校2 300名大学生进行团体施测，分析了大学生完美主义的特点，并对完美主义与生命意义感的相关关系进行研究。

1. 大学生完美主义的特点

表4-2　完美主义总分及各维度平均数和标准差

	平均数	标准差
追求高标准	27.19	4.68
在乎错误	18.22	6.30
完美主义总分	45.41	7.12

① 量表包含2个维度（追求高标准和在乎错误）、14个条目，由“非常不同意”到“非常同意”分5级评定。量表信效度较高，两维度α系数为0.841和0.835，分半信度为0.852和0.790。

从表4-2可知全体大学生的完美主义总体平均数为45.41，表明大学生的完美主义总体上处于中上水平，且完美主义在性别、是否独生子女、专业、不同来源地、年级上存在显著差异（王芳，2012）。

2. 大学生完美主义与生命意义感的相关分析

表4-3　大学生完美主义与生命意义感的相关分析

	追求高标准	在乎错误	人生意义体验	人生意义追求
追求高标准	1	—	—	—
在乎错误	-0.34	1	—	—
人生意义体验	0.267**	-0.091**	1	—
人生意义寻求	0.231**	-0.041	0.229**	1

注：$*p<0.05$，$**p<0.01$，$***p<0.001$。

表4-3相关分析结果显示，追求高标准和人生意义体验及人生意义寻求均呈现显著正相关，说明追求高标准作为积极完美主义因素之一，对于大学生生命意义感有着积极作用。完美主义中的在乎错误维度与人生意义体验呈现显著负相关，但是与人生意义寻求相关不显著。

在完美主义中，追求高标准通常视作积极完美主义的特征之一，而在乎错误通常被视作是消极完美主义的特征。积极完美主义个体较于普通个体，更渴望成功，也更倾向于为自己设立高标准，并努力达成，以获得成就感。这样的个体通常有着明确的目标，并不断地为之而努力奋斗。因此，积极完美主义的思想其实能激发个体对生命意义的追求和体验，促使个体树立较高的目标，并且驱动自己去努力实现目标。

第三节　大学生应对方式对生命意义感的影响

一　应对的定义与特点

"应对"这一概念首次在心理学领域被提出，是作为一种防御机制，出现在弗洛伊德的心理动力学理论中的。应对，指的是能使人应付无意识的、性行为的和攻击性的冲突事件的行为（Frend S.，1964）。而Lazarus R. S.（1984）明确地将应对从早期的心理动力学的防御机制以及Selye 的固有生物反应和直接关注转向积极的认知评价过程，摒弃了以往着重强调特质的倾向。迄今为止，人们对于应对的认识还存在分歧，但绝大多数心理学家倾向于 Lazarus R. S.（1984）的观点，即，应对是个体为了处理被自己评价超出自身能力资源范围的特定内/外环境的要求，而做出的不断变化的认知的、行为的（包括情绪的）努力。

应对方式是人们为了对付内外环境要求及其相关的情绪困扰而采取的方法、手段或策略。应对方式的使用并不是相互排斥的。实际上，各种应对方式可能是相互促进的。这是由使用特别的应对方式可获利益的多少以及个体与环境的需要来决定的；应对方式缺乏跨情境一致性，各种应对方式在不同情境下各有效用，某一情境下有用的策略在另一条件下未必有效，甚至可能有反作用（Frend S.，1964）。它是心理应激过程中一种重要的中介调节因素，个体的应对方式影响着应激反应的性质与强度，进而调节应激与应激结果之间的关系。应对方式质量的优劣影响着压力反应的性质和强度，传递着压力与身心健康的关系。

二 大学生应对方式与生命意义感的相关分析

杨英英（2013）使用肖计划编制的“应对方式问卷”① 和中文版“生命意义问卷（C-MLQ）”［包含生命意义体验〈MLQ-P〉和生命意义寻求〈MLQ-S〉两个因子］对来自南京航空航天大学、天津大学、廊坊师范学院等七所院校的350名大学生进行问卷调查，结果如下。

1. 大学生应对方式总体状况

由表4－4可知，在应对方式问卷的六个维度中，“解决问题”维度的因子分得分（0.834）最高，而以“自责”维度的因子分得分（0.532）最低。大学生面对生活事件采用的应对方式的顺序是为解决问题、幻想、求助、退避、合理化、自责。

---

① 共包含62个项目，分为解决问题、自责、求助、幻想、退避、合理化6个因子。将问题解决、求助合并为成熟型应对方式；退避、自责、幻想合并为不成熟型应对方式；合理化为混合型应对方式。由被试根据自己的实际情况逐条在每个项目的“是”与“否”中选择，选择“是”得1分，选择“否”得0分。而19、36、39、42题为反向记分题。该量表的α系数为0.811，说明其有良好的内部一致性。

表 4-4 大学生应对方式的总体状况

分量表	最小值	最大值	平均数	标准差	题项	因子分
解决问题	1	12	10.01	1.840	12	0.834
自责	0	10	5.32	3.056	10	0.532
求助	0	10	6.27	1.880	10	0.627
幻想	0	10	6.35	2.517	10	0.635
退避	0	10	6.14	2.524	10	0.614
合理化	1	11	6.46	2.773	11	0.587

表 4-5 大学生应对方式总体表现

分量表	最小值	最大值	平均数	标准差	题项	因子分	偏度	峰度
成熟应对	2	22	16.28	3.129	22	0.74	-1.128	1.775
不成熟应对	2	30	17.82	7.282	30	0.594	0.073	-0.994
混合型应对	1	11	6.46	2.773	11	0.587	0.138	-1.089

由表 4-5 可知，大学生的成熟应对方式得分（0.74）最高，不成熟应对方式得分（0.594）居中，混合型应对方式得分（0.587）最低。从偏度的角度来看，成熟应对的偏度小于0，表现为负偏态，分布主体集中在右侧。不成熟应对与混合型因对的偏态大于0，表现为正偏态，分布主体集中在左侧。由分布可知，大学生处理和面对生活事件、压力事件时的应对方式较好。从峰度的角度来看，成熟应对的峰度大于0，表现为尖顶峰度，比正态分布更加陡峭；不成熟应对与混合型应对的峰度小于0，表现为平顶峰度，比正态分布更加平坦。偏度和峰度用来描述分布的离散趋势，从成熟应对的分布说明，大部分人的得分较高，而且有部分被试的得分非常高，远高于其他人。从不成熟应对的分布特点可知，在该维度上大部分人得分不高，而且被试的得分没有太大差异。这说明大学生群体在应对方式上表现成熟，大多数人都选择成熟的应对方式，较少人选择不成熟的应对方式。

2. 大学生应对方式与生命意义感的相关分析

由表 4-6 可知，生命意义体验与解决问题、求助这两个维度呈显著正相关（$p<0.01$），与自责、幻想、退避、合理化这四个维度呈显著负相关

($p<0.01$)；生命意义感与解决问题、求助这两个维度呈显著正相关（$p<0.01$）；与自责、幻想、退避、合理化这四个维度呈显著负相关（$p<0.01$）。从表 4－7 可知，生命意义体验与成熟型应对方式呈显著正相关（$p<0.01$），与不成熟型应对方式、混合型应对方式呈显著负相关（$p<0.01$）；生命意义感总分与成熟型应对方式呈显著正相关（$p<0.01$），与不成熟型应对方式、混合型应对方式呈显著负相关（$p<0.01$）。

表 4－6　　大学生应对方式与生命意义感的相关分析

因子	解决问题	自责	求助	幻想	退避	合理化
生命意义寻求	0.084	－0.011	0.038	－0.083	－0.051	－0.079
生命意义体验	0.314**	－0.274**	0.184**	－0.170**	－0.258**	－0.164
生命意义感总分	0.245**	－0.175**	0.137**	－0.157**	－0.190**	－0.151**

注：* $p<0.05$，** $p<0.01$，*** $p<0.001$。

表 4－7　　大学生应对方式与生命意义感的相关分析

因子	成熟型应对方式	不成熟型应对方式	混合型应对方式
生命意义寻求	0.072	－0.051	－0.079
生命意义体验	0.295**	－0.263**	－0.164**
生命意义感总分	0.227**	－0.193**	－0.151**

注：* $p<0.05$，** $p<0.01$，*** $p<0.001$。

第四节　大学生自我时间管理对生命意义感的影响

一　时间管理定义与特点

在大学的校园里，人们总是可以听到大学生们抱怨说自己总是感到空虚、无所事事，并经常体验到一些消极的情绪。但这个时候，大学生们通常是这样表达的：“感觉自己有很多事情要做，整天忙忙碌碌，可是安静下来的时候回想一下，又不知道自己到底做了些什么，甚至感觉自己什么都没有做，只是一味地瞎忙，因此总是觉得自己的忙碌是毫无意义的忙碌。”从大学生们的言语中不难听出，他们除了体验到通常意义下的空虚状态之外，很多大学生言语中的“空虚”，呈现出的其实是一种“忙碌的空虚”状态，即每天都是非常地忙碌，给外人的感觉也是没有片刻闲暇地做事。但是一旦回忆起来就发现，自己每天忙碌，好像是做了很多的事情，可是回头想想却又好像是什么都没有做好，自己感到没有任何有价值的收益。在访谈中也发现，当仔细询问大学生们每日的日程安排，他们自己也会惊讶地发现，之所以如此地忙碌，是因为自己在一些不必要的事情上浪费了太多的时间，反而在一些应当特别重视并且需要分配更多精力的事情上，却没有能花费更多的时间和精力，从而导致自己的生活呈现出主次不分、没有重点的状态。这种状态令他们觉得失望、消沉、毫无奋斗的动力，同时也找不到自己存在的意义，更令人沮丧的是，他们自己会因此而觉得自己所有的忙碌及生活内容都似乎是毫无价值可言的。可想而知，这样的生命样态，必然让个体的生命意义感处在一个并不是很高的水平上。

上述种种现象，是大学生们现实生活样态的真实写照，而通过调查数据分析这一状态产生的原因可知，它除了反映出大学生生命意义感方面存在问题，还反映出大学生们在时间管理及制订计划方面存在着比较严重的问题。即，很多大学生在面临纷繁事务的时候，不善于合理安排时间，更不用说有效利用自己的时间。他们在规划时间的时候不懂得如何分开主次。因为没有主次之分，因此只能所有事情一把抓，而最终就只能是因为精力有限而顾此失彼，导致该做好的事情没有做好。这样的状态一旦持续的时间久了，就势必会影响到大学生们的生活品质、目标实现等，引发一系列的问题。大学生群体中存在的这一现象，很早就引起了学术界的关注，并引发了学者们对于时间管理问题的研究。

所谓的时间管理，是指个体以提升个人的工作效率和追求幸福美满的人生为目标，通过运用有效的策略，合理安排和管理时间，避免不当的时间浪费，而进行的有计划地时间配置的行为方式。自从时间管理这一概念受到学界的关注以来，在国内外的学术界就涌现出了很多关于时间管理的相关研究，学者们从不同的角度出发，对时间管理进行研究，提出了时间管理的不同模型，并编制了不同模型构架下的量表（邱芬，2011）。当然，除了相关模型研究之外，以往研究还涉及不同性别、文理科、年级、人格类型等人口统计学变量对时间管理倾向的影响、时间管理能力对心理健康程度的预测作用（邓凌，陈本友，2005），以及时间管理能力与主观幸福感、生命意义感的相关关系等方面的研究发现，时间管理倾向对生命意义感以及主观幸福感均有一定程度的预测作用。（刘玲玲，2006）

二 时间管理的相关研究

影响大学生生命意义感的因素的确众多，因此才会有不同的学者从不同的领域、不同的视角对该主题给予高度的关注和广泛而深入的研究。但是作为被很多学者关注到的时间管理这一要素，在当前提升个体生命意义感的研究中也备受关注。有学者认为，时间管理能力与主观幸福感，已经越来越成为众多影响个体生命意义感因素中的重要因素了。学者们之所以提出这样的观点，是因为时间管理能力无论是在一个人处理学业问题还是生活问题上，都发挥着巨大的作用。可以说，一个人如果不能掌控和管理好自己的时间配置，这个人的生活就很容易陷入一种极其混乱的状态。可想而知，一个在时间安排和利用上比较混乱的个体，是很难有较高的主观幸福感体验的。正如前文所述，主观幸福感呈现的是一种生活现状以及情绪状态，一个人对自己的生活样态的评价是幸福，还是不幸福，必然会影响到个体自身的生命意义感。个体因混沌的生活样态，导致生命意义感低下，长此以往，就会形成一个很难被个体突破的负性循环圈。

既往的学者们关注到时间管理、主观幸福感和生命意义感这些因素及它们之间的相互影响，但他们的研究通常只是从这三个变量中选择两个变量，进行两个变量之间的相关研究。因此，尽管他们各自的研究结论能够证明时间管理与主观幸福感、时间管理与生命意义感、主观幸福感与生命意义感之间两两相关，但却很难解答时间管理、主观幸福感和生命意义感三者之间的相互作用及中介效应等问题。为此，应该将这三个变量放在同一个视域之下，分析三者之间究竟会产生怎样的互相影响。主观幸福感在时间管理能力和生命意义感之间是否发挥中介作用，对这些问题进行综合性的研究，对当代大学生而言是十分必要的。本书针对同一被试大学生群体，收集时间管理、主观幸福感和生命意义感三个变量的数据信息，从更为综合和全面的视角，并借由统计学工具，构建三个变量之间的结构方程模型，以期发现三者之间相互作用、相互影响的关系，探寻因素之间的中介作用机理，探索当代大学生时间管理能力不足背后的真正原因。只有找到问题的缘由，才可能进一步地寻找到提升大学生时间管理能力的路径，并最终为提升大学生生命意义感和主观幸福感提供有益的参考。

时间管理的相关研究，是当代心理学研究中受到持久关注的热点问题之一。其中，关于时间管理能力和时间管理行为的相关研究，可以追溯到20世纪80年代，由Britton B. K.（1989）和Macan T. H.（1994）等人所做的研究，他们是最早对时间管理进行研究的心理学家。Britton B. K. 和Glynn S. M.（1989）从信息加工的角度对时间管理和时间管理行为进行探讨，把人的时间管理与计算机操作系统进行类比，并将时间管理视作心理管理的一个方面，还在此基础上提出了时间管理的理论模型，开创了心理学工作者对时间管理研究的先河。自Britton B. K. 和Glyrrm S. M.（1989）从信息加工角度出发，对时间管理进行研究，提出了时间管理的认知模型之后，Britton B. K. 在该模型的基础上编制了时间管理量表。Macan T. H.（1994）提出了时间管理的过程模型，并依照他所提出的时间管理的过程模型，编制了时间管理行为量表（Time Management Behavior Scale，简称TMB）。Bond J. M. 和Feather N. T.（1988）把个体的时间结构划分为目的感、有结构的常规行为、当前定向、有效组织和坚持性五个维度。由此不难看出，时间管理倾向既包含个体对时间的态度、计划和利用等认知特点，也具有个体对时间的价值观和具体的行为倾向等特点，因此属于一种具有多维度、多层次心理结构的人格特征的变量。

国内学者黄希庭、张志杰（2001）等在国外学者的研究基础上，又参照管理学、组织行为学等研究领域中有关时间管理的论述，提出了新的概念——时间管理倾向，并结合价值观研究、自我监控理论和自我效能感等的研究，提出了时间价值感、时间监控观和时间效能感的三维度结构模型。他们认为，时间管理倾向是个体在时间使用方式上所表现出来的心理和行为特征，是一种具有多维度和多层次的心理结构，也是一种人格倾向。在这一理论架构基础上，他们还编制了针对我国青少年群体的时间管理倾向量表（Adolescence Time Management Disposition Scale，ATMD），在该量表中，通过时间价值感、时间监控观和时间效能感三个分量表来测度青少年的时间管理倾向（黄希庭、张志杰，2001）。很多学者的研究表明，不同性别、文理科、不同年级、不同人格类型等统计学变量的被试，在时间管理倾向上存在着显著的差异。如范翠英（2006）研究发现，理科生的时间价值感显著高于文科生。陈本友等（2007）的研究证明，心理控制源与时间管理倾向存在着显著的相关。

时间管理倾向与成就动机之间也存在着显著的相关，即时间管理倾向水平越高，成就动机水平也相应会越高，大量的研究都基本上取得了相一致的结论。而且，时间管理倾向的时间价值感、时间监控观、时间效能感的三个维度也分别与追求成功动机存在显著的正相关；时间管理倾向对个体的成就动机具有预测作用，时间管理倾向得分高的被试，其成就动机水平也高，而时间管理倾向得分低的被试其成就动机水平也较低。(钟慧，2003)

有学者针对大学生时间管理倾向与状态焦虑水平进行了相关分析，研究结果表明，时间管理倾向中时间价值感、时间效能感和时间管理倾向总分与状态焦虑具有非常显著的负相关，时间监控观与状态焦虑的相关不显著。时间价值感、时间效能感和时间管理倾向总分与状态焦虑有显著负相关说明，越是不善于利用、管理时间的大学生，其焦虑感程度越高。(付爱兵，2003)

还有学者（王燕，2003；卢盛华、杨娜、刘惠星，2013）针对时间管理和责任感的相关关系进行研究，结果发现，时间管理的三个分量表及时间管理倾向总分都与责任感有着非常显著的正相关。之所以能够得到这样的结论，究其原因，可能是由于责任感水平高的大学生，往往对自己的要求也更高，因此，为了能够高效地完成个体给自己提出的高要求，自然就需要个体合理而有效地安排时间。而个体也正是通过这样一种有序状态中的生活体验，逐渐地意识到时间的宝贵，体会到时间管理的重要性和必要性。此外，具有高度责任感的个体，通常具有更高的成就动机水平和更坚强的毅力，能够监督自己完成计划的情况，一般不会半途而废，因此容易帮助自己逐渐养成一种合理安排时间的习惯。

除此之外，还有一些与时间管理相关的研究证明，时间管理倾向对心理健康具有良好的预测作用。邓凌（2005）的研究表明，时间管理倾向与抑郁状态之间存在显著的负相关，并且时间管理倾向在大学生主观时间压力与抑郁之间起到一定程度的调节作用。刘玲玲（2006）发现时间管理倾向总分以及时间管理倾向中的时间监控观和时间效能感两个维度，均对个体的心理健康水平有着显著的回归效应。由此，邓凌、刘玲玲分别在他们各自的研究中指出，时间管理倾向对个体的心理健康水平具有预测功能。

范翠英（2006）、李儒林（2006）等研究发现，时间管理倾向及其所包含的维度，与总体主观幸福感、生活满意度和积极情感存在显著的正相关关系，与消极情感存在显著的负相关关系。范翠英（2006）发现，时间监控观和时间效能感能显著地正向预测大学生的主观幸福感。

三 时间管理的测量与应用

上文提及的我国学者黄希庭、张志杰编制的青少年“时间管理倾向量表”（Adolescence Time Management DispositionScale，ATMD）①，经以往众多相关研究验证，该量表具有较好的信度和效度，因此被广泛作为评估青少年时间管理倾向的有效工具。（冯晨旭，2013）在近十几年的研究中，获得了学者们一致的认可。同时，这一测量工具比较符合大学生时间管理能力的相关维度，因此本书采用该量表作为研究工具。

时间管理这一概念被提出之后，关于时间管理技能的训练也能引起人们的关注。截至目前，在这一研究领域中，主要形成了以下两种比较成熟且通用的方案。（冯晨旭，2013）

其一是团体辅导方案。该方案指的是借助团体辅导的形式，设计出与时间管理有关的各种环节和步骤，在实施团体辅导的过程中通过这些环节来逐步落实和增强被试的时间管理技能。丁红燕（2006）对大学生进行时间管理倾向的干预研究发现，时间管理的团体辅导方案对于提高大学生的时间管理倾向、学习满意度、自我效能感等均具有非常显著的作用。

其二是时间管理训练课程方案。通过让个体接受系统的时间管理训练课程，可以有效提升学生的时间管理技能。金军伟（2007）运用自编的时间管理倾向训练方案对初中生时间管理倾向进行了训练，结果发现实验班青少年时间管理倾向量表总分、时间监控观、计划、时间效能感、时间管理行为效能上的得分显著高于对照班。由此证明，个体的时间管

① 该量表共有44个项目，由时间价值感、时间监控观和时间效能感3个分量表组成，每个分量表所包含的条目数分别为10、24和10。量表具有较好的信度和效度，各因素的内部一致性系数在0.61—0.81之间，重测信度在0.71—0.85之间。

理倾向可以通过训练提高，并且其编制的时间管理倾向训练方案是可行有效的，可以作为时间管理倾向训练的材料。

四 时间管理与生命意义感的相关调查研究

冯晨旭（2013）运用黄希庭等编制的“青少年时间管理倾向量表（ATMD）”和中文版“人生意义问卷（C-MLQ）”对天津大学300名大学生进行团体施测，得出如下结论。

1. 大学生时间管理总体特点

表4-8 大学生时间管理总分及各维度平均数和标准差

	平均数	标准差	偏度	峰度
时间管理倾向	147.07	23.597	-0.222	0.003
时间价值感	35.55	7.672	-0.601	0.079
时间监控观	77.21	13.268	0.068	-0.328
时间效能感	34.31	6.530	-0.228	-0.105

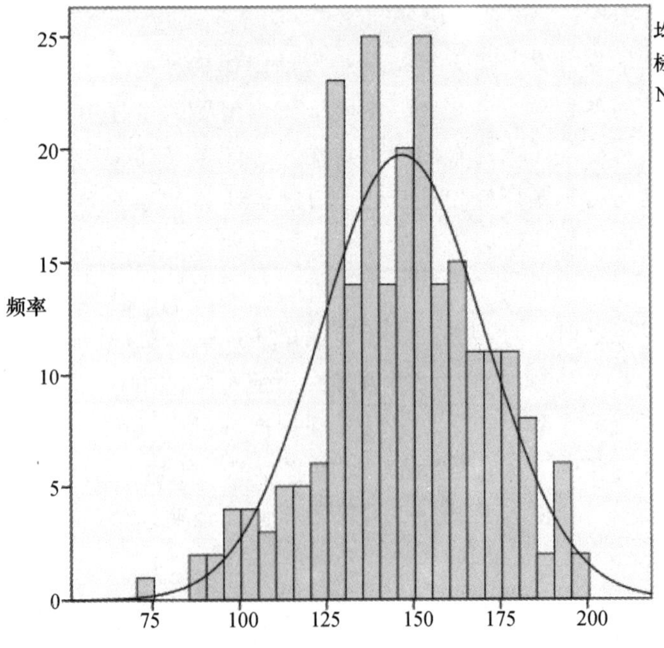

图4-1 大学生时间管理得分分布图

表4－8描述了大学生时间管理能力总分及各维度的平均数和标准差，由此可以了解到大学生时间管理倾向的整体数据。全体大学生的时间管理倾向总体平均数为147.07，标准差为23.597，表明大学生的时间管理倾向得分在总体上处于中等水平。其中时间价值感维度平均分为35.55，时间监控观平均分为77.21，时间效能感平均分为34.31。从峰度和偏度数据以及正态分布曲线图4－1也可以看出，数据在整体上基本符合正态分布。

2. 生命意义感与时间管理倾向各维度相关分析

表4－9　　生命意义感与时间管理倾向各维度相关分析

	人生意义寻求	人生意义体验	时间价值感	时间监控观	时间效能感	生命感总分	时间管理总分
人生意义寻求	—	—	—	—	—	—	—
人生意义体验	0.151*	1	—	—	—	—	—
时间价值感	0.074	0.239**	1	—	—	—	—
时间监控观	0.067	0.293**	0.924**	1	—	—	—
时间效能感	0.051	0.178**	0.849**	0.709**	1	—	—
生命感总分	0.652**	0.622**	0.205**	0.254**	0.153*	1	—
时间管理总分	0.036	0.226**	0.760**	0.922**	0.846**	0.177**	1

注：* $p<0.05$，** $p<0.01$，*** $p<0.001$。

由表4－9可以看出，生命意义感总分与时间管理倾向各个维度相关均显著（$p<0.05$），其中相关系数最高的是与时间监控观（r＝0.254），生命意义感的人生意义寻求维度与时间管理倾向各维度相关均不显著。但人生意义体验与时间价值感、时间监控观以及时间效能感相关系数则均达到显著水平，其中与时间监控观相关系数最高（r＝0.293）。

生命意义感总分与时间管理倾向各个维度相关均显著（$p<0.05$），其中相关系数最高的是与时间监控观（r＝0.254）。这一结果与以往研究相一致，不仅说明大学生的生命意义感与时间管理能力密切相关，而且也能够解释，那些生命意义感较高的大学生们，之所以能够对生命怀有充实的意义感，很可能是与他们良好的时间管理能力有关。时间管理能力较强的大学生们，通常善于掌控生活的分分秒秒，让自己的时间利用

率较高，将自己的生活安排得比较合理，能够保有充实的生活样态。而正因如此，这样的个体不会每天无所事事，更不会事情繁忙分身乏术，他们会通过充实的生活样态，让发生在平凡生活中的事件成为有价值、有意义的经历。可以想象，相比于时间管理能力不强的个体，他们会更容易让自己的生命富有意义，也自然而然地容易获得较高的生命意义感。

从生命意义感的具体维度而言，人生意义寻求维度与时间管理倾向各维度相关均不显著。但人生意义体验与时间价值感、时间监控观以及时间效能感相关系数则均达到显著水平，其中与时间监控观相关系数最高（$r=0.293$）。这一结果说明，大学生人生意义体验与其自身对于时间管理的监控是息息相关的。一个人如果自制力较强，善于自我监控，那么他的生活便会安排得比较合理并且井井有条，不至于随心所欲，而是会按照自己的计划时间表来行事，这样一来，生活也就会比较充实，因此人生意义体验也会较高。

3. 大学生时间管理能力影响因素调查结果分析

课题组向大学生询问，在他们心目中，影响自己进行时间管理的因素问题，并对收集到的数据进行质性和量化分析，得到如下结果。

当询问大学生们“是否需要提高自己的时间管理能力：①是 ②否”时，有三成（30.9%）的被试回答“是”，也就是说，这些大学生的自我意识里很明确地知道自己的时间管理能力有待提高。为了更为详尽地了解他们的真实想法，问卷在设计的时候又专门让这部分被试回答更为细化的一些题目，以便更好地了解他们在时间管理方面的态度，即“你认为哪些因素导致你的日常时间管理较为混乱？并且期待获得哪方面的帮助以改进自己的时间管理能力？”

对收集到的数据，运用质性分析中的KJ法进行处理。KJ分析法又叫“亲和图法”，是由日本的川喜田二郎创立的方法。它是根据收集到的资料和信息的相近性，进行分类综合的一种分析方法。由于该方法的具体操作是通过卡片进行的，因此也被形象地称为“卡片法”。该方法是将未知的问题，未曾接触过领域之问题之相关事实、意见或设想等类的语言文字资料收集起来，并利用其内在的相互关系做成归类合并图，以便从复杂的现象中整理出思路，抓住实质，找出解决问题途径的一种方法。

借由KJ法，对本次数据整理发现，大学生们认为导致其日常时间管理较为混乱的因素大致有以下几种：①事情确实太多，顾此失彼；②时间计划性差；③自己自制力差，在很多不相关的事情上浪费太多时间；④想提高时间管理能力，不知道具体方法。由此可见，导致大学生时间管理混乱的因素有很多，仍然值得后续研究中继续进行探讨。

在关于“期待获得哪方面的帮助以改进自己的时间管理能力”问题上，大学生们大致提出了以下几个方面的期许：①增加相关课程；②与同学互相监督；③学会比较有效的管理方法等。由此可知，大学生们非常希望能够通过增加时间管理方面的学习和训练，来提高自己的时间管理能力，以使自己的日常生活样态趋向一种和谐有序的状态。

第五节　大学生自我状态对生命意义感的影响

一　自我状态的定义与特点

自我状态被 Berne E.（1962）定义为“一种把感情、思考以及与其相关联的行为方式统合在一起的结构”。交互作用分析理论对人格进行了全新的解释，它将人格分为父母自我状态（P）、成人自我状态（A）、儿童自我状态（C），并对这三个状态分别予以分析。交互作用理论认为每个人的内部都有三个“我”，并将其称为“自我状态”。Berne E. 通过连续的观察，印证了人们身上均具有上述三种自我状态的假设。（托马斯著，杨菁、陈桦、张作光译，1998）。

P 是“parent”的缩写，即“父母自我状态”。我们不断地把自己的父母或者其他养育者的思想、情感内化，不知不觉地进行效仿。A 是“adult”的缩写，即“成人自我状态”。它是指在我们的人格中，我们非常冷静地对事情进行判断，如同计算机一样地工作。C 是“child”的缩写，即“儿童自我状态”。它指的是和个体幼儿相仿的行为、情感状态。（春口德雄著，孙颖译，2011）。

在这些状态中人们并不是真的去担当有关的角色，它们只是一种心理现象而已。Berne E. 认为：“父母、成人和儿童不像超我、自我和本我……这样的概念，而是现象学中的真实存在。”这些状态产生于对记录下来的往事资料的再现，他们包括真实的人物、真实的时间、真实的地点、真实的判断和真实的感觉。（托马斯著，杨菁、陈桦、张作光译，1988）。

“父母式自我状态”是人们头脑中所记录下来的外部事件的巨大集合体。这些都是一个人在早年感知未经筛选就一股脑儿灌入大脑的事件。它们大概发生在生命的头五年，这是一个人需要按照社会的要求离家上学，开始真正地步入社会前的一个时期，是个体与父母紧密依恋的一段时光，因此也是受到父母影响最多的年龄阶段。“父母式自我状态”这一套早年经历的完整记录，对每个人来说，不仅是特定的，而且也是唯一的。在“父母式自我状态”这个集合体中所存储的资料是没经任何编辑而直接保存下来的信息：包括喋喋不休的“不”字，连珠炮似的“不许这样，不许那样”；包括个体打碎邻居大婶的古瓷瓶时，父母脸上露出的难看的窘状和痛苦可怕表情；还包括个体所感受到的母亲怀着幸福的柔情委婉道来的绵绵爱意，父母在为儿女的作为感到自豪时兴高采烈的面容；等等。所有这些均被个体的大脑几乎完整地记录了下来。在此之后，个体的大脑中还会记下更加复杂的说教，比如：记住，孩子，在这个世界上无论走到哪里，你会发现最好的人总是卫理公会派[①]的教徒；不要撒谎，要自食其力……如同下了定义一般的、不容许你随意辩驳或怀疑的肯定句式。这里面包含这一些非常意味深长的含义，即，无论根据道德准则判断这些说教是正确的还是错误的，它们全部都被尚且幼小的个体当作有可靠来源的“真理”，而在个体的记忆里被保存了下来，而且会在个体的一生中不断地反复再现。大脑中所记录的这些父母的训诫，从身体和社会这两个方面来看，都是有助于孩子生存所必要的信念或教义。

“父母式自我状态”的另一个特征是自相矛盾的言行在记录中保持了高度的真实性。我们认为，“父母”是孩子与双亲之间相互关系的真实记录。除了父母外，“父母式自我状态”中的信息还有其他来源。一个3岁的孩子，每天可能要看几小时的电视，这些电视节目中有不少内容传播的就是生活方式。另外，与哥哥姐姐或其他孩子心目中有威信的人相处的经验也被记录在“父母式自我状态”中。孩子在他赖以生存的环境中，感到自己处于从属地位，因此，不敢自由地提问，不敢自主地探索，于是外部环境中（他所耳闻目睹到）的任何这样一种信息都被存储在“父母式自我状态”之中。

---

① 卫理公会派是新教派别之一，英国约翰·卫斯理（John Wesley 1703—1791）创立了基督新教卫斯理宗（Wesleyans）。教会主张圣洁生活和改善社会，注重在群众中进行传教活动。

Berne, E. 将记录下来外部事件的信息主体称为“父母式自我状态”，与此同时，大脑还在进行着另一种记录——对内部事件的记录。它是孩子对周围的一切所见所闻的反应。Berne, E. 把这个所见、所闻、所感、所知的信息主体定义为“儿童式自我状态”。由于孩子在最关键的早年经历中还不具备足够的语言表达能力，所以他的反应多是情感的反应。我们必须充分意识到孩子在他生命最初的几年的境况，他弱小、无知、笨拙、依赖性强、无力组织语言表达自己的意思，甚至也不懂得如何评价他人愤怒的表情。对孩子来说，愤怒的表情对他只会产生一种消极的情感，并被输入到他的信息库内。消极情感，是孩子在不断受挫和被文明化的过程中获得的最主要的副产品。在这些消极的情感的基础上，孩子在人生的最初历程中得到的结论是“我不行”。这个结论以及其随后而带来的令人不快的经历，被永久地记录在人的大脑之中，而且再也无法抹掉。任何一个孩子，即便是那些和睦美满家庭的孩子也同样如此。“儿童式自我状态”与“父母式自我状态”相似，也是在现实的人际关系中随时都可能发生变化的一种状态。当一个人被感情支配时，她的“儿童式自我状态”就接管了他的意识，当他的愤怒压倒理智时，他的“儿童式自我状态”就取得了控制权。当然，“儿童式自我状态”也有其光明的一面，探索、好奇、创造、感知的要求等具有积极意义的信息都存储在“儿童式自我状态”中。

当孩子发现在自己的实际生活与“传授的生活观念”和“体验的生活观念”中信息有所不同时，“成人式自我状态”概念得以发展。“成人式自我状态”指的是发展了建立在信息搜集和信息加工基础之上的“思考的生活概念”。“成人式自我状态”主要关注于观察和检验所获得的信息的记录。“成人式自我状态”主要的工作是将外界刺激转换成一条条信息，并在以往经历的基础上对信息进行加工和归档。通过“成人式自我状态”，孩子能够分辨出向他传授和示范的生活（“父母式自我状态”），他感受到的、希望的或是幻想的生活（“儿童式自我状态”），与他自己所领悟到的实际生活之间的差别。可将“成人式自我状态”看作是一部进行信息处理的计算机，它经过一番苦心运筹做出决策，决策的信息有三个来源：“父母式自我状态”“儿童式自我状态”以及“成人式自我状态”所收集的和正在收集的信息。“成人式自我状态”的一个重要作用是检验与判断“父母式自我状态”与“儿童式自我状态”中的信息是否适用于当下，然后对这些信息作出取舍。“成人式自我状态”的目标并非在于废止“父母式自我状态”和“儿童式自我状态”，而是不受约束地对这些信息进行检验。“成人式自我状态”通过检验哪些是正确的，哪些是不正确的，来更新“父母式自我状态”中的信息；同样，通过确定哪些可以公开表现出来，以更新“儿童式自我状态”中的信息。“成人式自我状态”的另一个功能是对事件发生的可能性进行预测。经过有意识的努力，可提高对可能性预测的能力。在不断的发展中，“成人式自我状态”所包括的内容也在不断地丰富，它要检验旧的信息，对其有效性进行判断，并将它们存档备用。如果这些工作进展顺利，被传授的信息与现实信息之间不存在矛盾，那么“成人式自我状态”的“计算机”系统就可开始从事新的更为重要的工作，即进行创造性的积极探索。（Thomas 著，杨菁、陈桦、张作光译，1988）

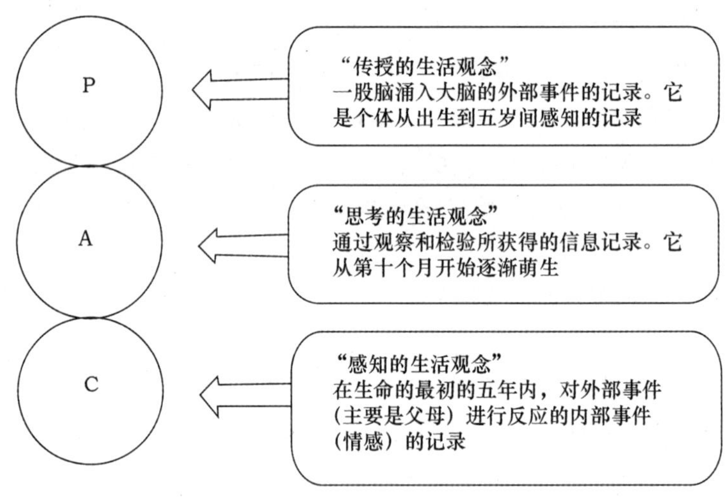

图 4-2 PAC 人格结构①

根据自我状态的机能进行分类（图 4-2），还可以将自我状态分为五种类型。人的性格是由五种自我状态组成，因此，如果能够知道个体的人格中究竟是哪一个部分处于主导地位，我们就会很容易地了解到这个

① 托马斯著《我行——你也行》，杨菁等译，文化艺术出版社 1988 年版，第 20—21 页。

人的性格倾向。（冈本泰弘，2009）

1. 控制型父母式自我状态（critical parent，缩写为 CP）

CP 指的是个体内部总是固执地认为自己的价值观和想法是正确的，从不愿作出让步的部分，它和良心、理想关系密切，它的主要功能是教育孩子学会生活中必须遵守的规则，而且经常采取批判的、责难的方式。如果这一部分过强，他就会特别地顽固，总是呈现出批评别人的态度，命令的口气。相反，如果过低，他的批判力就欠缺，具有原则性差的特点。

2. 照顾型父母式自我状态（nurturing parent，缩写为 NP）

NP 展示的是一种亲切的、为人着想、宽容的态度。照顾、激励孩子或晚辈，即 NP 的主要工作是为他人提供贴心的照顾。NP 通常采取许可而不是惩罚的态度，NP 以奖励他人为宗旨。但是这一部分过强，过度保护，爱管闲事。相反，这个部分如果过低，对待他人会非常冷漠地拒绝，容易忽视他人。

3. 成人式自我状态（adult，缩写为 A）

依据事实对事物进行判断，有条理有能力的成人式的机能。虽然收集数据，像计算机那样进行推理处理，但是依然具有情感。但是 A 如果过强，爱较真于道理，容易计较得失，容易被误解为特别地冷酷。相反，如果过低，则容易远离现实，又因为缺少对现状冷静的判断，所以很容易表现出不合乎常理的状态。

4. 自由型儿童式自我状态（free child，缩写为 FC）

FC 是没有受过父母清规戒律影响的部分，展示的是个体出生后最为自然的状态。FC 代表个体的本能，以自我为中心，充满了积极性、好奇心、创造力。不考虑道德和规则等外界的现实，他是一个乐天派，尽力回避痛苦、远离不快乐。但是，这个部分过强时，表现为在行动中以自我为中心，容易冲动。相反，如果过低，则表现出无气力、表情呆滞的特征。

5. 适应型儿童式自我状态（adapted child，缩写为 AC）

AC 是把自己真正的感情和欲望压制下来，按照家长和老师的期待去努力，它是受父母的影响而形成的状态。也可以说，AC 是对自由的儿童自我状态进行了各种各样的修整，因此也被称作“适应的儿童”。即使是自己不愿意做的事，“适应的儿童”（AC）也从不拒绝，他很容易妥协，不会表达自然的感情，缺乏主动性，好依赖他人，这些都是 AC 的典型状态，即人们常说的所谓的好孩子。当然 AC 也会在意想不到的时候反抗、发怒，这同样是 AC 的一个特点。当这个部分过强就容易产生不满，缺乏自我，依赖性强，或畸形的反抗，逃避现实。相反，如果过低，则表现出反抗的，或自以为是的性格倾向（表 4 - 10）。

表 4 - 10　　五种自我状态的特点分析①

自我状态	优势	不足
CP	义务感、责任感强，遵从良心，遵守规则，采取行动。同时，正义感也非常强、讲求原则。因此，作为被他人依赖的人，总是被放置在最为显著的位置，受到周围的人们的广泛信赖，是一个领导者的类型	总是批评他人，一意孤行地坚持自己的价值观，不允许他人失败，缺乏灵活性，固执。更多地使用命令的口气，总是营造出不能自由自在表达言论的氛围
NP	宽容的、替他人着想的、富有同情心，受到他人的尊重，对于弱势群体、有困难的人悉心照料，具有奉献精神，对于交往对象总是持有肯定的态度，为人热情，人际关系良好	过度保护、溺爱，所以容易伤害交往对象的自主性。总是照顾他人，好管闲事，没有自己的兴趣和乐趣
A	具有依靠冷静的判断力、分析力与解决问题的能力，依据理性采取行动，具有计划性、前瞻性，不被感情所左右，能够沉着冷静，理性客观地对待人和事物	信奉数据，像计算机那样，乏味无趣。从不放纵自己，机械刻板，斤斤计较
FC	好奇心强，具有幽默感，富于创造力。主动性高，根据自己的意志采取行动。情感表现丰富，给人以开朗明快的印象，善于打造快乐的生活	由于常常做事以自我为中心，任性冲动，容易伤害交往的对方，喜怒哀乐的表现激烈，孩子气十足，所以经常引发冲突

① ［日］岡本泰弘：《エゴグラム・ロールレタリング実践法》，東京少年写真新聞社 2009 年版，第 22—33 頁。

续表

自我状态	优势	不足
AC	顺应的，具有协调性，无论与谁在一起，都能够很好的配合他人的步调。关心他人，具有良好的观察力，慎重行事。因为是顾及他人感受，顺从的好孩子，所以很受年长人的喜爱	缺少主体性，依赖心强，从不违抗来自上级的命令，对于不喜欢的事情也无法拒绝。因此，很容易感受到压力，又不能够释放压力。所以一旦到了自身的临界点，就会承受不住

Dusay，J.（1977）提出了能量恒定假设（Constancy Hypothesis），每一种自我状态都具有一定的心理能量，如果某一种自我状态的强度增加，则其他自我状态的强度就会呈现代偿性地减少，但是其总量是不变的。因此，每个个体因为在不同的自我状态中投入了不同的时间和能量，所以每个人的自我状态图的分布都是不同的。Dusay，J. 提出的最健康的自我状态图形式就是图 4－3 所分布的形态，即 A 最高，AC 最低。

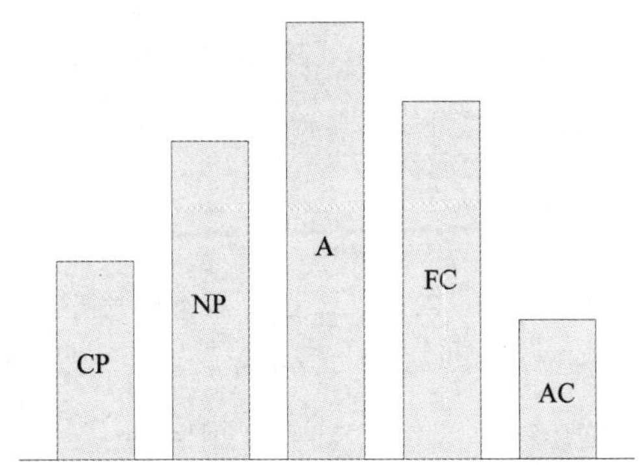

图 4－3　自我状态能量图（杉田峰康，2000）①

春口德雄将自我状态与人生定位结合起来，提出了不同人生定位的自我状态图（春口德雄著，孙颖译，2011）。岡本泰弘（2010）列举了八种具有代表性的自我状态类型，分别为完满型、奉献型、自我主张型、

① ［日］杉田峰康：《医師・ナースのための臨床交流分析入門》，医歯薬出版株式会社 2000 年版，第 65 頁。

过度适应型、苦恼型、开朗型、顽固型、娇孩型，并提出了自我状态是一种个性的表现，不同的自我状态的组合会外显为一种性格特征。因此，如果个体不喜欢自己的某种性格特质，可以通过改变自我状态各种类型中的能量分布加以改善。

二 大学生生命意义感与自我状态的相关分析

杨英英（2013）利用春口德雄的“自我状态问卷”[①] 和中文版“生命意义问卷（C-MLQ）”对来自南京航空航天大学、天津大学、廊坊师范学院等7所院校的350名大学生的问卷调查表明：

1. 大学生自我状态总体

表4-11　　大学生自我状态总体状况

	平均数	标准差	偏度	峰度
CP	9.96	3.57	0.229	1.269
NP	13.96	3.67	-0.463	-0.232
A	12.98	3.42	-0.356	0.046
FC	11.06	3.92	-0.225	-0.135
AC	8.36	4.40	1.00	-0.639
自我状态总分	56.33	10.32	-0.152	0.263

由表4-11可知，在自我状态量表的5个维度中，以“照顾型父母自我状态（NP）”维度的得分最高（13.96），而“适应型儿童自我状态（AC）”维度的得分（8.36）最低。这几个维度的得分按高低排列顺序为：照顾型父母自我状态、成人式自我状态、自由型儿童自我状态、控制型父母自我状态、适应型儿童自我状态。按照能量恒定假设，自我状

① 该问卷分为5个维度，共50个条目。这5个维度分别为批判的父母自我状态（CP）、保护的父母自我状态（NP）、成人自我状态（A）、自由的儿童自我状态（FC）、适应的儿童自我状态（AC）。被试根据自己的实际情况从“不是”“不确定”“是”，分别记分为“0”“1”“2”。得分越高说明自我状态越强。段琪（2011）对中文版自我状态问卷进行了信效度检验，结果表明，该问卷所有的项目分析结果与题总相关均达到统计学要求，50个条目均保留，分量表中，CP的α信度为0.701，NP为0.739，A为0.641，FC为0.714，AC为0.781。总量表信度为0.730，基本达到统计学要求的信度标准，因此，适合在中国大学生中应用。

态的总分越高，代表着个体心理能量越高，如果某一种自我状态的强度增加，那么其他几种自我状态的强度就会呈现代偿性地减少，但是其总量是不变的。本次调查的大学生被试的自我状态总平均分为 56.33（满分为 100），表明大学生的心理能量处于中等水平。自我状态总分的偏度小于 0，峰度大于 0，表示自我状态分布表现为负偏态，且分布比较陡峭的特点。

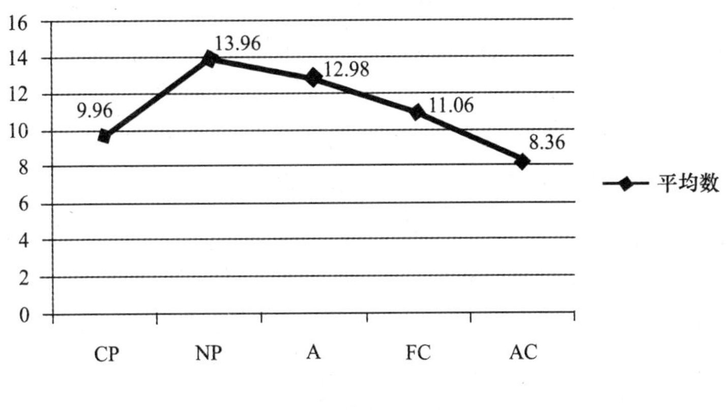

图 4－4　自我状态总体状况图

由表 4－11 与图 4－4 可知，NP 的得分最高，其次是 A 与 FC，得分最低的是 AC。大学生的自我状态分布状况属于"完满型"，该结构的特点是平易近人，体贴他人，人际关系良好。这对日本人来说是最为理想的性格特征（岡本泰弘，2010；春口德雄著，孙颖译，2011）。本次调查中大学生的年龄跨度为 17—25 岁，平均年龄为 21.13，其中"90 后"大学生占总体的 91.47%。即，该结果能够在一定程度上表达出"90 后"大学生的特点。

2. 大学生生命意义感与自我状态的相关分析

为了探讨大学生的生命意义感与自我状态之间有无相关，对这两个量表的各个维度进行了相关分析，分析结果如表 4－12 所示。

表 4-12　　生命意义感与自我状态的相关分析

因子	CP	NP	A	FC	AC	自我状态总分
MLQ-S	0.136*	0.229**	0.149**	0.046	0.019	0.203**
MLQ-P	0.048	0.102	0.247**	0.207**	-0.259**	0.103
生命意义感总分	0.116*	0.208**	0.245**	0.156**	-0.146**	0.192**

注：* $p<0.05$，** $p<0.01$，*** $p<0.001$。

从表4-12中我们可以得知，生命意义寻求与控制型父母自我状态显著正相关（$p<0.05$），与照顾型父母自我状态、成人自我状态以及自我状态总分呈显著正相关（$p<0.01$）。生命意义体验：与成人自我状态、自由型儿童自我状态呈显著正相关（$p<0.01$）；与适应型儿童自我状态呈显著负相关（$p<0.01$）。生命意义感总分与控制型父母自我状态呈显著正相关（$p<0.05$）；与照顾型父母自我状态、成人自我状态以及自我状态总分呈显著正相关（$p<0.01$）；与适应型儿童自我状态呈显著负相关（$p<0.01$）。

由进一步的分析得知，自我状态是借由应对方式对生命意义感产生影响的。具体地，应对方式在大学生的生命意义感与自我状态的关系中起部分中介作用。这一结果表明，自我状态对生命意义感的影响是部分通过自我效能感起作用的。一方面，自我状态可以直接影响个体的生命意义感；另一方面，自我状态可以通过应对方式对个体的生命意义感产生影响。即，当个体面对一个生活事件或压力事件时，他会主动调用自己的自我状态模式，与此同时，个体还会采用自认为合理的应对方式迎战，此时，个体的生命意义感通常都会处于较高的水平，既勇于追寻生命的意义，也能深刻地体验到生命的意义。当然，个体在面对应激事件时，如果没能采用合适的应对方式，也没有积极灵活地改善原有的自我状态结构，使之能够积极应对该生活事件，而只是采用过度强化并不适用于此应激事件的某种自我状态的做法时，个体的生命意义感就会下降。

第五章

影响当代大学生幸福感的实证调查

第一节 大学生的自我和谐对幸福感的影响

一 自我和谐的概念与特点

生命意义感对心理健康有一定的预测作用，自我和谐同样也可以作为评估心理健康状况的一个指标。适当的自我和谐程度是一个人健全人格的重要表现。已有研究仅仅从间接角度探讨了两者的关系，如随着自我和谐与心理健康的关系研究越来越明确以后，研究者又围绕自我和谐的个体差异、自我和谐与幸福感、生活满意度、人际关系、自我价值感、自尊、父母教养方式等展开了进一步研究。郭志峰（2005）的研究表明，大学生的自我和谐水平会影响个体的综合幸福感。蒋灿（2006）的研究表明，大学生的自我和谐与自我价值感基本上呈显著正相关。自我价值感与自我和谐是自我的重要内容，适当的自我价值感水平与自我和谐程度也是健全人格的重要表现。Rogers C. R. 认为，自我理论的目的不只是消除障碍，它的重要性在于让一个人能够学会体验自己的情感，让他成为真正的自己。（江光荣，2000）

自我和谐对人的幸福感、自我价值感均有影响，理论上讲，幸福感和自我价值感水平也会影响一个人看待生命意义的态度。曾有文献对积极情感以及人格因素对生命意义感的影响进行了探讨。King L. A.，Hicks J. A.，Krull J. L.（2006）对积极情绪对生命意义的影响及其内部机制做了深入而细致的考察，发现积极情绪与生命意义体验存在紧密关系。有研究显示人格与生命意义感存在相关，Schnell T.（2009）构建了人格因素、意义源和意义感三者之间的关系，发现所有的人格因素对意义源都有预测力，不同的人格特征与不同的意义源相联系。自我和谐是人格中的一个重要因素，当今社会，经济、科技迅速发展，人们的生活水平日益提高，但是伴随在丰富的物质生活背后，却是学习和工作上过大的压力体验、超载的负荷量和精神上的过度紧张等一系列沉重的问题。在如此沉重的精神负担之下，人们对自我的认识可能会发生偏差，不能正确地认识自我，从而造成现实自我与理想自我之间不能平衡，产生自卑、消沉等一系列心理问题。有研究表明，学业成就和奖惩经验、人际关系等均与生命意义感存在着显著的相关，而所有这些方面都是大学生活的重要组成部分，因此，大学生能否正确地自我审视，及时地自我调整，一定程度上必会影响他们的生命意义感。(赵晴，2008)

自我和谐的程度会影响人的心理健康状况，生命意义感的水平也同样会影响人的心理健康，人格因素对意义源又尚有一定的预测作用，那么作为人格因素之一的自我和谐与生命意义感之间的关系就值得探讨。

Frankl V. E.（1963）认为，意义和价值在界定人的自我感和同一性的过程中起着非常重要的作用，由于不同的人生阶段所面临的情境不同，所以每个阶段的生命意义感都是独特的。人的整个一生就是由一系列独特的人生境遇组成的，因此，不同的人看待生命的意义也是独特的。可见生命意义感中包含着人的主观性，因此即使是面对相同的情境，不同的人对其所赋予的意义也是不同的（贾林祥，2004）。然而，从哲学辩证的角度来看，在人生发展的过程中，人们所经历的特殊情境中总会有一些共同的因素，因此不同的个体之间，在生命的某个阶段，也有可能会体验到共同的生命意义感。正是这一原因，使得那些生活在不同社会文化背景下的个体，可以具有共同的人生意义，Frankl V. E.（1963）将这种共同的意义称为“价值”，“价值”可以帮助个体寻找并实现生命的意义。

大学生的自我意识、自我期望经常会不断地受到外界环境的挑战，使理想自我与现实自我呈现出不一致的景象。如果大学生在面对各种外界的经验时，始终保持开放的态度，懂得区分和选择，并愿意在行动和实践之后进行深刻的反思，不断地调整自我结构，进行适度的扬弃，并把一些积极的体验和思想方法内化为自身的品质，变僵化死板地认知自我为灵活机动地改善自我，使个体能够在更为积极地肯定自己某些方面成就的同时，更好地展望自身的生命价值。由此可见，个体人格结构中自我的灵活性的这一特质，与个体的生命价值有着密切的关系。

除了自我灵活性，在此还需提及两个概念——生活品质和生活目标。生活品质指的是人们对目前生活的感受。随着大学生身心发展的渐趋成熟，其自我评价的标准会由外部期望向内部期望转化，此时就会有较多与自我不一致的经验出现，造成自我与经验的不和谐，而自我与经验越是不和谐，就越会对目前的生活不满，越容易滋生无聊、烦闷等心理。而且，个体对生活品质的感受通常会随着生活样态的改变而发生相应的变化。生活目标是指个人对生活的掌握度与实践感，人的一生总是在为自己制定目标，不管是短期目标还是长期目标，所有这些目标都是在为人们指明前进的方向。人们正是在目标的指引下，才会奋发向前。然而，目标本身并不是一成不变的，它应该会依据人们思想观念的发展及周围环境的变化，作不断的调整。因此，一个人应该具备综合把握全局、适时地进行自我调控和自我整合的能力，而这也正是自我灵活性的体现。可见，自我灵活性与生活品质和生活目标等都是紧密相连的。

二 大学生自我和谐、人际关系与主观幸福感的相关研究

张慧（2013）使用王登峰编制的“自我和谐自陈量表”（SCCS）① 及“总体幸福感量表”（GWB）②，对广东、天津、河南等地不同院校批次的512名大学生进行团体施测，研究得出如下结论。

1. 大学生自我和谐的总体状况

大学生自我和谐量表上，将“自我灵活性”维度的得分反向计分，再与“自我与经验的不和谐”维度和“自我刻板性”维度的得分相加。得到自我和谐的总分，总分越低，则表明被试的自我越和谐。在计分过程中，量表总分低于74分为低分组，75—102分为中间组，高于103分为高分组。（王登峰，1994）在本研究中，大学生自我和谐量表最高分为117分，最低分为52分，平均分为88.43分，介于75—102分之间，属

① 量表由北京大学心理系的王登峰于1994年编制而成，包含三个维度——“自我与经验的不和谐”（表示个体对经验的不合理期望）；“自我灵活性”（与自我概念僵化相反）；“自我刻板性”（与偏执有关）。量表共有35个题项，均为五级计分，王登峰用此量表对502名大学生被试进行施测，发现3个分量表的同质性信度分别高达0.85、0.81、0.64，有较好的信效度。

② 包含对健康的担心、精力、对生活的满足和兴趣、抑郁或愉快的心境、对情感和行为的控制、松弛与紧张6个维度。

于中等水平。具体来看，分数位于：低分组的大学生有 64 人，占 13.6%；中间组的学生有 345 人，占总人数的 73.4%；高分组的学生有 61 人，占总人数的 13.0%（见表 5－1、图 5－1），由此可见，大学生整体自我和谐状态的分布趋势为正态。大多数大学生自我和谐状况良好，自我不和谐的只占很少一部分，但同样自我非常和谐的也只占少数。

表 5－1　　470 名被试大学生自我和谐同程度的分布情况

	频次	百分比（%）
低分组	64	13.6
中间组	345	73.4
高分组	61	13.0

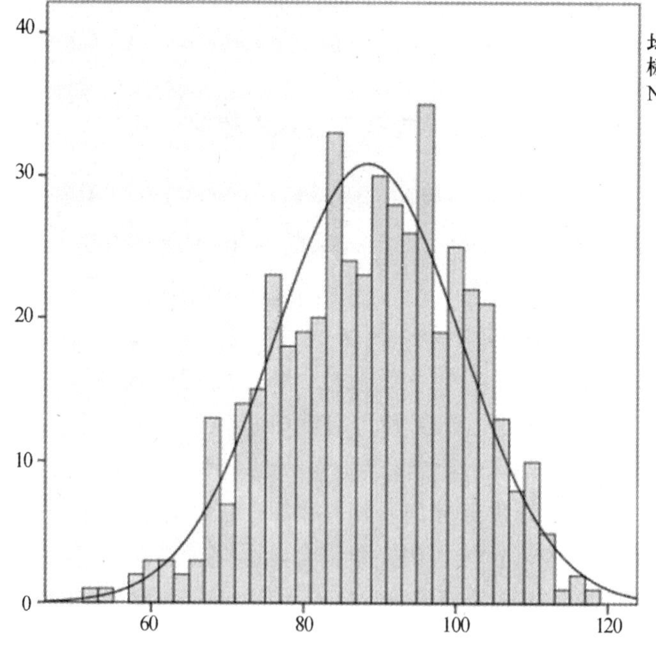

图 5－1　大学生自我和谐总体分布柱状图

为了比较本研究中大学生的自我和谐状况与全国常模的差异，我们将本研究中被试的得分与 502 名大学生常模在三个维度上的得分分别进行了差异检验。如表 5－2 所示，本研究中，大学生在自我与经验不和谐、自我刻板性两个维度上的得分均低于全国常模（王登峰，1994），在自我灵活性维度上的得分略高于全国常模。

表 5－2　　470 名被试与大学生常模自我和谐情况的差异比较

	470 名被试	502 名大学生常模	t
自我与经验的不和谐	44.493 ±7.68	46.13 ±10.01	－4.63***
自我的灵活性	46.04 ±5.23	45.44 ±7.44	2.49**
自我的刻板性	17.98 ±3.47	18.12 ±5.09	－0.86***

注：* $p<0.05$　** $p<0.01$　*** $p<0.001$。

自我和谐在是否干部、年级、年龄、不同院校批次方面差异显著，而在性别、是否独生子女上无显著差异。（张慧，2013）

2. 大学生自我和谐、人际关系和主观幸福感的相关研究

表 5—3　　大学生自我和谐、人际关系和主观幸福感的两两相关

	自我和谐	人际关系困扰	主观幸福感
自我和谐	1	—	—
人际关系困扰	－.431**	1	—
主观幸福感	0.455**	－0.454**	1

注：* $p<0.05$　** $p<0.01$　*** $p<0.001$。

由表 5－3 可知，大学生自我和谐与人际关系困扰存在显著的负相关，与主观幸福感存在显著的正相关。人际关系困扰也与主观幸福感存在显著的负相关。

Rogers C. R.（1958；1961）认为，个体对自身及外界都有一定的知觉，为了保持自我的平衡状态，个体就需要不断地调整自我与经验之间的关系。当个体的自我与经验之间的平衡被打破，个体就会体会到内在冲突，产生焦虑等不良情绪。在与他人交往时，更倾向于选择使用一些不恰当的攻击和防御方式，因此面临更多的人际关系困扰。灵活性反映的是个体对自己及外界情境的可变性：灵活性高的个体，能从多方面、多角度考虑问题，重新定位；而灵活性低的个体则往往持有一种片面的看法，不懂得变通。反映在人际交往中，主要表现为不会站在他人的角

度换位思考。刻板性与偏执相关，在人际交往中固执己见，不能听取别人的意见，这样也就容易引发人际关系困扰。因此，自我和谐程度高的个体往往人际关系状况良好，有较少的人际关系困扰。

同时，本研究也发现，自我和谐、人际关系困扰与主观幸福感都存在显著相关，相关系数分别为 0.455 和 -0.454，自我和谐与人际关系困扰两个变量的各个维度也都与主观幸福感显著相关。自我和谐程度高、人际关系困扰少的个体，报告了较高的主观幸福感体验，而自我和谐程度低、人际关系困扰严重的个体，则报告了较低的主观幸福感体验。而且，高/低自我和谐程度、高/低人际困扰的个体，其主观幸福感状况的差异也是极其显著的（$p<0.001$）。（张慧，2013）

由上述分析可知，自我和谐、人际关系和主观幸福感三者密切相关。本研究通过构建结构方程模型，以期更为清晰地了解三者之间的作用机制。由下面的结构方程模型可以看出，大学生的自我和谐、人际关系困扰对主观幸福感有一定的预测作用。而且，在自我和谐对主观幸福感的影响中，人际关系起到了中介作用。

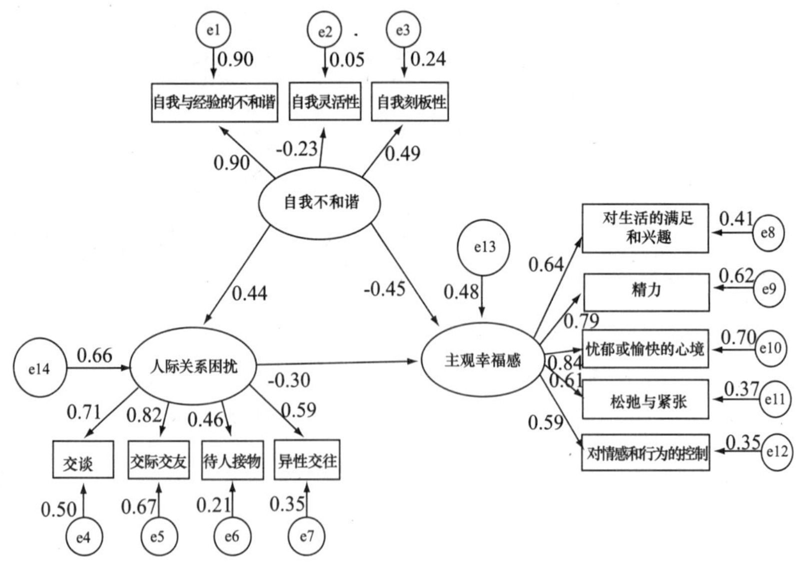

图 5-2 自我和谐、人际关系、主观幸福感的结构方程模型

模型的拟合指数 χ^2/df = 2.794，介于 2—5 之间，说明模型可接受；RMSEA = 0.062，小于 0.08，说明模型有适当的拟合；GFI = 0.954，NFI = 0.923，IFI = 0.949，TFI = 0.933，CFI = 0.948，它们均大于 0.9，综合以上指标，说明模型拟合良好，见表 5－4。

表 5－4　　自我和谐、人际关系、主观幸福感的结构方程模型的拟合指数

$\chi2^2$	df	$\chi2^2$/df	P	GFI	NFI	IFI	TLI	CFI	RMSEA
142.493	51	2.794	0.000	0.954	0.923	0.949	0.933	0.948	0.062

人是社会的人，是各种社会关系的综合。根据 Maslow A. H. （1943）的理论，个体都有归属和爱的需要，拥有良好人际关系的个体在与他人的交往和相处中，能够获得广泛的支持性信息，也获得更多的社会支持并受到尊重。人际关系作为个体获取社会支持的源头，能有效地缓冲压力事件对主观幸福感的冲击。因此，自我和谐程度较高、人际关系状况良好的个体往往有较高的主观幸福感体验。

第二节　自我状态、人生定位对幸福感的影响

一　自我状态

Berne E. 把自我状态（ego states）描述为“一种思想与感觉以及行为一致的系统，它们一起出现（Berne E.，2006）。”他认为，人格结构由 P（Parent）、A（Adult）、C（Child）三种自我状态（ego states）所组成。

自我状态在每个人身上都有一些相同的特点功能，如：P 有一般父母的功能，保护、教养、控制、限制；C 是直接表达需求、适应环境要求的发展任务；A 则是以深思熟虑的方式来处理现实情境（欧嘉瑞、安妮卡、罗南，2006）。因此，3 个自我状态按照其功能不同，又可以划分为 5 个基本状态：控制型父母自我（Controlling Parent，CP）、照顾型父母自我（Nurturing Parent，NP）、成人自我（Adult，A）、自由型儿童自我（Free Child，FC）、适应型儿童自我（Adapted Child，AC），如图 5－3 所示。

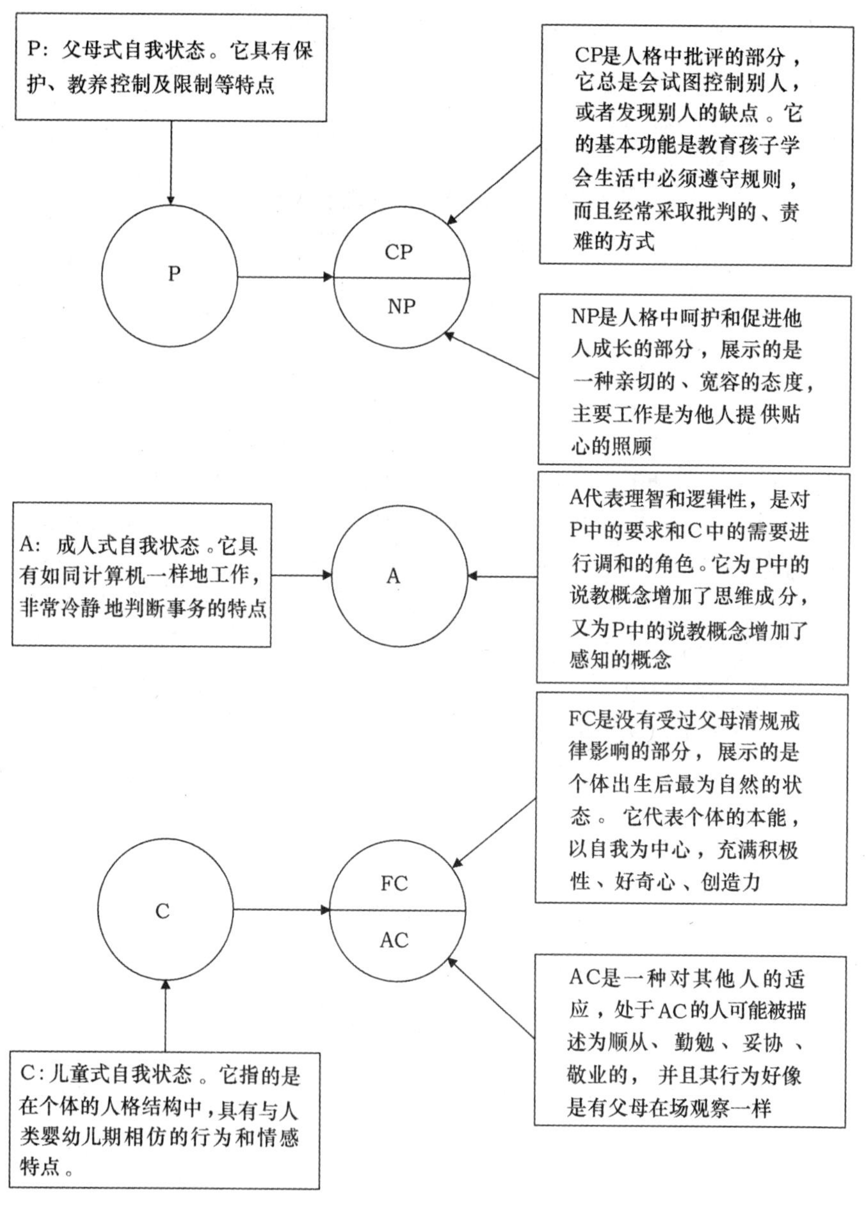

图 5－3　自我状态功能模型图

二　人生定位

人生定位（life position）属于交互作用理论中脚本分析中的一个概念，它是描述孩子在生命早期对与自己、他人、世界的信念或结论（欧嘉瑞、安妮卡、罗南，2006）。最初是由伯恩于1962年提出的，他描述了四种人生定位："我行，你也行（I'm ok，You're ok，I+U+）"；"我不行，你行（I'm not ok，You're ok，I-U+）"；"我行，你不行（I'm ok，You're not ok，I+U-）"；"我不行，你也不行（I'm not ok，You're not ok，I-U-）"（Berne E.，1962）。他将这四种人生定位视为人一生的脚本，即这种人生定位会伴随人的一生，这种人生定位决定着人的脚本、所惯用的游戏范式以及人一生的命运（Berne，E.，1972）。Stewart I.，Joines V.（1987）将"行"定义为个体感受到自身和他人的"本质价值"，将人生定位定义为个体理解自己和他人本质价值时所采取的基本姿态。

White T.（1994）对"行"的定义与Stewart I.，Joines V.的定义基本类似，也认为，个体感受到"行"的程度与该个体感受到自己和他人的价值有关，并将人生定位定义为：是个体对自己和他人价值的看法、感知、体验，也是个体为了证明自己与他人价值而采取的一致性行为。

"我不行——你行"（I-U+）

托马斯指出，"我不行——你行"，这是儿童早期存在的普遍状态，是孩子从出生到婴儿期的自身处境中得出的逻辑结论。因为婴儿总是需要得到大人的照顾，否则就无法生存，所以从婴儿时候起，开始累积"我不行——你行"的非良性情感。如果一个人长大以后，依然在人生态度往中怀有"我不行——你行"的人生定位，为了获得别人的爱抚与承认，就容易听任他人摆布（托马斯，1988）。这是一种以自己为破坏对象的人生定位，采用这种定位的人在面对他人时会感到无力、退缩（欧嘉瑞、安妮卡、罗南，2006）。Swede S.（1978）将I-U+的总结为抑郁、退缩、被动、逃避、试图取悦他人，存在习得性无助，怀有负罪感等。Hess J. I.（1978）的研究发现，I-U+者在MMPI量表的抑郁、精神分裂症、精神质等指标上呈显著性。总之，这种人生定位在本质上是压抑的。

“我不行——你也不行”（I－U－）

I－U－是对自己与他人的价值、潜能失去信心的人所采取的定位（欧嘉瑞、安妮卡、罗南，2006）。如果一个人确信“你也不行”，他就会认为其他人真的不行，不管对方是否真诚，他都会一概拒绝接受他们的爱抚和帮助。这种人在极端的情况下，可能会自暴自弃，失去希望，由此而变得一蹶不振，使自己处在一种完全逃避的状态下（托马斯，1988）Hess J. I. （1978）。发现I－U－者在MMPI量表的抑郁、精神分裂和神经衰弱指标上呈现显著性。

“我行——你不行”（I＋U－）

I＋U－是一种“傲慢”与投射的人生定位。例如，感到被别人出卖、迫害，则反过来出卖或迫害他人，其行为偏向“摆脱”别人（欧嘉瑞、安妮卡、罗南，2006）。这类人通常拒绝正视自己的内心世界，他们不能客观地看待周围发生的每一件事，不管实际情况如何，他们总会偏执地认为是“他们的错”“都是因为他们”才有这种“不行”的结果，总之，只有他“行”。Swede总结了I＋U－的特点：好评判、谴责他人、控制欲强、自我夸大、报复心强、多疑，同时具有完美主义倾向。（Swede S.，1978）

“我行——你也行”（I＋U＋）

I＋U＋是一种“健康”的定位，最具建设性（欧嘉瑞、安妮卡、罗南，2006）。这种态度与前三种态度有着本质的区别，前三种见解是基于情感的，而第四种见解则是立足于思想、信仰和行为的判断之上。从已经形成的见解转变到另外一种见解是需要努力转变的，并不是一种自然的过渡。有些人在成长的过程中得到了大量的帮助，他们不断地被置于一种使他们能够证实自己以及他人价值的环境中，从而使他们顺利地获得了“我行——你也行”的见解（托马斯，1988）。Hess J. I. （1978）发现I＋U＋者在MMPI量表中的抑郁、精神分裂和神经衰弱指标上呈现显著负相关。Swede S. （1978）认为，I＋U＋自信、友好、内心和谐、真诚、有活力、有创造力、富于建设性、乐于助人、负责任、有同情心、考虑周全、乐于奉献、善于接纳，是一种“赢家”的定位。

三 自我状态对幸福感的影响

段琪（2011）对大学生自我状态和幸福感关系进行了研究，得出下面的结果。

表 5-5　自我状态与大学生心理幸福感相关系数矩阵

	LM	GU	IR	LP	OA	PS	EN	SA	总分
CP	0.026	0.020	0.015	0.039	0.001	-0.054	-0.128 *	-0.035	0.001
NP	0.268 ***	0.389 ***	0.468 ***	0.101	0.109 *	0.069	0.139 *	0.177 **	0.381 ***
A	0.113 *	0.386 ***	0.279 ***	0.197 ***	0.183 ***	0.164 **	0.217 ***	0.291 ***	0.344 ***
FC	0.216 ***	0.231 ***	0.374 ***	0.140 *	0.104	0.208 ***	0.151 **	0.191 ***	0.321 ***
AC	-0.171 **	-0.377 ***	-0.322 ***	-0.315 ***	-0.254 **	-0.112 *	-0.194 ***	-0.332 ***	-0.396 ***

注：* $p<0.05$，**，$p<0.01$，*** $p<0.001$。

从表 5-5 中可以看出，NP、A、FC 均与心理幸福有正相关，AC 与心理幸福感存在负相关。可以推测，AC 高的个体，体验到的幸福感程度较低。进一步的回归分析结果如表 5-6 所示。

表 5-6　回归分析模型摘要表

	r	R^2	ΔR^2	标准化 β 系数	t
AC	0.396	0.157	0.157	-0.307	-6.603 ***
NP	0.517	0.268	0.111	0.237	4.850 ***
FC	0.553	0.305	0.037	0.188	3.943 ***
A	0.576	0.332	0.027	0.175	3.633 ***

注：* $p<0.05$，** $p<0.01$，*** $p<0.001$。

回归分析结果显示，AC、NP、FC、A 进入回归方程，四个变量的联合解释量达 33.2%，其中以 AC 的解释量最大，为 15.7%，其次为 NP，为 11.1%。

AC 的标准化 β 系数为 -0.307，NP 的标准化 β 系数为 0.237，FC 的标准化 β 系数为 0.188，A 的标准化 β 系数为 0.175。表明 AC 对心理幸福感有最强的负向预测作用，即个体的 AC 过高，会导致心理幸福感水平降低。

上述结果显示，CP 未进入回归方程，AC 对心理幸福感有显著的负向预测，NP、FC、A 对心理幸福感均有显著的正向预测作用。

如果个体被过高的 AC 所笼罩，只是去迎合别人，则很难真正达到自我潜能的实现，也很难体验到幸福感。

NP 对心理幸福感有正向的预测作用。该结果说明，NP 较高，更容易使人感受到心理幸福。事实上，一个 NP 较高的人，通常会对很多人和事持宽容的态度，且在一定程度上对自我的看法也是积极的。因此，NP 高的人是很容易感受到幸福的。这样的个体能够对他人持赞美和欣赏的眼光，而不喜欢怨天尤人。

A 与心理幸福感总分及各维度均有显著正相关，当个体对自己和他人都能有正确的评价和判断时，会更容易感受到幸福。

FC 与心理幸福感总分也有较高程度的正相关，FC 代表着自由、好奇，这种心态也容易使人感受到心理幸福。

四 人生定位对幸福感的影响

段琪（2011）使用 Freddick A. B. 编制“人生定位量表（Life Position Scale）”[①] 和“大学生心理幸福感问卷”[②]，对某大学 360 名大一至大四大学生进行团体施测，得出如下结果。

1. 大学生人生定位聚类分析结果

表 5－7 大学生人生定位的类型

分量表	I－U＋ (n＝71)	I－U－ (n＝59)	I＋U＋ (n＝112)	I＋U－ (n＝91)	F
我行	33.92±2.83	28.19±3.22	42.07±2.52	38.66±2.89	346.84***
你行	37.55±2.58	30.63±3.24	39.93±2.80	32.68±2.63	195.98***

① 该量表包含 20 个条目，采用 likert 五点评分。其中 5 个条目代表“我行”、5 个条目代表“我不行”，将“我不行”反向计分后，则 10 个条目代表“我行”维度。“你行”维度与此方法一致。笔者进行了中文修订，分量表“我行”的 α 信度为 0.816，分量表“你行”的 α 信度为 0.671，总量表的 α 信度为 0.824，基本达到统计学要求的信度标准。

② 来自于“思想政治教育柔性化对提升大学生心理幸福感的有效性研究”课题研究报告。共包括 41 个条目、8 个维度：恋爱婚姻、成熟成长、人际支持、职业期望、学业成就、经济保障、休闲娱乐和自我接纳，该量表具有良好的信效度，总量表 α 信度为 0.911，分量表信度均在 0.7 以上，与 SCL－90、抑郁、焦虑均存在显著负相关。

注：$*p<0.05$，$**p<0.01$，$***p<0.001$。

以“我行”和“你行”的得分为聚类中心进行快速聚类。由于人生定位理论自身涵盖四种人生定位，理论假设支持四种类型的划分。同时，比较各种聚类结果，也发现四种类型的划分最为合理。通过聚类分析发现，大学生的人生定位可以分为四种类型：“I-U+”，“I-U-”，“I+U+”，“I+U-”。四种类型在本次调查的大学生群体中所占的比例依次为：21.3%、17.7%、33.6%、27.3%。

刘欣（2004）采用让被试直接选择自己是属于哪种人生定位（四种中选一）的方式调查大学生的人生定位，研究结果显示，有4.4%的大学生持“I-U+”人生定位，5.5%持“I-U-”人生定位，9.3%持“I+U-”人生定位，80.8%持“I+U+”人生定位。这一结果与本研究结果类似，都是持“I+U+”人生定位的大学生所占比例最高，持“I-U-”类型的最少。同时，也与Berne的理论描述一致，即“I+U+”人生定位是人群中最为普遍的一种定位，而“I-U-”是最少的。

但是，在刘欣的研究结果中，选择“I+U+”人生定位的大学生所占比例高达80.8%，这与本研究的中得到比例差距较大。笔者认为，通过让被试直接选择，存在一定的社会赞许效应，所以大部分的被试会选择“I+U+”的选项。而本研究采用标准化的量表施测，然后根据量表得分，以“我行”“你行”维度为指标进行聚类分析。聚类分析通过计算不同个体的相似性或相异性，能够更有效地掌握各种类型的性质（吴明隆，2003）。所以。比起让被试直接选择人生定位的方式，本研究的研究结论更为客观。

从聚类结果来看，持“I+U+”类型的人生定位者的比例虽居各类型之首，但所占比例只有33.6%，比例并不是很高。因此，在大学生心理健康教育的过程中，应该采取积极的举措帮助大学生形成“I+U+”的人生定位。尽管目前尚未形成系统的改善人生定位的方法，但是交互作用分析理论中，一些关于改善个体心理素质等方面的方法都还是值得借鉴的。

2. 大学生人生定位与幸福感的关系

（1）“我行”“你行”与心理幸福感的相关分析

表 5-8 “我行”“你行”与心理幸福感的相关矩阵①

	LM	GU	IR	OA	LP	PS	EN	SA	总分
我行	0.253 ***	0.587 ***	0.435 ***	0.386 ***	0.364 ***	281 ***	0.328 ***	0.328 ***	0.591 ***
你行	0.178 **	0.303 ***	0.358 ***	0.152 **	0.153 **	0.113 ***	0.197 ***	0.213 ***	0.331 ***

注：* $p<0.05$，** $p<0.01$，*** $p<0.001$。

表 5-8 中，“我行”“你行”与心理幸福感各维度和总分均有显著相关。“我行”与心理幸福感的相关程度远高于“你行”，这可能与心理幸福感是对自身的一种主观体验有关。心理幸福感是建立在幸福论（eudaemonism）和自我实现论（self-realizationism）的基础上，关注的不仅包括个体的情感体验，更加关注的是个体的潜能实现。（张陆、佐斌，2007）

有研究显示，心理幸福感与自我效能存在显著正相关。根据交互作用分析理论中对“行”的界定，“我行”与自我效能感存在一定的相似性（于福洋、李颖、刘佳、唐海波，2009）。另外，I+U+者的心理幸福感总分最高，I+U-次之，I-U+更低，I-U-最低。这一研究结果与Wiesner的研究结果是一致的，在他的研究中，四种不同人生定位者的主观幸福感水平也是按照这样的顺序排列的（Wiesner V.，2004）。这也从另一个侧面说明，个体对自我看法的成熟与否，能够影响到个体的幸福感水平。因此，人生定位的正确与否对于个体积极的生命意义感的构建还是非常重要的。

本研究所采用的“心理幸福感问卷”共含 8 个维度：恋爱婚姻、成熟成长、人际支持、职业期望、学业成就、经济保障、休闲娱乐和自我接纳。其中，成熟成长、人际支持、职业期望、学业成就、休闲娱乐、自我接纳 6 个维度与“我行”的相关系数都达到了 0.30 以上，相关水平较高，这是符合预期的。恋爱婚姻是一个复杂的问题，往往不是靠一己之力就能实现的。关于经济保障，因为大学生大部分尚未有独立的经济来源，往往需要靠家庭的支持，因此家庭条件是一个客观因素，与个体对自我能否正确认知没有必然的关系。

---

① 表中：LM=恋爱婚姻，GU=成熟成长，IR=人际支持，OA=职业期望，LP=学业成就，PS=经济保障，EN=休闲娱乐，SA=自我接纳。

（2）不同类型人生定位大学生的心理幸福感差异

为探索不同类型人生定位的大学生的心理幸福感水平是否存在差异，对调查数据进行方差分析及事后检验，结果如表5-9所示。

表5-9 不同类型人生定位大学生心理幸福感方差分析及事后检验表

	I-U+ (1) (M±SD)	I-U- (2) (M±SD)	I+U- (3) (M±SD)	I+U+ (4) (M±SD)	F	事后检验
LM	20.747± 6.853	18.339± 5.833	23.545± 6.817	21.560± 6.893	8.197***	3>1, 3>2, 3>4 2<1, 2<3, 2<4
GU	34.732± 5.043	31.542± 5.914	40.259± 4.732	37.242± 4.854	42.872***	3>1, 3>2, 3>4 2<1, 2<3, 2<4, 1<4
IR	25.197± 3.760	22.644± 4.345	27.867± 4.156	24.945± 3.831	23.509***	3>1, 3>2, 3>4 2<1, 2<3, 2<4
LP	13.747± 2.921	13.000± 5.045	16.089± 2.899	15.319± 3.249	23.509***	3>1, 3>2 2<3, 2<4, 1<4
OA	8.268± 2.324	8.373± 2.281	10.563± 2.623	9.758± 2.588	16.879***	3>1, 3>2, 3>4, 2<3, 2<4, 1<4
PS	9.845± 2.489	10.136± 2.130	11.545± 2.213	10.802± 2.368	9.509***	3>1, 3>2, 3>4 2<3, 2<4
EN	9.479± 1.827	8.644± 2.592	10.446± 2.143	10.033± 2.003	10.122***	3>1, 3>2 2<1, 2<3, 2<4
SA	9.099± 1.494	8.542± 1.705	11.009± 1.882	10.341± 1.746	33.982***	3>1, 3>2, 3>4 2<3, 2<4
总分	131.113± 16.119	121.220± 16.599	151.321± 18.613	140.000± 16.116	45.817***	3>1, 3>2, 3>4 2<1, 2<3, 2<4, 1<4

注：* $p<0.05$，** $p<0.01$，*** $p<0.001$

在恋爱婚姻维度，I+U+类型的得分显著高于其他三种类型，I-U-的得分显著低于其他三种类型，I-U+与I+U-类型不存在显著差异。

在成熟成长维度，I+U+类型的得分显著高于其他三种类型，其他三种类型，I+U-类型的得分显著高于I-U+类型。

在人际支持维度，I + U + 类型的得分显著高于其他三种类型，I - U - 的得分显著低于其他三种类型，I - U + 与 I + U - 类型不存在显著差异。

在学业成就维度，I + U + 类型的得分显著高于 I - U + 和 I - U - 类型，与 I + U - 类型无显著差异，I - U - 类型的得分显著低于 I + U + 和 I + U - 类型，与 I - U + 类型无显著差异，I + U - 类型显著高于 I - U + 类型。

在职业期望维度，I + U + 类型的得分显著高于其他三种类型，I - U - 类型的得分显著低于 I + U + 和 I + U - 类型，与 I - U + 类型无显著差异，I + U - 类型显著高于 I - U + 类型。

在经济保障维度，I + U + 类型的得分显著高于其他三种类型，I + U - 显著高于 I - U + 类型。

在休闲娱乐维度，I + U + 类型的得分显著高于 I - U + 和 I - U - 类型，与 I + U - 类型无显著差异，I - U - 类型的得分显著低于其他三种类型。

在自我接纳维度，I + U + 类型的得分显著高于其他三种类型，I - U - 类型的得分显著低于 I + U + 和 I + U - 类型，与 I - U + 类型无显著差异，I + U - 类型显著高于 I - U + 类型。

在幸福感总分上，I + U + 类型的得分显著高于其他三种类型，I - U - 的得分显著低于其他三种类型，I + U - 类型的得分显著高于 I - U + 类型。

由此可见，I + U + 类型的人生定位是最为健康的，它有助于个体体验到更高的心理幸福感水平。而 I - U - 类型的人生定位是最为不理想的，这种定位往往使个体感到生活灰暗，心理幸福感水平较低。

上述所有针对大学生生命意义感和幸福感现状的实证调查，不仅可以帮助教育者们更好地了解了大学生的生命样态，而且也为教育者们找寻提升大学生生命意义感，促进大学生更好地成长与发展，提供了非常客观的现实依据。

第六章

积极心理学视域下的心理资本

生命意义感与主观幸福感作为积极心理学的研究范畴，越来越受到心理学界的重视。心理资本最初作为管理领域中的概念，也逐渐纳入到积极心理学的范畴。要想找寻提升大学生生命意义感和幸福感的具体实践路径，有必要思考心理资本的开发对个体生命成长的重要意义。

第一节　积极心理学与积极组织行为学

经济学认为，资本是用于物质生产并创造收益的资源，是个体和组织进行生产、获得成功必不可少的基础能量。目前社会上已经出现了大量有关资本的研究成果，其中，经济资本（economic capital）是研究最多，也是最成熟的部分，且经济资本对个体和组织绩效的提高所起的重要作用是有目共睹的。如今，伴随国际经济市场竞争的日趋激烈和技术发展步伐的不断加快，人们已经深刻意识到，要持续提高企业效益，长久保持企业的核心竞争力，只靠传统意义上的经济资本（比如资金、设备等物质资源）显然不够。

21 世纪是人才竞争的世纪，人才是社会上最宝贵的稀缺资源。因此，要使组织获得更多的效益，就必须加大对人力资本（human capital）和社会资本（social captial）等资源的投资和开发。人力资本是个体通过学习或经验积累而获得的知识技能和胜任力等资源；社会资本是关于个体的社会关系和人际网络等资源。人力资本和社会资本对个体和组织的绩效提高、对个人的发展和成功的积极作用已得到相关研究结果的验证（Harter J. K.，2002；Alder P. S.，2002）。然而，人力资本、社会资本与经济资本，它们有一个共同的属性，即它们只有被能够掌控它的人灵活运用，才能够发挥效益，否则再多的人力资本、社会资本，或者是经济资本，也都只是形同虚设，毫无价值。如若想让它们发挥作用，就必须有良好的心理资本作保证。

众多研究也表明，员工优秀的心理素质、良好的精神状态、认真负责的工作态度以及积极的心理状态等心理资源，是组织获得高绩效高效益的重要源泉。因此，努力获取、开发和利用员工的积极心理资源，以提高组织人力资源的质量和投资收益，进而使组织获得竞争优势，已经成为企业人力资源管理的当务之急。心理资本（psychological capital）正是在这样的社会大背景下诞生的。

一 积极心理学的研究起源

20 世纪 30 年代关于天才和婚姻幸福感的研究，以及荣格关于生活意义的研究（Seligman M. E.，2000）可视为积极心理学的研究起源。到了 20 世纪中叶，一些人本主义心理学家，如 Maslow A. H.（1943）和 Rogers C. R.（1959）等开始研究人性积极的一面，他们的研究对积极心理学的发展产生了极其深远的影响。

1998 年，参加旧金山美国心理学协会年会的研究者们，经过讨论发现，对于抵御心理疾患起缓冲作用的是人类的力量和某些积极的心理素质，如勇气、乐观、人际技能、信仰、希望、忠诚、坚忍等（Maggs J. L.，1998；Ann S. C.，1998）。同时，他们用较为科学的方法研究了人性中的积极面，探索并挖掘人性中的积极力量和美德，希望以此促使个体、群体、组织，包括社会等不断向前发展并走向繁荣。因此，研究人性的积极面，探究人类的力量和美德，并探寻如何增强人性中的力量和美德，帮助人们不断发展自己，是极具理论价值和实践意义的工作。学者们的宝贵探索，在积极心理学的形成和发展道路上起到了不可磨灭的作用。20 世纪 90 年代，Seligman M. E.（2000）在上述理论背景下，带领一部分心理学家正式发动了“积极心理学”（positive psychology movement）的研究。他提出，每个人的心灵深处都有一种自我实现的需要，这种需要会激发个体内在的积极力量和优秀品质。积极心理学正是能够帮助人们发现并利用自己的内在积极资源，进而提升个人素质和生活品质的力量。因此，要帮助人们过上更幸福、更快乐的生活，就必须研究积极心理学。

积极心理学（positive psychology）作为20世纪末在西方兴起的一股重要心理学思潮，它是研究人类的力量和美德等积极方面，以期使人们过上更加美好的生活（Sheldon M.，King L.，2001）。积极心理学自提出以来，便在美国心理学界引起了广泛的关注。1999年，美国Templetion基金会设立了“Templetion积极心理学奖”，从此美国心理学界开始了对积极心理学的重视和广泛研究，并且连续创办了多种有关积极心理学的专栏和杂志。积极心理学的理论框架也在近几年中不断地丰富与完善。随着研究的深入，积极心理学的研究思潮和研究取向渗透到了组织行为学的研究中，促使了积极组织行为学（positive organizational behavior）的出现。

二　积极组织行为学

为了帮助企业改革工作绩效和提高组织效益，组织行为学家Luthans F.（2002）一改以往组织行为学领域中的消极研究倾向，在组织行为学研究中引入了Seligman M. E. 等掀起的积极心理学研究思潮，开始了积极组织行为学（Positive Organizational Behavior，POB）的全新研究。所谓的积极组织行为学，是在积极心理学运动的基础上，开展的一种崭新的、积极取向的组织行为学研究模式。

积极组织行为学（POB）是对积极导向的、能够被测量、开发和有效管理的，从而可以实现提高绩效目标的人力资源优势和心理能力的研究和应用（Luthans F.，2002）。研究对象除了要与积极因素有关外，还必须是可测量、可操作、可开发的，且相对传统研究方法而言是新异的，最终达到有效提高工作绩效的目的。“能够被测量、开发和有效管理”，要求积极组织行为学要研究的因素必须是状态性的，这便与传统组织行为学中研究的人格、态度和动机等相对稳定的特质变量进行有效区分。积极组织行为学所包含的要素既要适用于管理者的开发、也要适用于普通员工的开发，因此，其研究内容便是发现和确认符合POB标准的积极心理能力和心理要素，并将其与重要的组织结果联系起来。

1. 积极组织行为学的核心概念

在POB研究中，以下几个积极心理要素是符合积极组织行为学

(POB) 研究标准的最具代表性的概念：自我效能感 (self-efficacy)、希望 (hope)、乐观 (optimism)、主观幸福感 (subjective well-being) 和韧性 (resilience) 等等。

①自我效能感。自我效能感是指人们对自己实现特定领域行为目标所需能力的一种信念。它是目前 POB 概念要素中研究最多、理论发展最成熟的一个。Bandura A. 指出，自我效能感是个体积极性发挥作用最普遍、最为重要的心理机制，人们只有相信自己的行为能够带来理想的结果，并能有效阻止不理想结果的发生，才会有行动的动机。研究发现，在某些特定情形下，自我效能感对个体成功的预测力要大于个体实际拥有的能力（叶柱轩，2009）。另有实证研究表明，自我效能感能够对工作绩效产生积极影响，在一项元分析研究中发现，自我效能感使工作绩效提高了 28%，而且对工作绩效的预测力也大于人格特质 (Stajkovic A. D.，Luthans F.，1998)。然而，传统的组织行为学研究者大多忽视了对其进行研究，直到积极组织行为学研究的兴起，人们才对自我效能感的研究重新重视起来。

②希望。希望是指个体具有这样一种信念，即相信自己能够设置适当的目标，并具有实现目标的合理途径，且在实现目标的过程中能够不断激励自己进行下去的一种积极信念。个体一旦具有了希望这一特性因素，不仅反映了其达成目标的决心和毅力，而且也反映了个体对能够通过制订切合实际的计划和确定达成目标的有效途径的一种信心。临床心理学家 Snyder C. R. 等人 (Snyder C. R.，lrving L. M.，Anderson S. A.，1991) 的研究表明，满怀希望的人往往对既定目标更加坚定，并能受之激励，在压力情境下较少有焦虑等负性情绪体验。

③乐观。乐观是指个体具有一种倾向于对结果做出积极预期，并对结果做出积极归因的认知特性。乐观者倾向于对结果做出外部的、非稳定的、特定性的认知和归因，与此相对，悲观者则容易对结果做出内部的、稳定的、总体的认知和归因。具有乐观的积极心理因素能够对个体的身心健康、成就取向、行为动机等因素产生积极的影响，这些因素能够进一步带来学业、各类竞技活动、政治和职业上的成功；相反，悲观这种负性心理因素则会导致个体消极、失败和社会疏离，在极端情况下甚至会造成消沉和死亡。研究发现，乐观者一般都拥有良好的免疫力，极少患病 (Peterson C.，Seligman M. E. P.，et al.，1988)，有更多的健

康情绪和促进健康的行为（Peterson C.，Park C.，1988）以及健全的心理功能（Achata H.，Kawachia I.，et al.，2000）。研究还发现，乐观的个体能自动有效调节各类生活事件带来的压力（Brissette I.，Scheier M. F.，Carver C. S.，2002）。

④主观幸福感。主观幸福感是指人们对其日常生活的认知评价和情感体验。由这一定义可知，决定人们是否幸福的关键并不在于实际上发生和拥有了什么，而在于人们在情绪上对所发生和所拥有的事情作何解释，即在认知上进行怎样的加工。主观幸福感的研究也日益受到学者们的重视，这一社会趋势反映了人们开始对美好生活投入越来越多的积极关注。有研究显示，主观幸福感对工作满意度和组织承诺有显著的影响作用（Meyer，J. P.，Stanley D. J.，Herscovitch L.，et al.，2002）。另有研究发现，个体的主观幸福感能够通过控制某些变量来调节工作满意度和工作绩效之间的关系。（Judge T. A.，Thoresen C. J.，Bono J. E.，et al.，2001）

⑤韧性。韧性是指能够使个体从逆境、冲突、失败，甚至积极事件、进步以及与日俱增的责任中快速回弹或恢复过来的一种可开发的能力。临床心理学和积极心理学的研究发现，一些因素会对韧性产生积极促进作用或消极阻碍作用，具体包括：个人所拥有的生理、认知、情感与社会资源；潜在的价值体系等。通过文献梳理可以发现，在工作中韧性非常重要，而且是必需的；此外，实证研究也证明了韧性会影响个体对领导者与组织的忠诚和信任。（Luthans F.，Youssef C. M.，Avolio B. J.，2008）

2. 积极组织行为学的应用研究

当管理学界开始关注人本管理时，人力资源便成为企业最宝贵的资源，针对人类潜能开发的研究也就成为人力资源管理研究的焦点。因此，如何提高员工的积极性、激励和鼓舞员工，为员工创造一个和谐向上的工作环境，便成为人力资源管理的奋斗目标。相比传统组织行为学领域中更多地关注组织、团队、管理者和员工的机能不良等而言，人本主义思潮在人类潜能开发思潮的影响下，研究者们开始对快乐、幸福、满意和士气等积极思想课题进行研究，专注于人的积极优势和心理能力驱动，以期对管理人员和普通员工进行开发训练，最终促进工作绩效的改善。

第二节　心理资本及其研究

在人力资源管理研究与实践中，自我效能感（自信）、乐观、希望、幸福感、情绪智力和韧性等心理要素的研究最具有代表性。2004 年，Luthans F. 以积极心理学（Seligman M. E. P. , 1999; Seligman M. E. P. , 2002; Snyder C. R. , Lopez S. , 2002; Gable S. L. , Haidt J. , 2005; Seligman M. E. P. , 2000）和积极组织行为学（Luthans F. , 2002）的观点为思考框架，在分析经济资本、人力资本和社会资本的特点和区别后，提出了以强调人的积极心理力量为核心的“积极心理资本”（positive psychological capital）（Luthans F. , Luthans K. W. , Luthans B. C. , 2004）的概念，使人们开始关注心理资本（psychological capital）及其对领导和员工的影响作用的研究。

Luthans F. 等人（2004）把心理资本的概念拓展至组织管理领域后，认为心理资本是指能够导致员工积极组织行为的心理状态。从个体层面来看，心理资本是促进个体发展和提高绩效的重要因素；从组织层面来看，心理资本起着与人力资本和社会资本类似的功能，即能够帮助企业获取更强大的竞争优势。因此，从这两点来说，心理资本研究的最直接最主要的驱动因素就是积极组织行为学的研究。

一　心理资本概念的提出

心理资本的概念最早出现在经济学、投资学和社会学等文献中。积极心理学在组织管理领域的应用导致形成了如下两个主要研究方向。

一是由密歇根大学商学院倡导建立的积极组织学术（POS）研究；另一个是内布拉斯大学盖洛普领导学校的 Luthans F. 所倡导的积极组织行为学（POB）研究。积极组织行为学经过不断发展，衍生出了心理资本这一研究概念。至 2002 年，美国心理学会前任主席 Seligman M. E. P. 才正式提出“心理资本”的概念。

Seligman M. E. P.（2002）认为，可以将那些导致个体积极行为的心理因素纳入到资本的范畴。当时，虽然没有用一个十分明确的定义来说明心理资本，但 Seligman M. E. P. 的这一观点为后继研究者开阔了思路，并引发了大量有关心理资本的探讨。Luthans F.，Youssef C. M.，Avolio B. J.（2007）在共同完成的著作中提到："心理资本这一开创性、前瞻性的理念必将深入人心、影响深远，为全球的人力资源开发指明新的研究方向"。

与人力资本和社会资本关注的对象不同，心理资本关注的是如何才能使组织中的个人状态达到最佳水平，从而整体提高组织的效益水平。如果说在人力资本与社会资本上进行投资，是人力资源创造竞争优势的重要源泉，那么对心理资本的投资与开发则是创造竞争优势的基础和动力。

二 心理资本概念的研究

直到20世纪末，人力资源管理者们才将积极心理发展状态和良好的心理素质，作为组织和职场上的一种资本概念提出来，并给予了系统的分析研究，本研究在前人研究的基础上，将主要研究成果总结在表6－1之中。由此可知，目前国内外学者们对心理资本概念进行研究的观点还没有统一。但就目前研究现状而言，可以把心理资本概念的研究分为以下三种取向。

1. 特质论（trait）

特质论认为，心理资本是作为个体的内在特质而存在的，是与人格大致相同的一种特质，经由先天和后天共同作用而成。持这种观点的研究者大多赞同把心理资本看作个体较为稳定的一种心理倾向或特征，主要包括个体的自我知觉、工作态度、伦理取向和对生活的一般看法等方面。例如，经济学家 Goldsmith A. H.，Veum J. R.，Darity W.（1998）认为，心理资本是能够影响个体生产率的一些个性特征，这些特征反映了一个人的自我观点或自尊感，支配着一个人的动机和对工作的一般态度。Tettegah S.（2002）认为，心理资本就是个体对自我工作、伦理以及人生信念、态度和认知的综合。Hosen R. 等（2003）认为，心理资本是个体通过学习等途径进行投资后，获得的一种具有耐久性和相对稳定性的心理内在基础构架（psychological infrastructures），在他们看来，心理资本包含人的个性品质和倾向、认知能力、自我监控和有效的情绪交流品质等特性。Cole K.（2006）认为，心理资本和"大五人格"并无不同，在他们的研究中，就直接把心理资本看作个体在早年生活与目前生活中共同形成的、比较稳定的一种人格特征。

表 6－1　　　　心理资本概念的汇总①

时间	研究者	心理资本的定义
1997	Goldsmith A. H.	个体在早年生活中形成的相对稳定的心理倾向或特征，包括个体的自我
1998	Veum J. R.，Darity，W.	知觉、工作态度、伦理取向和对生活的一般看法
2003	Hosen R.	个体通过学习途径进行投资后获得的一种具有耐久性和相对稳定性的心理内在基础构架
2004	Avolio B. J.	那些有助于预测个体高绩效工作和快乐工作指数的积极心理状态的综合
2005	Luthans F.，Avolio B. J.，Walumbwa F. O.，Li W.	个体一般积极性的核心心理要素，具体表现为符合积极组织行为标准的心理状态
2006	Cole K.	一种影响个体行为与产生的人格特质
2007	Luthans F.，Youssef C. M.，Avolio B. J.	个体的积极心理发展状态，即拥有表现和付出必要努力、成功完成具有挑战性任务的自信（自我效能感）；对当前和将来的成功做积极归因（乐观）；坚持目标，为了取得成功，在必要时能够重新选择实现目标的路线（希望）；当遇到问题和困境时，能够坚持、很快恢复和采取迂回途径取得成功（韧性）
2008	Luthans F.	个体的一种积极的心理发展状态，并且具有以下几方面的特征：效能、乐观、希望、韧性

2. 状态论（state）

状态论认为，心理资本是个体的一种心理状态。这种观点在目前心理资本的研究中较为流行，坚持状态论的研究者认为，心理资本是一种特定的积极心理状态、一种独特的个人资源，这种积极的心理资

① 曹小燕：《大学生心理资本量表中引入〈作假识别量表〉的研究》，硕士学位论文，天津大学，2011 年，第 6 页。

源能够促使个体实施积极的行为并能产生令人满意的高绩效。例如，Avolio B. J.（2004）等认为，心理资本是指那些有助于预测个体高绩效工作和快乐工作指数的积极心理状态的综合，这些积极心理状态，包括希望、自信、乐观、积极归因、自我恢复力等，能够导致积极的组织行为，使个体勤奋努力地实施行动，并且获得较高的绩效和工作满意度。

Luthans F. 从积极心理学和积极组织行为学的角度，主张心理资本是指人的积极心理状态，主要包括自信或自我效能感（confidence or self-efficacy）、希望（hope）、乐观（optimism）和坚韧性（resilience）四个方面。并随着研究的不断深入，Luthans F. 等人指出，心理资本是一个由多因素构成的综合体（bundling），并首次明确地将心理资本定义为“个体一般积极性的核心心理要素，具体表现为符合积极组织行为标准的心理状态，它位于人力资本和社会资本之上，并能够通过有针对性的投入和开发而使个体获得竞争优势”。心理资本是基于积极组织行为学标准的核心积极心理状态，组织可以通过影响个体关于对自我的认知来获取竞争优势（Luthans F. B.，Avolio B. J.，Walumbwa F. O.，Li W. X.，2005）。2007 年，Luthans F.，Youssef C. M.，Avolio B. J. 对心理资本的定义进行了再次修订，认为，心理资本与特质不同，它是一种重要的个人积极心理能力（positive psychological capacities），是个体在特定的情境下对待任务、绩效和成功的一种积极状态，并能够对个体的认知过程、工作满意度和绩效都产生显著的影响。

3. 综合论

综合论认为，心理资本是一种同时具备特质性和状态性的心理素质。综合论是目前心理资本概念研究中最新的观点，对今后的研究很有启发意义。在探讨心理资本内涵的过程中，心理学家们使用“类状态”（state-like）来说明心理资本具有特质性和状态性这两种特性。例如，Avolio B. J. 等（2006）使用“类似于状态”的名词来解释心理资本，并用大量的实例来佐证自己的观点。Avolio B. J.（2006）认为，心理资本具有状态性的特点，可以通过干预措施来开发，同时又具备特质性的特点，相对比较稳定，而事实上，状态与特质是同一个维度上的两个极端。Luthans F.（2004）则阐述了状态类和特质类是在一个连续统一体内，具体在这个连续统一体内的哪一点上，则主要是根据其能够被测量、开发和相对稳定的程度而定的。

综合以上研究取向可以看出，学者们对心理资本的概念和内涵各自持有不同的观点，相对来说，Avolio B. J.（2006）等人提出的心理资本概念具有一定的综合性，相对特质论和状态论而言，具有更大的说服力和科学性。随着研究的向前发展和研究成果的不断丰富，研究者们对心理资本的概念研究也大致有着趋同和综合研究的趋势。鉴于此，本书倾向于将心理资本定义为：心理资本是指个体所拥有的一种积极心理资源，它是一种个体可通过学习而提升的类状态积极心理能力，具有可测量、可开发的特性。

三 心理资本的结构维度研究

本研究通过文献梳理并在已有研究基础上，将有关心理资本维度研究中的代表性研究结果呈现在表6-2中：

表6-2 心理资本结构和维度的相关研究汇总

维度	研究者及年份	结构要素
二维度说	Goldsmith A. H. et al.（1997）	自尊、控制点
三维度说	Larson M. D. et al.（2004）	自我效能感、乐观、回复力
	JensenS. M.（2003）	希望状态、乐观状态、坚韧性
四维度说	Judge T. A. et al(2001), Cole K. (2006)	自尊、自我效能感、控制点、情绪稳定性
	Luthans F. et al(2005, 2007, 2008)	希望、现实性乐观、自我效能感/自信、坚韧性
	Avey J. et al（2006）	希望、乐观、坚韧性、自我效能感
五维度说	Letcher et al（2004）	情绪稳定性、外向性、开放性、宜人性、责任感
	田喜洲（2009）	自信、希望、乐观、坚韧、积极能力
六维度说	曹鸣岐（2006）等	希望、乐观、主观幸福感、情绪智力、韧性、公民组织行为
多维度说	Luthasn F., Youssef C. M., Avolio B. J.（2007）	希望、乐观、自信、韧性、创造力、智慧、主观幸福感、沉浸体验、幽默、情绪智力、精神性、真实性、勇气性、信任、感激、忠诚、宽容……

1. 二维度说

二维度说的代表者是经济学家 Goldsmith A. H., Veum J. R., Darity W.（1998），他们认为，心理资本的结构维度主要包括自尊和控制点两个方面。其中：自尊是一个多因素概念，包括价值观、善良、健康、外貌和社会能力；控制点是一个人对生活的一般看法，包括内控和外控两个方面。

2. 三维度说

在对心理资本的维度进行探讨的前期阶段，Larson M. D. 等（2004）和 Jensen S. M. 等（2003）一样，支持心理资本的三维度说。他们在研究中也多次提到心理资本由希望、乐观和回复力三种积极心理状态组成，并指出其中的每一成分都是由许多个小维度组合而成的。（Jensen S. M., 2003）

3. 四维度说

Judge T. A.（2001）和 Cole K.（2006）认为，心理资本应该包括四个结构维度，这四个维度应该是自尊、自我效能感、控制点和情绪稳定性。在对心理资本进行深入研究后，Youssef C. M., Luthans F.（2007）等人指出，心理资本应该由自信（自我效能）、希望、乐观和坚韧性四个维度构成，并认为，这四种积极心理要素都是可以测量、开发和管理的，且能使个体取得更加有效的工作业绩，如生产率、满意度和高留职意向等。我国学者蒋建武、赵署明（2007）也曾提过类似的观点。

4. 五维度说

Letcher L.（2004）通过实证研究提出，心理资本的五维度应该是情绪稳定性、外向性、开放性、宜人性和责任感等。而田喜洲（2009）则从自信、希望、乐观、坚韧和积极能力五个方面提出了心理资本的五维度说。

5. 六维度说

曹鸣岐（2006）的研究表明，心理资本的结构维度包括希望、乐观、主观幸福感、情绪智力、韧性、公民组织行为等六个方面。六维度说的理论依据在于凡是符合积极组织行为标准的心理要素，都应该可以被纳入到心理资本的结构维度之中。

6. 多维度说

随着心理资本研究的不断深入，一些学者提出了多维度说的理念。

这些学者赞同将所有符合积极组织行为学标准的心理状态和心理素质，纳入心理资本的结构维度中的观点，而且，他们认为，心理资本应该是一个具有发展属性的概念。因此，Luthasn F.，Youssef C. M.，Avolio B. J.（2007）在自信/自我效能感、乐观、希望与韧性这四个维度的基础上，认为可以考虑将创造力、智慧、幽默、真实性、感恩之心等纳入心理资本的构念范畴。

从表6－2可以看出，学者们纷纷在各自研究基础上，对心理资本的概念、内涵和结构维度提出自己的看法，但乐观、自我效能感（自信）、韧性（回复力）、希望等是不同维度说之观点下的共同因素。而对于心理资本到底由哪些要素构成、应该在哪些因素和维度上去考量心理资本，目前在该领域中还没有统一的声音。研究观点出现差异的原因，大致可以从以下几个方面来分析。首先，研究者的背景及研究视角存在着差异。其次，研究者所掌握的资料数量和质量存在着较大差异；再次，研究者所选取的研究对象存在着差异。最后，研究者在研究中所选取的样本数量和代表性存在着差异。

事实上，对心理资本结构和内容的探讨不仅可以深化理解心理资本的内涵，同时也有助于开发心理资本的测量工具。由于目前对心理资本的理解和研究的方向还没有达成统一，因此，持不同观点的研究者们所确定的心理资本结构和要素，以及所开发的测量工具等，很自然地会存在一些差异。

但不可否认的是，越来越多的学者们对心理资本的概念和内涵的理解，均倾向于采取综合论取向。本书认为，随着积极心理学和积极组织行为学研究的不断深入，心理资本作为个体所拥有的积极心理资源，可能还会增加新的维度。例如，与认知和情感导向有关的积极心理能力，如创造力、智慧、幸福感、信任等，以及与社会导向有关的积极心理能力，如感恩、宽恕和情绪智力等，这些要素在未来的研究中都有可能被包括到心理资本的维度范畴之内。

四 心理资本的特征研究

Luthans F.，Avolio B. J.，Avey J. B.（2007）等通过比较法进一步阐明了心理资本的这种“类状态”特征。他们从“测量的稳定性”以及

"改变与开发的开放性"两个方面，将"状态"与"特质"类概念划分为四组：

①积极状态变量——具有瞬时性，且非常容易改变的特点。它代表着一种感觉，如快乐、积极情绪等。

②类状态变量——具有比较容易改变和开发的特点。它不仅包括自我效能感、希望、韧性和乐观，还包括智慧、幸福感、感恩之心、宽恕之心等。

③类特质变量——具有比较稳定，不容易改变的特点。它包括人格因素和力量，如大五人格维度、核心自我评价和美德等。

④积极特质变量——具有非常稳定，且难以改变的特点。它包括智力、天赋和可遗传的积极性格特征。

作为一个积极构念，心理资本明显与其他特质的构念区别开来。满足于连续统一体中类状态特征的心理资本，其构念相对于特质类构念而言，是易改变、易测量和可开发的；而相对于状态类的构念而言，此构念是比较稳定和可保持的。心理资本既不是心理特质变量也不是心理状态变量，而是存在于状态类和特质类连续统一体内的类状态变量，可经后天开发和改变。

随着人们对心理资本研究的不断深入，研究者不断增加了对心理资本内涵的认识程度，而且对心理资本的认识广度也在不断地扩展，大多数学者都认同心理资本具备如下几个特征：

第一，心理资本属于积极心理学范畴，它不关注个体的消极方面，而是关注其积极方面，强调个体的积极力量；它不批评和关注个体的缺点，而是肯定和承认个体的优点，鼓励个体发挥优势。

第二，心理资本是一种符合积极组织行为学标准的心理状态，具有积极的导向，能够有效地测量、开发和管理，与高绩效相关。

第三，心理资本超出了人力资本和社会资本，是位于两者之上的一种新兴资本。心理资本可以通过有针对性地培育和开发而使个体获得竞争的优势，它与人力资本和社会资本共同构成了个体所拥有的人力资源系统。

第四，心理资本具有可投资和可收益的特性，可以通过特定的方式和途径进行投资和开发，个体的心理资本具有极大的挖掘潜力，充分挖掘可以为组织赢得竞争优势。而作为具有倾向性和相对稳定性的类似于特性（trait-like）的个性特征，例如尽责或自尊等，则相对难以测量和开发。

第五，相对于人力资本的“外显性”、易发现、易测量和易改变的特点而言，心理资本又具有更多的“潜在性”。

第六，心理资本所涵盖的内容十分广泛，随着人们对心理资本的重视和研究的不断继续深入，未来研究中将会有更多的积极心理要素被纳入到心理资本的研究范围中来。

由此看来，心理资本属于个体的一种综合特性，具有资本性、心理资源性、积极倾向性、增益性、类状态性。

五 国内外心理资本的研究方法

由于观点不同，不同研究者在对心理资本进行测量的过程中，分别使用了不同的测量量表（Judge T. A.，Bono J. E.，2001；Jensen S. M.，2003；Luthans K. W.，Jensen S. M.，2005；Avey J. B.，Patera J. L.，West B. J.，2006）。但通过查阅文献可知，自我报告法也是目前国内外研究者在心理资本研究中采用最多的测量方法。该方法主要是通过编制的心理资本问卷或量表进行测量，或通过实验研究的方法来收集有关个体心理资本状况的数据或资料。采用自我报告法的优点是操作简单、易于实施，但同时也存在着一定的局限性，如在被试的自我报告中可能存在的偏差和社会赞许性等问题。

除了自我报告法以外，心理资本研究中还有两种不太常用的研究方法，即专家评价法和结果变量测量法。所谓的专家评价法，主要是指聘请有专业背景和经验丰富的心理学专家，根据被试心理资本方面的相关数据来对其心理资本状况进行评判。由于相关专家是该领域里的资深研究者，因此由此得出的评价结果具有一定的可靠性，但也存在着不足的地方，主要是观察和评价过程中会含有较多的主观成分，不同评价者对同一个体的评价标准很难统一，因此有可能导致评价的结果存在一些差异。心理资本的另外一种研究方法便是结果变量测量法。采用结果变量测量法的思路是，心理资本与一些结果变量或行为变量之间存在着密切的关系，通过对这些结果变量或行为变量进行测量便可间接地测量到个体的心理资本状况。但是，由于结果变量测量法是从已有行为结果变量间接推测心理资本状况，所以虽然在理论上较为可行，但由于影响行为结果变量的因素繁多，致使某些干扰因素可能会对结果变量测量法的准确性造成一定的影响。

六　国内外心理资本的研究现状

心理资本从提出到现在，经历了十多年的发展和变化，目前，国内外越来越多的学者踊跃加入到心理资本的研究中来，有关心理资本的各类研究也是硕果累累。

1. 国外研究现状

西方已有的实证性研究表明，心理资本这一构念，与绩效、满意度、组织承诺等工作结果之间有显著关系。

经济学家 Goldsmith A. H.，Veum J. R.，Darity W.（1998）借鉴了心理学家的观点，通过实证手段研究了心理资本对个体实际工资产生的直接和间接影响作用。他们的研究结果表明，个体的心理资本与其生产率和实际工资之间存在着显著的正相关，而且，与人力资本（如受教育程度、工作期限、基本技能等）相比，心理资本对个体实际工资水平的影响更大。

管理学领域中也对员工的心理资本做过一些实证研究，比如，Peterson S.，Luthans F.（2003）进行的实证研究结果表明，希望水平较高的管理人员，其所管理的工作部门的绩效较高，下属的留职率和满意度也较高。另有研究表明，乐观与高水平工作绩效和高留职率有关联，无论是管理人员还是普通员工，其工作绩效、满意度、留职意向和压力，都与乐观水平存在着相关关系。（Wagnild G. M.，Young H. M.，1993）

在医疗领域，Luthans K. W.，Jensen S. M.（2005）做过一项研究发现，护士自己报告的心理资本与直接领导对她们的留职意向（intent to stay）及对医院的使命、价值观和目标的承诺的评估有着很高的正相关。

研究者在心理资本的组成因素上也进行了大量的研究。Luthans K. W. 等（2005）通过对 422 位中国员工的实证研究，探讨了心理资本与他们的工作绩效之间的关系。研究结果表明，中国员工的希望、乐观和韧性三种积极心理状态，都与他们的直接领导对其评价的工作绩效有正相关，而且希望、乐观和韧性合并而成的心理资本与他们的工作绩效之间的相关关系更紧密些。Avey J. B.，Patera J. L.，West B. J.（2006）通过对105名工程管理人员的研究，发现了心理资本与员工的矿工状况之间的关系。结果表明，希望、乐观与被试的非自愿和自愿旷工之间是负相关关系，整体的心理资本（由希望、乐观、坚韧性和自我效能感合并而成）比自我效能感、乐观、坚韧性单独能更好地预测员工的自愿旷工，整体的心理资本比工作满意度和组织承诺能更好地预测员工的非自愿旷工。

另外，还有关于心理资本的中介和调节作用的研究。Cole K.（2006）以失业员工为对象进行研究发现，在失业后的主观满意感与再就业的关系中，心理资本起着调节作用，且心理资本水平越高，主观满意感对再就业的促进作用就越明显。这一研究很好地证明了心理资本对有关结果变量的间接作用。

2. 国内研究现状

自心理资本引入中国以来，国内许多学者立即投身其中，进行了大量的理论和实证研究。仲理峰（2007）通过对198对中国企业直接领导者和其领导下的员工进行了多项实证研究，检验了心理资本及希望、乐观和韧性这三种积极心理状态与员工的工作绩效、组织承诺和组织公民行为之间的关系。研究结果表明，在控制了性别和年龄两个人口学变量的效应后，员工的希望、乐观和坚韧性这三种积极心理状态，都对他们的工作绩效、组织承诺和组织公民行为有着积极影响。员工的希望、客观和坚韧性合并而成的心理资本，对他们的工作绩效、组织承诺和组织公民行为的积极影响，比希望、乐观、坚韧性三者单独作用产生的影响都大。该研究进一步证实了在中国经济文化背景下，心理资本及其三个维度与员工的工作绩效和组织承诺存在着正相关关系，研究结果与西方文化背景下的研究结果相一致。

丁成莉（2009）通过研究发现，同等条件下，不同性别的个体，其心理资本存在着明显差异；企业的性质对员工的心理资本也具有显著影响。研究还发现，企业员工的心理资本与工作绩效和工作卷入程度存在显著相关，其中员工的工作卷入程度在其心理资本和工作绩效之间起着中介调节作用。

张烽（2009）将心理资本理论引入到大学生人力资源开发中来，主张从自我效能、希望、乐观和复原力四个维度培育大学生心理资本，并认为有效开发大学生的自身优势和积极心理力量，才能使其在知识经济时代更具竞争优势。

陈桂兰（2009）对贫困生的心理资本与其心理健康状况之间的关系进行了研究，研究结果表明，目前贫困青年学生的“心理贫困”问题较为突出，相当一部分贫困生表现出盲目自卑、过分敏感、孤僻内向，并提出从自信、希望、乐观、情商和复原力这几个方面对贫困生开展心理健康教育。培育其积极心理资本。潘清泉、周宗奎（2009）采用改编的心理资本量表（Psychological Capital Questionnaire，PCQ-24），对贫困大学生心理资本及其应对方式和心理健康之间的关系进行探讨，另有研究者从心理资本产生的实际效益角度进行研究，提出以高校应该心理资本为基础，进行高校学生的综合管理改革以促进学生的发展。（常海，2009）

第三节 心理资本开发与主观幸福感、生命意义感

无论个体是否意识得到，但是毋庸置疑，在人们的现实生活中，心理资本会于悄然之间，以多种方式潜在地影响个体的主观幸福感。原因在于，首先，心理资本作为一种积极的心理品质，其本身就是以正性情感为核心的主观幸福感的一个重要组成成分，长期的正性情绪体验所形成的积极心理品质汇集成个体的主观幸福感体验，也直接影响着个体对生命意义的感悟。其次，个体正在体验着的主观幸福感，通常可以凭借积极的认知评价，促进心理资本的提升。由此可见，心理资本的开发是与个体主观幸福感、生命意义感的提升密不可分。

一 心理资本是主观幸福感的基础与前提

具有积极心理资本的个体经常能够体会到对事件的控制感，可以乐观处事，遇到困难和问题能够采取积极的应对方式，容易适应周围环境，从而有助于幸福感的稳定与持续。Heady（1989）等认为，在影响主观幸福感的诸多因素中，虽然生活事件与个体所处环境对主观幸福感都有影响，但从长期看，人格发挥着更大的作用，如自尊心、自我控制感、自

我效能和自我概念等都会影响一个人的主观幸福感。众多研究表明，个体的主观幸福感与其积极的人格特质密不可分，人类身上所具有的某些人格特质，如乐观、充满活力、幽默等，是使个体在生活中拥有积极情感体验的重要特质，甚至人们会凭借一个人的人格特质判断个体未来的幸福指数。这样的预测不无道理，以乐观为例，积极乐观的品质，通常都能够帮助个体即使是在重压之下，都依然能够保持身心健康的状态，拥有乐观品质的人，相对于悲观主义者而言，乐观的人对生活的满意度往往会更高，他们产生抑郁情绪的可能性也较悲观主义者低。这就是为什么人们通常将乐观视为心理幸福感的一个重要预测变量。

二 主观幸福感能够提升和发展心理资本

主观幸福感是一种积极的情绪与情感体验过程，在个体体验幸福的时刻，其积极心理资源与心理力量会涓涓汇集。Fredrickson B. L. （2001）提出的积极情绪扩展和建设理论，就包含了上述理念。在 Fredrickson B. L. 看来，诸如快乐、兴趣、满意等积极情绪，不仅能扩展个体的瞬间思维活动序列，而且能够建设个体的资源，如心理恢复力、乐观、创造性等心理资源。该理论解释了为什么那些自我实现的人，他们更能适应环境，是因为他们的积极情绪状态引发的思想和行为更富有创造性和灵活性。Fredrickson B. L. 在他的一系列研究中表明，积极情绪状态确实帮助个体构建出持续的个人资源。而正是这种不断涌现出来的正能量，使个体自身能够始终保持一种健康的心理状态，而健康的心理状态又进一步促使个体有效地保持或发展自己的各种心理力量。

总之，在有关心理资本与主观幸福感的相互关系的认识问题上，人们通常认为，个体的积极心理资本与主观幸福感关系密切，心理资本由于其内在固有的结构作用，是一个长期影响幸福感的强烈因素，但具有“幸福图式”的人，倾向于以正面的方式来看待和处理环境与事件，自信心强，解决问题的自我效能感高，拥有更乐观的期望。所以，其所具有的主观幸福感也可提升个体的心理资本，即主观幸福感强的人其心理资本表现更为出色，两者是一个相互促进的过程。

三 从心理资本开发的视角提升大学生的生命意义感

心理资本与主观幸福感作为积极心理学研究的核心，日益受到人们的重视。心理资本与主观幸福感关注较多的是个体的积极心理资源的测量、开发和运用，以及对工作绩效、组织承诺和工作态度的积极影响。这方面的研究，对于帮助个体全面深入地理解自身优势、开发和评价积极心理状态中蕴藏的力量、有效管理并合理运用积极心理力量，通过挖掘和培育个体的心理资本，并使之在个体长期的主观幸福感体验中逐渐地积蓄力量，最终为提升个体的生命意义感而服务，具有重要而深远的意义。

目前，国内外有关心理资本的实证研究正在向着社会的各个领域推进。对心理资本的含义、特性及其可以影响到个体工作表现和组织绩效的研究已较为广泛，对心理资本与其他心理状态之间相关的验证研究也已相当丰富。因此，本书认为，在探讨大学生生命意义感的研究，以及摸索提升大学生生命意义感的教育路径中，要有意识地将心理资本纳入视野。积极心理学视野下的"心理资本"的开发和积累，对于大学生更好地应对压力，提升自身的生命质量，进而唤醒学习的热情，提升个性品质，都是非常有意义的。在教育实践中，帮助大学生认识到心理建设对自身的重要意义，不断开发和积累自身的"心理资本"，提高自身的自我效能感，更加积极乐观地看待未来，具有更强的韧性，能通过各种途径来实现自己的预期目标，让"心理资本"能够更好地服务于个体的健康快乐成长。换言之，积极心理资本的积累与开发可以帮助个体在生命的旅程中更好地挖掘自身的潜能，让生命的每个阶段都充满价值感，从而提升生命的意义。具体而言，可以从以下方面对个体的心理资本予以开发：

一是自我效能感的开发。自我效能感是指个体对自己在特定情境里能够激发动机，调动认知资源，采取必要的行动来完成某一项特定工作的信念或信心。Bandura A.（1977）曾提出过提升自我效能感的四种方法，即直接经验、榜样作用、社会说服以及情绪唤醒。针对大学生这个特殊群体，自我效能感的开发首先需要让其不断体验到成功的过程和成就感。

二是乐观情绪的开发。一般而言，大学生的乐观情绪来源于对事件、生活的体验和感知，这种认知过程会决定一个人的心态是否积极。所谓的认知过程，指的是大学生对生活中所遇到的事件的一种解释、一种归因过程。当大学生倾向于把失败、挫折的原因归因于内在的、稳定的、不可控时，则会给他们造成挫败感，在学习中甚至会产生习得性无助，使之没办法保持一种积极乐观的心态。针对这种情况，须调整其认知状态，引导他们面对困难进行积极的解释和归因并养成正确的归因方式。

三是希望心理的开发。根据 Luthans F.，Avolio B. J.，Avey J. B.（2007）等人提出的心理资本干预模型，要想获得希望，需要制订一系列计划及其目标，克服各种各样障碍，并努力去实施这些计划。其整个过程的实现会让实施者获得希望的感觉，日积月累，这种希望的心理则会成为一种稳定的心理资本，帮助个体在任何情境中均会获得希望的体验。

四是顽强韧性的开发。顽强韧性的开发，在某种意义上可以认作为一种抵抗挫折能力的心理品质。从目前大学生的实际状况来看，积极地帮助他们塑造坚韧自强的心理品质已经是势在必行、大势所趋，而帮助大学生学习和掌握有效应对挫折的方法，更是帮助他们构建顽强而坚韧的心理品质之重点。

第七章

生命教育的人本意蕴与内容维度

教育是最具生命色彩的事业，其不仅基于人的生命需要、关注人的生命发展，而且促进和提升人的生命质量。正如国内著名教育家叶澜（2006）指出的那样：教育具有鲜明的生命性，在一定意义上，教育是直面人的生命、通过人的生命，为了人的生命质量的提高而进行的社会活动，是以人为本的社会中最体现生命关怀的一种事业。

第一节　以人为本的教育对生命教育的召唤

生命是教育思考的原点，也是教育的直接载体，教育是以丰富人的具体生命内涵为旨归的活动过程。无疑，将教育定位于“生命活动”，是从本体论角度关注学生，提供给“教育以人为本”全新的、本真的教育视角和话语体系。觉悟“人之所以为人”的凭借是教育与人的生命相接的契机。关爱和尊重每个学生的生命本性是教育以人为本的起点和基石。教育以人为本就是要关注真实的生活世界中每个鲜活的生命个体，把学生当成活生生的个体来看，深刻关注“现实的人及其历史发展”，真正以教育这一独特立场觉解生命品性。

许多哲学家都推崇和唯一笃信：“生命价值是最高价值”，教育的实用价值实存于人的生命之在。教育只有回归到人是生命在者，才能救赎人类。美国等发达国家将生命教育从大学渐次向中小学延伸，如今已纳入全民教育课程体系中。有效的生命教育是教育目的变为现实的桥梁和路径，系回归以人为本教育观本真所在。真正的生命教育是感受一种宽厚、博大的生命状态，感受并抵达一种开阔、高远的灵魂姿态。印度诗人泰戈尔曾说过：“教育的目的应当向人类传送生命的气息。”生命教育的本真在于追求人的生存根基、生存目的和生存意义，致力于彰显人的生命意义，引领人的价值实现、价值创造和价值追求。

一 以人为本教育观倡导在生命伦理中建构独立意义世界

生命哲学奠基人狄尔泰认为：意义就是生命的体验，是生命的本质力量在克服一切障碍，创造属人世界中的自我肯定、自我确证。……教育从本质上讲，是一种完美地理解生命意义的精神活动，是通过心灵体验而达到人的心灵上的融通与精神上的提升。

意义支撑是终极性的证明，生命的脆弱源自于意义的失落，人最不能忍受的是一种无意义的生活。在功利主义和消费主义盛行的当代，生命个体内在本真的需求被忽略，人生的意义日渐沉沦泯灭。

那么何谓人生的意义？现代哲学家用一种个体生命的眼光来审视人生，强调了人的个体存在性。阿尔贝特·史怀泽从伦理学角度来看，认为只有当人认为所有生命，包括人的生命和一切生物的生命都是神圣的时候，他才是伦理的。个体发展体现着个人的生命价值的实际意义。人的生活中必须充满意义，更好地活着，活出精彩，这是生命伦理学给出的教育目的的最终形态。

教育的正当目的就是要促进意义的生长。要实现这一目的，教育者需了解业已证明对文明发展有效力的意义的生长，需要在这些意义的基础上编制各门学科的课程，更重要的是要将课程文化通过教育情境生动地演绎出来。教育改革应超出受教育者自然存在的直接需求，着眼于文化、知识、人性以及人之生命的内在特质的自觉、自新，反思并尊重教育自身的独立性，积极建构属于每个个体独立而鲜活的意义世界。具体讲来，就是要解决意义世界与生活世界的冲突，要将课程文化中蕴含的丰富的、积极的、健康的价值取向和理念与生活世界有效互动，整合生命智慧与生活智慧，获取人生与社会的契合，又可充分施展个性的普遍意义的“大智慧”，这也是当前教育改革的重要指导理念。如果教育仅仅教人掌握了“何以为生”的知识和技能，却放弃了“为何而生”的思考和追问，这显然是不完整的教育。

人是一种未完成意义上的生成性存在，人不是力求停留在某种已完成的东西上，而是处于变易的绝对运动中。以人为本教育观是切实解决人与自身问题的理念，倡导了生命伦理中的独立、和谐，无条件地承认自身的价值与尊严。雅斯贝尔斯在其著作《什么是教育》中提到，从人的生存角度去观照和理解教育，并提出了教育的三个层次，其中第一层次是解决人的生命自由问题。生命不能用外在的任何尺度来衡量，防止陷入精神危机、伦理困境、内心荒芜、意义困惑中。“跨越式”发展往往打乱了独立意义世界的自觉生发、自然进化的秩序，造成价值观、伦理观所遭遇的困惑和迷茫，直接或间接消蚀着人的生命感，造成现代人人生目的的“感官化”“功利化”“短视化”。只有人们对生命的脆弱性、随机性、不可逆性、唯一性、独特性具有更深刻的认识，敬畏生命，激发更大的生命潜能，才能获取生命价值认识、生命逻辑认识、生命秩序认识及生命体验过程，达成个体内在生命的“完整成熟”。

独立意义世界的构建，是生命意义最为真实有力的寄托，也是人文教育始终关注的主题。有了独立生命意义，便有了行为自觉的自我意识，具备了完整的自我认知、自我体验、自我调控、自我抉择等情绪体验，从日常教育事实中审视与反思自我发展的价值。独立意义世界并非“自我中心”，而是代表了公共理性精神的获得，习得真正意义的公共生活，强调生命责任感与使命感，提高理性对自我灵魂的引领，把个体人格引向对卓越的追求，邂逅一些伟大的和永恒的人类思想观念。同时，生命是一个与外界交往过程中需要不断释放和补给的系统，独立意义世界意味着学生走出“自我”的圈子，深入社会，积极参与工农生产、科学实验、技术创新等教育实践活动，自觉以社会劳动者身份投入生活和创造中，体验生命的丰满与心灵的充实，以应对时代的虚无难题。独立意义世界是人之存在的目的问题，主张扬弃生物本能的冲动，能够从日益纷繁复杂的选择中理出头绪，追求更高层次的“意义”，达成人的生命意义的生成与觉悟。

以人为本教育观才是代表心灵世界的卓越，才会促使内心意义世界的完整与丰满。教育离开生命之根本，必将失去内在的动力和精神支柱，学生充其量也只能成为“一种有用的机器”，而不是“一个和谐发展的人”。与其诅咒黑暗，不如点亮我们的心灯，点燃内心的理念之光，照亮身边贴近的人。精神自我作为学生自身成长的核心维度，代表着一种更高的精神追求，要不断追求并实现。教育是生成智慧生命和道德生命，提升人生境界修养，追求人生幸福的活动。生命存在的意义在于对持有的信念极度信奉并且自觉执行，正如雅斯贝尔斯所言："教育须有信仰，没有信仰就不成为教育，只是教学技术而已。"

学校若想成为一个对学生有吸引力的场所，就要给学生留置出足够的闲暇时间；学生的生命也需要独立意义世界来充实、丰富，而不仅限于学习生活。建构独立意义世界的过程，是学生远离学业压力，依内心深处的动机、兴趣和爱好从事利于他们身心健康的事情，极大满足身心自由的需要。在这里，可以享受想象力带来的冲击，可以寻找灵感带来的创意，还可以从体验活动中获得快慰……一个重要途径是把曾被认为不重要的教育内容与形式重新捡拾起来，重视起这些能够陶冶性情、提高审美、愉悦身心、舒展肢体的教育内容与形式，从音乐之美、画笔之妙、肢体之柔中领悟到人生之美。知识的增长使心灵空间得以相应的扩展，建构独立意义世界，意在切实涵养自我心智。以教学设计为例，从分析教学目标开始已不再是教学设计的唯一，更多的教学设计渐从如何创设有利于学生意义建构的情境开始。这样更有利于学生完成和深化所学知识的意义建构，这种以意义建构为中心的生成性教育目的，通过对话与理解产生意义沟通的共识和"视界"的重叠，寻回失落的精神世界和生活世界，实现人性的复归与完满。

二 关注人的内心世界是教育的应然追求

人的发展与生物学意义上的其他生命发展的本质区别在于：人会形成自我意识。自我意识不仅仅有能力能动地改造、建构外部世界；人，唯有人，才有能力能动地改造建构自己内部的精神世界并控制、选择自己的方向，有目的、自觉地影响自己的发展方向。从人类个体意义上看，不同人发展和境界的区别，最有力的表征因素是个体建构内心世界水平的差异性。

教育过程，是现代人的生命历程中的必然过程，是立足于当下实然生命状态而追求人的应然生命的过程。生命教育的过程必然伴生教育过程和人的发展过程，是两者有机统一体、实然交汇点。当前，教育实施过程中不断涌现出一系列问题，教师的需要、成人的需要强行替代了学生的需要，教师和成人的意志无法影射到学生丰富的内心世界，使得处于旺盛需求期的学生的正当诉求无法满足，学生只能内隐于内心深处，一旦无法正常排解、缓释，特别是陷入思维的死角或触及内心伤处的情形下，后果将不堪设想。譬如，课堂教学活动是教育过程的重要内容，如果课堂教学中留给学生印象深刻的是教材、教案讲义、电脑……貌似已经被安置好的净化环境中，实则是作为教学主体的教师和学生被遗忘在课堂之外，没有关涉起人及生命，变得机械、沉闷、枯燥甚至消磨生命，失掉学生对生命发展主动权的领悟和实践，桎梏了师生对生命成长的追求。这种教育已凌驾于人之上成为本体的地位，并非课堂实施的基本价值取向，也当然无法达到预期的课程目标，严重偏离教育目的的旨归。

生命教育早已将关注起的内心世界锁定为核心内容，关注人的内心世界是积极顺应人的自然属性的表现。以此为根基点，生命教育构造出一系列教育思想、哲学体系，形成对现代科学知识学习的内在动力，更加注重人的内心选择，尽可能在现实中平抑人的内心的不平衡，化解内心的困惑，立足于培养人的“和谐发展”，努力实现人的内在需求，实现了解自我、把握自我、发展自我和超越自我。譬如，中国传统道家思想中对生命之价值追求有最深邃的洞察，指导现世的我们在纷繁芜杂的世界中，以最清醒的生活智慧，保持一份独有的心绪宁静，保持一份特别的从容、淡定、乐观。古希腊先哲也认为哲学的使命在于“人啊，认识你自己”。生命教育的核心观点就是要从教育现象中探寻和捕捉人的内心世界，通过内心世界所需所求来关注“人”，关心或触动生活者、实践者。

在日益高涨的世俗化、功利化背景下，教育在育人、化人过程中要充分彰显其鲜活生命力，这是教育关注到个体生命成长的标志性信号。在教育实践中，学校教育不仅应把学生看作是认知体，更重要、更本质是把学生当成一个完整的生命体，真正实现以人的内心世界为出发点，教育启发“人作为人”的内在觉醒。柔性的、人文化的教育取代量化的、工具化的刚性管理模式，关注人之生命的人性化，重视非定向性、开放式发展，促进教育者和受教育者双方以良好的心态投入到现实工作、学习、生活中，利于人们精神家园和理想人格的建构。以博士生师生关系为例，师生之间交往的最高境界应该是一种心与心的沟通，达成心灵性的互动，朝向共同的愿景。心灵性交往的实现有赖于导师与博士生之间心灵契约的达成，心灵契约又往往是双方相互知觉但非明确表达的、不被其他团体所共享的。因而，它需要导师与博士生的正确期待、共同愿景及相互理解与欣赏等交往要素，特别是导师要积极关注博士生的内心世界。一旦达成，双方可形成一种成人间的默契感，这不仅可在创新上不断协作突破，还能在人格塑造、心理健康教育等方面发挥建设性效应，导师也能切身感受到培养人才的那种愉快感和成就感。

无论是古代的“读书考取功名”还是现代的“知识改变命运”，无不昭示着教育对人的生命历程始终产生不凡影响力，也更加巩固了人类教育需求相较其他需求的价值优先性地位。苏霍姆林斯基强调，教育可以使人获得能够真正像一个人一样生活的丰富的精神世界。人的丰富的内心是人的全面发展的一个极其重要的标志。教育目的之一是提供受教育者通过努力学习的过程，获得知识，赢得能力，拥有“文化”资本来寻求非教育基本权利之机会，理顺人在社会中的地位与价值体现，形成良好的教育生态。这集中体现于一种内在的感受，纳悦自我，超然于实利的、非功利的价值追求，高度弘扬人的主体品格、权利意识、自治精神。让自己顽强地活着、努力让自己活得更有价值与尊严，成为课堂中最激动人心的内容，为个人才智、能量自由、生命意义的发挥创造前所未有的自由发展空间，成为生命教育的首要关注点。

随着个体意识的充分觉醒，内心世界蕴藏的巨大能量亟须发掘。关注个体内心世界是教育的方向矢量和当代教育新的价值聚集点。学生如同社会人一样，有来自学业、人际（同伴、同学）关系、家庭、成长成熟心理变化、情感、经济等方面存在困难或烦恼，这些显然已经超出了个体正常应对的水平。如果教育活动没有从人的内心世界需求入手，而是一味抽象地鼓励，效果将会很差。理想的做法应该是从他们所需、所求、所思、所感出发，他们希望事情能出现转机，能够曙光降临，事态往心里祈愿的方向转机，通过“有希望的世界”“可以自信做到”“我能”来赢取内心的强大、自信，赢得尊严和坚强的使命，提升生命本质力量的自觉水平。教育实施效果最显著之处的情景可以这样描述：在学生遭遇困境时，通过关注他们的内心世界，真诚以对，坦然面对并出现良好转机。

以当前学校中大量出现的“网瘾学生”为例做一剖析：

他们的内心世界已完全陷入且浸淫于虚拟意象的情境中，虚拟空间带来的吸引力隐蕴于网络交往的规则和语言，是否应从其内心世界和人文关怀入手更为合理是显而易见的。学生处于好奇、探索和尝试、接受新事物的年龄阶段，经历着个体不断调整和寻求自我认同、自我成就的最理想阶段，但学生自身丰富的情感世界受到现代信息工具的压抑，无形放大了智能、科技、理性在人和社会的发展中的作用，人与人之间处于失语状态，自觉不自觉在交往中戴着面具，不自觉陷入一种盲从状态和集体焦虑。从"80后"的"郁闷"，到"90后"的"纠结""hold不住"，无不反映了当代学生对"人"自身潜能和发展方向的迷失。解决的最佳方案是关注他们的内心世界，从经历中寻求力量，来平复内心焦虑，开辟通往精神生活的广阔天地，树立起正确的前行轨迹，启发人的生活觉醒，这是生命教育的关键环节之一，也是以人为本的重要内容。

三　培养学生丰富的社会属性是生命教育的上位内驱力

生为人还只是自然的人，生物学意义上的人，而只有具备人格时，才成为一个社会的人，亦即一个真正意义上的人。生命人格如同金字塔最底层的长边一样，是最根本的基础，只有这个生命人格成长得足够完整、底边够长，金字塔才是稳定和坚固的。教育是附属于社会的一个独立体系，它本身及培养的人才必然反映社会的主要特征。社会性才是决定人本质的最根本因素，人的本质应从人的社会属性中寻找。个人全面而自由的发展只有在集体、社会中才能真正实现。教育固然需赋予学生更多的知识、技术，但对其应用、体验、历练过程的传授亦不能少。简而言之，教育赠予我们对美好事物的经历，而这种美好的经历将人自身变得更加美好。无论是从法律、还是道德、或者是价值导向上，人们都逐渐被假设为必须去接受教育才能成为一个合格的社会人。

生命教育基于社会需求、朋辈文化等丰富的社会属性基础之上，彰显本色，必然变得丰富而深刻。这是走向生活世界的教育的表现，是基于人的真实生存状态的开放的、鲜活的世界。其聚焦点已经从普遍性概念性质的追求，转变为人与自然、社会的"诗意生存"以及人与人间的"视界融合"。雅斯贝尔斯说过："教育正是借助于个体的存在将个体带入全体之中。如果人与一个更明朗、更充实的世界合为一体的话，人就能够真正成为他自己。"社会关系实际上决定着一个人发展到何种程度。人的社会关系的全面丰富，意味着个人作为独立的主体越来越积极地参与各领域、各层次的社会交往，形成良性的互动。

学生的社会价值基于精神上的智能优势表现会更高，某种程度上，教育过程便是智能练就过程。智能型人才较体能、技能型人才对社会的贡献（以社会获得收益值为标准）具备显著优势。试想，大学生对人生的发展诉求更为强烈，若破除学生中广泛存在的“空中楼阁”式看问题，具备丰富的社会属性，充分认识并践行之，其适应现实社会的心理素质和应变能力均过硬，其心胸视野必然开阔，信仰朝向也必定积极向上，整体精神面貌因之而焕然一新。他们步入社会后，即便遭遇挫折、坎坷，也可坦然面对并采取果断、有效措施应对，以适应社会环境。蒙台梭利认为：“从社会学上看，教育的目的是培养个体适应环境”。当然，大学教育具备对中小学教育的“指挥棒”效应而发生传导，促使生命教育观整体上移。生命教育将使学生习得社会属性的过程是社会化过程，是实现自然的我转向社会的我，是人的发展的制约和规训的方面，未经某种程度社会化的人不可能具有主体的资格。

美国心理学家 E. H. 埃里克森强调广阔社会背景对人格发展的重要作用，他强调青少年时期建立的自我同一感，须与未来的职业生活沟通，与现实世界互动，增加个体生命活动新的内涵、维度。对于美国高中生而言，高中的学习是为未来的社会生活做准备，人们企望青少年能更广泛地参与到学校之外的社会环境中，期望他们发展一种社会责任感或者职业道德。这不由得使我们联系到马克斯·韦伯论及的新教伦理精神。基于新教伦理的内在支持，使得个人把自己的工作看成来自上帝的使命，看作神性的召唤，找到自我生命融入职业之中的动力，形成了一种天职意识，为未来拼搏做好充分预备与蓄势待发，使得生命状态在这样的社会属性中，缔造着真正的价值。

当然，生命教育过程要防止产生“过度社会化”（over socialization）。一旦出现，意味着社会环境对人具有强大的制约作用，个人自由的发展余地变得极为有限。在物质主义盛行的社会现实面前，教育的主要宗旨只是教人追逐、适应、掌握、认识、发展这个外部的物质世界，在致力于传授“何以为生”的知识和本领的同时，却放弃了“为何而生”的思考。因此，生命教育要把握社会化的个体意义和社会功能，在社会化和个性化中保持适度张力，维持平衡。通过营造阳光、向上的校内外环境来提升学生素养，使追求卓越、崇尚自然、施展个性蔚然成风。

第二节　以人为本是生命教育的根基

黄克剑（张文质，2006）认为："令教育是人学，需从人学理论发展人，发展教育，并再发展人"的"生命花的教育"。他还把教育描述为"接受知识，开启智慧，点化、润泽生命"。

一　生命教育回归于人

"从生命视角看教育"是生命教育回归于人的独特视角。它是作为对西方人特有的生命境遇的一场反省性活动而兴起的，是对西方教育盛行和弥漫着的唯智主义形而上学所导致的，是对人的具体生命的遗忘而掀起的一场反省和解蔽性活动。该研究观点主要体现为："教育中的人"是富有生命活力的个体，倡扬"把个体精神生命发展的主动权交给老师和学生""让课堂焕发生命活力""从生命的动态生成的观点把握课堂教学包含着多重丰富的含义"等，并认为，教育是以人为本社会中最体现生命关怀的一种事业。

对生命权的重视是生命教育回归于人的现实路径。生命权是人的一项基本权利，依法保障受教育者生命权是教育以人为本的重要内容。人的生命的表达、发展和提升需要以生命实践活动为载体。人与人之间是基于生命本身的联系，从生命的本真姿态去实践现实世界是教育回归于人的真实体验。实践生命的价值和意义过程，是学校教育的基础性保证，是人的发展的内在动力，也是人的生命的特征的本真体现。脱离人的实践和实践品质来谈生命，只能是空洞的生命。由于较为封闭的教育环境，与真实的实践情景脱节的教育内容以及古板的教育手段，对学生的考分、评比、获奖等可见成果过于关注，生命教育本身缺乏生命活力，缺少一种由内向外所散发的对待生命活动的触动与激情。当前不少教育不是成"人"的教育，而是成"材"、成"器"的教育。当代学生主要面临的困扰之一是对内心的追问，缺乏足够的心理适应与辨别能力，整体上存在价值困惑和认同危机。无怪乎，教育有识之士已疾呼教育学须从"知识论"向"生存论"转向。

二 实践生命的价值与意义——教育的尺度准则

教育是人的生命活动的一种生活状态，是寻求生命意义的特有的一种存在方式，是关注人之生命的生成性的重要表现。人是一种动态生成性的存在，显示其生命活跃性。判断一种教育活动是否合理，“基本的尺度是看它有没有体现对生命的尊重与关爱，有没有使每个身处教育世界中的生命都焕发了生命活力，有没有使生命的能量通过这样的教育得到了增值、提升和扩展”。

当代教育的转型在于教育成为了人学，从人自身来寻找生命的支点，来获取生命的活力。人本主义教育理论认为：关注生命，教育才能真正走进学生的心灵；关注生命，教育方可润物无声、绿意盎然。当代教育将视角更多投放给年轻的生命个体以“人的理念”，充分重视起那些赋予存在以意义的重大而超越的问题，追求“养育人的精神、发现人的价值、完善人的个性、提升人的境界”之本质使命。狄尔泰曾讲到，对生命的任何解释其实最终根基是体验，唯有体验才可真正把握生命本体。国内某主持人曾说：“对生命成长与发展的迷恋和热爱，对教育生活中生命成长苦难的正视，以及对生命成长幸福永不停歇的希望，这是教育‘人文关怀’的最高境界。”如此，学生便可充满希望生活，指向未来发展，提升生命的存在状态，体会到生命的真实与归属感。忽视和冷漠了教育对人生命的关怀，而将视野过于集中在“技术的认识旨趣”，陷入理性主义和虚无主义的囚笼中，学生生命力仅会日渐萎靡，看不到生命本然的超越之活力。

好的教育总是从对生命的敬畏和体贴入微的关怀开始，以生命的发展和生命价值的实现与提升为终点，而不是把生命价值缩减为工具价值。生命价值正是在一次次发现和征服知识与真理中得以彰显和提升。领悟生命的意义并不局限于关心自己的生命，而是要敬畏所有的生命，包括人的生命和其他生物的生命。人，只能自己改变自身，并以自身的改变来唤醒他人。学会理解、学会关心、学会生存已经成为世界性的教育问题，其实质就是教会学生践行生命的价值和意义。以课堂教学为例：教师感觉教学任务量重，学生接受知识不尽如人意；学生感觉学习压力大，对老师的教学工作心存不满，这几乎成为课堂教学的常态。究其缘故，系教学中仍拘囿于单一认识论的教育价值观，缺乏融入人性的思考，没有把课堂教学视为教师和学生共有的人生中的重要生命历程，没能将真实的教育实践与个体生命质量提升过程有机结合起来。

三　思想政治教育工作——生命、教育、人的内在关系例证分析

胡锦涛同志曾明确指出："思想政治工作说到底是做人的工作，必须坚持以人为本。"思想政治教育类课程的核心任务是依照教育目的的价值取向，根基性地回归"人"与"教育"，生命教育内容应更多渗透和增加进来，驱散学生心中的阴霾，点燃学生心中的光亮。思想政治教育目的在于：帮助学生树立正确的政治思想意识与人生价值观念并解决现实生活的困惑，为今后的社会生活做充分准备，使学生阶段成为人生"成长"过程的最佳过程。但思想政治教育的目的也并非是要完全改造人们的思想，形成定向的意识，否则就有可能会陷入封建主义或资本主义的教化、奴化思想控制的泥潭。

譬如讲，思想政治教育与微博之关系：微博的适时互动性，有助于思想政治教育工作者全面、快捷了解大学生的价值观倾向、人际交往、情感情绪，乃至洞察舆情、干预危机事件。思想政治教育工作者应将微博作为工作平台和工作新载体，用个性化、时尚化、学生化的语言传达出去，建立起思想政治教育内容与微博领域的主流意识、焦点、热点话题有效对接，增强学生学习思想政治理论的鲜活性、自觉性。

从目前来看，思想政治教育类课程开展效果并不满意，大多是"独白式"的教育，没有真正体验和相遇的观众，具体性、丰富性和真实性不足，效果自然也就并不理想。剖析其原因可能在于：其一是所传播的理论知识对受教育者内心世界的影响不明显；其二是受教育者没有主动担当起理论、知识与信念的传播者；其三是受教育者实际学习的努力程度和最终学习效果较差。与此同时，也有一批好做法、思路涌现出来，例如，有的大学开展的辅导员"谈心工程"便是一种比较有特色的做法。它既融合了思想政治教育的核心要素和刚性倾向，也叠加了心理咨询的特性需求和情感注入，很好地发挥了思想政治教育和心理健康教育的双重效用。"谈心工程"反映的是学校对大学生成长的"入微"关心和"柔性"关怀。

第三节 生命教育的内容维度

生命教育问题已经引起国内相关学者的重视，但是国内高校还没有系统的教学设计，各种实施方案也尚处在摸索的阶段。生命教育的开展就是要培养学生建立生命与自我、生命与自然、生命与社会的和谐关系，帮助学会关心自我、关心他人、关心自然、关心社会，能够热爱生命，理解生命的意义和价值并注重提高生命质量。（彭霞、王鑫强、郭成，2011）

下面将从七个方面来系统介绍本书对生命教育内容维度的一些思考。

一 自我效能与生命教育

心理学家 Bandura A. 认为，自我效能感是指个体对自己是否有能力为完成某一行为所进行的推测与判断。已有研究发现，个体生命意义感和自我效能感有着密切关系，生命意义感越高，则自我效能感越高，反之亦然（张慧超，2012；张姝玥，许燕，杨浩铿，2010）。王芳（2012）的研究也证明了自我效能感与生命意义感呈现正相关关系。因此，对大学生进行生命教育应该首先从提高个体的自我效能感入手。

1. 引导大学生建立合理的标准

很多大学生在进入大学校园后会发现，身边都是和自己同样优秀或者比自己更为优秀的学生，新的竞争会使得之前由于成绩带来的优越感逐渐降低。另外，我们的大学一直营造的是积极向上的环境，促使学生以更高、更好的标准来要求自己，而标准的提高并不意味着学生的自我效能感也随之提高；相反，由于达不到自我设立的标准，学生很容易产生挫败感，对自己的能力产生质疑，甚至质疑自己生命的意义。因此，我们不能一味地给学生设定高标准，还应该同步提高学生的自我效能感。

2. 开展多种形式活动帮助大学生提高自我效能感

事实证明，成功经验对于学生自我效能感的培养最为有效，教师可以根据学生的兴趣和特长，设定各种形式的活动，使学生们在活动中积累成功经验，增强其自信，从而提高他们的自我效能感。另外，也可以通过强化学生成功体验的方式，如组织学生进行“我的成功”主题演讲等活动来增强学生的自我效能感。

3. 引导大学生建立积极的归因方式

心理控制源对于个体的自我效能感有着重要影响。王芳（2012）研究中显示内在控制源即内归因与自我效能感呈现正相关关系。由此可见：正确的归因方式有利于提高学生的自我效能感；反之，则不利于自我效能感的建立。而此研究中对大学生的心理控制源与生命意义感的相关结果也可以看出，大学生的生命意义感部分受心理控制源的影响。因此，正确的归因不仅能促进个体的自我效能感的提高，还能直接帮助个体获得较高生命意义感。大学生正处于社会化未成人的阶段，其归因方式可以通过干预而改变的。因此，学校教育应注重学生内部归因的培养，鼓励学生将归因方式由外部转向内部，使其从学习、社会实践和人际交往中体验到自身价值，在成败面前倾向于分析自身的原因。这些举措和做法将有助于个体提高自我效能感，从而获得更高的生命意义感。

二　完美主义与生命教育

完美主义是一种稳定的，追求高标准地完成任务并伴有批判性自我评估倾向的人格特质。

人生意义与积极完美主义具有正相关性（臧爽、计永利，2011），廖星（2011）使用杨宏飞、张小燕和赵燕（2007）编制的“大学生一般完美主义量表”[①] 对 316 名大学生进行团体施测，发现可以将大学生划分为四种类型的完美主义：积极型完美主义者（34.81%）、混合型完美主义者（21.52%）、消极型完美主义者（24.37%）和非完美主义者（19.30%）。积极型完美主义者相对于另三类完美主义者，表现出较多的正性情绪；混合型完美主义者和消极型完美主义者相对于另两类完美主义者，表现出较多的负性情绪。

① 该量表有两个维度：追求高标准和在乎缺点，前者属于积极完美主义，后者属于消极完美主义。杨宏飞等人报告的追求高标准和在乎缺点的内部一致性系数分别为 0.84、0.84，分半信度为 0.85、0.79，重测信度为 0.72、0.78，追求高标准与自尊显著正相关，在乎缺点与心理症状呈正相关，与自尊和生活满意感呈负相关。本研究中，追求高标准和在乎缺点的内部一致性系数分别为 0.90、0.87，分半信度为 0.89、0.85。量表采用 5 级计分的方法，得分越高，完美主义倾向越明显。

表 7-1 各类完美主义者正性情绪和负性情绪得分比较

	A（n=110）积极型完美主义者	B（n=68）混合型完美主义者	C（n=77）消极型完美主义者	D（n=61）非完美主义者	F	事后检验
正性情绪	31.13±5.75	28.82±6.89	27.57±4.70	29.21±5.88	6.025**	A>B；A>C；A>D
负性情绪	20.58±5.46	26.18±7.15	25.61±5.39	20.62±5.58	21.248***	B>A；C>A；B>D；C>D

注：* $p<0.05$，** $p<0.01$，*** $p<0.001$。

从表 7-1 可知，要培养拥有积极型完美主义个性的人，因为积极型完美主义者的正性情绪较多，他们的生命意义感较强。如前所述，生命意义主要包含人生意义的体验和人生意义的追求两个部分。对个体而言，生活体验固然重要，但个体为自己的人生目标不懈奋斗的过程也同样不可或缺。一个明确的人生目标，不仅仅是为个体提供了前进的方向，更是驱动个体不断奋斗的原动力。一些大学生常常抱怨生活无聊，未来迷茫，这其实都是由于缺乏一个明确的目标，不知道自己奋斗的方向，虚耗精力，从而质疑自己存在的意义。一项关于大学生生活目标的调查也显示，平时那些生活态度积极、获得较大价值感和成就感的大学生，都是有着明确目标，并不断向目标迈进的人。因此，生命教育的内容之一就是要引导学生确立一个正确的人生目标，鼓励他们为之努力奋斗，在有价值感的活动中体验生命的意义，实现生命的价值。另外，还需要通过心理健康教育工作，让大学生学会接纳自己，特别是学会接纳自己的弱点，只有这样才能够不怕犯错，勇于创新，不断开创新的思路和领域，让自己的人生更有意义。

三 应对方式与生命教育

应对方式是人们为了对付内外环境要求及其相关的情绪困扰而采取的方法、手段或策略。杨英英（2013）研究发现大学生的生命意义感与应对方式存在显著相关：生命意义感总分与解决问题、求助这两个应对方式呈正相关，与自责、幻想、退避、合理化这四个应对方式呈显著负相关。生命意义体验因子与解决问题、求助这两个维度呈显著正相关，与自责、幻想、退避、合理化这四个维度呈显著负相关。而生命意义寻求因子与六种应对方式的相关不显著。生命意义感与成熟型应对方式呈显著正相关，与不成熟型、混合型应对方式呈显著负相关。生命意义感是个体对存在的意义感和自我重要性的感知，因此，那些在面对应激事件时，能够采用成熟应对方式的个体，他们的生命意义感更高，也更能够体验到自己存在的意义与价值。而那些越是采用不成熟或混合应对方式的个体，他们的生命意义感越低，因为这样的个体往往不敢于直面压力事件，容易逃避和自责，无形中降低了自身的价值和自己的生命意义感。

高校要注意引导大学生采取包括解决问题、求助等在内的成熟应对方式。在面对应激事件时采取积极成熟的应对方式，有助于大学生提升生命意义感。杨英英（2013）研究发现，尽管大学生所采取的应对方式是按照解决问题、幻想、求助、退避、合理化、自责的顺序而展开的，解决问题、求助等成熟的应对方式的排名排在了大学生所采取的应对方式顺序的前列，但是实际上，在大学生群体中，这六种应对方式的分值并无很大的差距，这一结果必须引起教育者们的广泛关注。这是因为，大学生作为一个特殊群体，他们处于青年早期，是个体心理发展的高速期，此时的他们既要应对自己心理发展中出现的烦恼，又要应对生活中的各种压力，比如学业竞争、人际关系、就业等。大学生们采取成熟度不同的应对方式面对这些应激事件时，一定会在不同程度上影响到他们对生活质量的评价，以及对生命意义的感受，进而影响到他们的身心健康水平。研究中发现，应对方式在性别、是否获奖、年级上存在显著差异。（杨英英，2013）因此，在培养大学生积极成熟的应对方式时，可适当地从性别、年级、是否获奖等角度切入。如：大学低年级的学生在面对应激事件时，更倾向于采用自责、退避、幻想等不成熟的应对方式，这很可能与他们刚刚开始大学生活有关；而在上大学之前，他们的生活阅历不够丰富，使得他们缺少积极应对方式的策略。为此，应该多花一些时间向低年级大学生讲明各种应对方式的心理机制与优缺点，丰富他们的应对方式策略库，并帮助大学生在面对应激事件、遇到问题时，主动地尝试应用各种成熟而合理的应对方式，逐渐体会该类应对方式带给生活的积极影响，使大学生们的生命意义感逐步得到增强。

四 自我和谐与生命教育

自我和谐主要反映个体内在的平衡及自我与经验的协调一致，是个体的内在心理环境（Rogers C. R.，1959）。而人际关系体现了个体与他人的心理联系，是个体生存的外在心理环境。个体和谐的自我状态和健康的人际关系有助于个体获得较高的主观幸福感体验。因此，对于促进大学生的自我和谐，改善人际关系，进而提高主观幸福感，我们提出以下几点建议：

1. 构建民主家庭，营造和谐自我的第一环境

家庭是社会的最小单位，也是个体最早接触的社会环境。家庭教育、家庭氛围等因素对个体健全人格的形成有不可忽视的作用，而自我和谐作为人格范畴的重要概念，必然与家庭有着密切的联系。Rogers C. R. 认为，引起自我不和谐的原因之一是个体处在有条件的积极关注下，社会自我与现实自我不一致（Rogers C. R.，1959）。为此，比较理想的情况是在家庭中，父母能够给予成长中的个体更多无条件的积极关注，使个体形成易于达到自我和谐状态的人格基础。在教育理念上，父母以及其他的家庭成员之间应尽量保持一致，避免造成孩子因为搞不清楚成年人之间相互矛盾的理念而无法做出正确的选择，这都会为自我不和谐的发生埋下隐患。对于父母教养方式等对自我和谐的影响，很多学者认为，民主型父母，更有利于个体对自我进行探索，对自己有正确的认知。因此，营造一个开放、民主的家庭氛围，给予个体尽可能多的无条件的积极关注，能为个体和谐自我的形成提供最初的环境。

2. 注重人格教育，引导大学生树立对自我的正确认知

进行大学生人格教育，首先要引导大学生对自己的人格有一个全面客观的认识，进而运用心理学技术和方法弥补自己的缺陷，发展自己的优势，塑造健康的人格。个体在大学阶段正在经历着人格形成发展的重要时期，其人格特点还没有定型。因此，学校应该对该发展阶段的个体，开展适当的人格教育，帮助大学生对对自身形成正确认知，以维持自身与经验间的平衡，实现自我和谐。

个体是在与他人进行社会比较的过程中，一步一步地开始认识自我

的。此时，心理教育工作者要教给大学生用“辩证思维”认识自己和他人，大学生由于自我认识水平有限，在与他人比较时，很容易由于自我评价过高或过低形成消极、不正确的自我认识。因此，应当引导大学生在社会比较的过程中用全面、发展、联系的眼光看问题，而不能片面、静止、孤立地看待，既要横向与他人比较，也要纵向与过去的自己比较。全面客观地认识接纳自我与他人的差距，也接纳自我与经验的差距，形成积极、和谐的自我观念。

3. 开展实践教育，促进自我和谐、人际关系的提升

个体能够在实践活动中，通过与他人的接触不断地发现自我、完善自我，进而形成客观正确的自我概念。而且，各种人际关系也是在实践活动中建立起来的。这就要求学校进一步改善现有的教育体制，落实素质教育，给学生提供足够的时间和空间发展个性，提供丰富的探索自我的机会。让大学生在接触社会的过程中进一步认识自我，判断自己在社会群体中的定位，建立恰当的目标。同时，个体在社会实践的过程中，与他人进行信息的交流和情感的沟通，在和谐的氛围中学习人际交往的技巧，并通过反馈得到良性强化。在实践中完善自我和谐度，建立健康、和谐的人际关系，进而提升其主观幸福感。

五　时间管理与生命教育

时间管理，是指个体以提升个人的工作效率和追求幸福美满的人生为目标，通过运用有效的策略，合理安排和管理时间，避免不当的时间浪费，而进行的有计划的时间配置的行为方式。冯晨旭（2013）研究表明，生命意义感总分与时间管理倾向各个维度相关均显著，其中相关系数最高的是与时间监控感（$r = 0.254$）。因此要对大学生进行生命教育，就需要帮助大学生提升其时间管理能力。

大学生时间管理能力的提升极为迫切并且必要，但是在我国，相比于高校而言，企业比较看重时间管理能力，因为只有善于管理时间的人，才能有更为高效的工作节律。但是我国的教育体系中，从高中到大学均没有与此相关的教育内容和教育环节。可想而知，让没有受过这方面训练的大学生们，进入职场之后再去重视时间管理能力的培养、着手提高自己的时间管理能力等问题，恐怕已经是为时太晚，这很可能使得大学

生与自己心仪的工作机会失之交臂，造成更大的就业压力。由研究结果可以看出，大学生对于自己的时间管理以及规划并不是十分擅长，但令人欣慰的是，他们已经意识到这一现状的严重性，希望在上大学期间，接受专业教育的同时，能够在这些方面获得相应的提高。如此一来，辅导大学生提高自身时间管理能力的重任，必然就落在了高等教育的身上。高校在开展各种专业课教学的同时，应该开设时间管理培训相关的课程，使得大学生可以在课堂上学到实用的时间管理策略，掌握相关的技能，从而应用到自己的学习和生活中去。同时，帮助他们养成随时随地将良好的时间管理技能融入日常生活之中，使之逐渐变成为一种个体娴熟地把控时间的能力，并养成习惯，从生活的一个局部、一个细节开始慢慢地运用于生活、工作与学习的方方面面，这样才可以更好地提高生命的质量，感受生命的意义。相信大学生通过接受时间管理能力的教育与培训，必将使他们因为能够更好地掌控自己的生活样态，使之充实富有意义而受益终生。

六　自我状态与生命教育

Berne E.（1962）把自我状态定义为“一种把感情、思考以及与其相关联的行为方式统和在一起的结构”。交互作用分析理论对人格进行了全新的解释，它将人格分为父母自我状态（P）、成人自我状态（A）、儿童自我状态（C），并对这三个状态分别予以分析。

杨英英（2013）研究结果发现，大学生的生命意义感与他们的自我状态存在显著的相关。生命意义感总分与控制型父母自我状态呈显著正相关（$p<0.05$），与照顾型父母自我状态、成人自我状态以及自我状态总分呈显著正相关（$p<0.01$），与适应型儿童自我状态呈显著负相关（$p<0.01$）。可见，帮助大学生调整自我状态，将有助于提高个体的生命意义感。

提升自我状态既有助于改善人际关系，又有助于提升个体的生命意义感。大学生了解自己的自我状态中自己分值低的部分，然后有针对性地提升该自我状态的能量，是一条非常好的路径。例如，控制型父母自我状态低的人，往往不能够申明自己的主张，缺乏责任感，遵守规则义务的能力欠缺等。提升的方法包括，不要羞于表达自己的想法、遵守预定的时间、明确作息时间等。照顾型父母自我状态低的人，通常不会照顾也不会赞美他人，通常人际关系不好。提升的方法包括：自己主动开口和别人打招呼、给有困难的人提供帮助、照顾比自己年龄小的人等。成人自我状态低的人，通常不太擅长冷静、理性地采取行动。提升的方法包括，用便签和记事本记录要做的事情、多看报纸和新闻等。自由型儿童自我状态低的人，顽固、不想让自己融入环境，欠缺协调性，总是以自我为中心。提升的方法包括，尊重对方、学习使用客气的语言、认真倾听对方、得到对方的许可后再做事等。适应型父母自我状态低的人，情绪调整比较慢，缺乏活力，人际关系流于表面。提升的方法包括，学习把想到的事情直接表达出来、多使用感叹词、主动加入到别人的交谈之中等。

七　人生定位与生命教育

人生定位（life position）来源于交互作用分析理论，该理论由结构分析、沟通分析、游戏分析和脚本分析四个主要部分组成。结构分析，即前面提到过的人格结构分析，以 P（Parent）、A（Adult）、C（Child）三种自我状态为基本而架构的人格理论系统。沟通分析指的是人与人之间以何种自我状态进行沟通的分析，包括互补沟通、交错沟通和隐匿沟通三种形式。游戏分析是指人与人之间在互动过程中，透过潜意识，在不知不觉中，所进行的一种心理游戏。脚本分析则是一种揭示早期人生态度的方法。人生定位属于脚本分析中的一个概念，包括“我行，你也行（I'm OK，You're OK，I + U +）”、“我不行，你行（I'm not OK，You're OK，I - U +）”、“我行，你不行（I'm OK，You're not OK，I + U -）”、“我不行，你也不行（I'm not OK，You're not OK，I - U -）”四种（Berne E.，1962）。

段琪（2011）分析了某高校 360 名学生的人生定位特点及其与心理幸福感的关系，印证了大学生群体中存在着这四种类型的人生定位。研究发现，四种类型的人生定位在本次调查的大学生群体中所占比例，依次为 21.3%，17.7%，33.6% 和 27.3%；“我行”“你行”与心理幸福感的各维度及总分均有显著相关。“我行，你也行”人生定位是最为理想的人生定位类型，拥有这种人生定位的个体，其交往焦虑水平最低，心理幸福感水平最高。“我不行，你也不行”是最不理想的人生定位类型，拥有这种人生定位的个体，存在着严重的交往焦虑，心理幸福感的水平也很低。从研究结果看，“我行，你不行”和“我不行，你行”两种类型的人生定位，在人际交往和心理幸福感方面居于“我行，你也行”和“我不行，你也不行”之间，但其中拥有“我行，你不行”人生定位的个体，要比拥有“我不行，你行”人生定位的个体稍显理想。通过观测人生定位与心理幸福感的关系，证明了人生定位对于个体生命发展的重要性。因此，在今后的心理健康教育和心理咨询工作中，应该可以从人生定位的视角出发，以改善大学生的人生定位为切入点，使更多学生受益，提升他们的生命活力。

段琪（2011）还使用“儿童心理虐待与忽视量表”①，探讨了人生定位中“我行”“你行”和心理虐待与忽视的关系，结果如表7－2所示。

表7－2 “我行”“你行”与心理虐待和忽视及各维度之间的相关系数矩阵

	责骂	恐吓	干涉	心理虐待	情感忽视	教育忽视	身体/监督忽视	忽视
我行	-0.313***	-0.216***	-0.180**	-0.266***	-0.233***	-0.198***	-0.199***	-0.231***
你行	-0.251***	-0.198***	-0.123*	-0.211***	-0.211***	-0.185**	-0.194***	-0.225***

注：* $p<0.05$，** $p<0.01$，*** $p<0.001$。

“我行”“你行”与心理虐待和忽视及各维度均为显著负相关。该结果表明，那些在儿童期遭受心理虐待和忽视的个体，在其日后的成长过程中，很容易认为自己“不行”，或者认为别人“不行”。持这种观点的个体，自然很难构建“我行，你也行”的积极人生定位。

为了进一步探索心理虐待和忽视对“我行”“你行”的直接预测作用，分别以“我行”和“你行”作为因变量，“心理虐待”和“忽视”作为自变量，进行回归分析（逐步回归）。回归分析结果显示，“我行”为因变量时，“心理虐待”进入回归方程（表7－3），而当“你行”为因

① 内含两表：（1）虐待量表：责骂、恐吓、干涉三个维度；（2）忽视量表：情感忽视、教育忽视、身体/监督忽视三个维度。

变量时，“忽视”进入回归方程（表7－4）。由表7－3可知，心理虐待对“我行”的贡献率为7.1%，标准为β系数为－0.266。而由表7－4可知，忽视对“你行”的贡献率为5.1%，标准化β系数为－0.255。

表7－3　　回归分析模型摘要

	r	R^2	ΔR^2	标准化β系数	t
心理虐待	0.266	0.071	0.071	－0.266	－5.018***
因变量：我行	—	—	—	—	—

注：$*p<0.05$，$**p<0.01$，$***p<0.001$。

表7－4　　回归分析模型摘要表

	r	R^2	ΔR^2	标准化β系数	t
忽视	0.225	0.051	0.051	－0.225	－4.210***
因变量：你行	—	—	—	—	—

注：$*p<0.05$，$**p<0.01$，$***p<0.001$。

回归分析结果显示，“心理虐待”对“我行”有直接的负向预测作用，“忽视”对“你行”有直接的负向预测作用。即，遭受到童年期心理虐待的个体更容易产生“我不行”的想法，遭受到童年期“忽视”的个体更容易产生“你不行”的想法。（段琪，2011）

由研究可以发现，童年期遭受心理虐待和忽视，将非常不利于个体建立起良好的人生定位类型。研究同样验证了人生定位是从人生的早期就开始建立的观点，即它是在父母与儿童早期的交互作用过程中建立起来的（Boholst F. A.，2002）。因此，父母在孩子儿童期所采取的言行，对孩子人生定位的构建是至关重要的。如果说，人生定位关乎个体在生命进程中，以何种态度与社会相接触，那么，儿童期的心理虐待与忽视问题，则是一种对人生发展产生重要作用的因素。国内外众多研究表明，儿童期心理虐待与忽视会导致成年后出现情绪问题（Marcia W.，Dawn H.，Steve C. et al.，2007；姜红娟、邓云龙、潘辰、黄莉，2010）、心理问题（谢智静、唐秋萍、常宪鲁、邓云龙，2008；常宪鲁、王云华，2008）、人格障碍（Audrey R.，Tyrka M. C.，et al.，2009；廖英、邓云龙、潘辰，2007）等。因而作为父母要尽量避免虐待和忽视幼儿，要给孩子足够的肯定，同时传授给他们认可他人的心态，以帮助孩子形成“我行，你也行”的人生定位，从而增加儿童的幸福感体验，形成积极的人生观，缔造生命的辉煌。

第八章

自主成长视域下提升个体生命意义感的实践教育路径

生活在世界上的每一个人都希望自己拥有一个充满意义感的人生，希望自己时刻体验到人生的幸福感。但是在很多时候，有关生命意义的追寻，对生命意义感的深度感知，需要人类对自身的不断探索。

怎样的人生才能拥有能够启迪心灵的震撼？怎样的幸福才是一种对生命价值的掷地有声的回答？这是每一个有思想的生命体对自身灵魂的必然拷问。或许，有些人认为没有必要思考这些问题，在他们看来，活着，觉得幸福就好。只有那些拥有着积极的生命意义感的个体，他们才会更为深刻地理解自己的生命无法重复，也不可能被他人所替代。生活在世界上的每一个人都是独特的，只有尽自己最大的努力为自己的存在负起最大责任，才会有真正意义上的幸福体验。但是，人并不是生来就可以获得如此美妙的人生体验的，他需要真正地觉察并探索自己的内心，在纷繁的大千世界中学习掌控自己的力量。因此，站在个体自主成长的视角，思考提升个体生命意义感的可操作路径，是当代大学生的必修课。

在调查研究中发现个体的应对风格、时间管理倾向、自我和谐等等会影响个体的生命意义感和幸福感。这些元素均属于个体的非智力品质的养成问题。为此，需要从非智力品质出发，引导个体掌握提升生命意义感的具体方法，包括情绪的调控、性格的塑造和认知的改善等。

第一节 情绪为生命意义感着色

●**心理成长故事专栏8-1**

有位富人有个很特别的习惯，他一和别人生气就绕着自己的房子和土地跑三圈。这个习惯一直坚持了下来，哪怕他已经很老了，走路都要拄拐杖了。虽然后来他的房子越来越大，土地也越来越广，而他一生气时，仍要绕着房子和土地跑三圈，不管是不是汗流浃背。当他走路都要拄拐杖了，生气时还是坚持拄着拐杖绕着土地和房子走三圈。

一次，富人又拄着拐杖绕着房子走，到太阳下山了还在坚持。孙子怕他有闪失，就跟着他并问："爷爷！您一生气就绕着房子和土地跑，这是为什么？"

富人说："年轻时，我一生气就绕着自己的房子和土地，边跑边想——自己的房子这么小，土地这么少，哪有时间和精力去跟人生气呢？一想到这里，我的气就消了。我就有了更多的时间和精力来工作、学习了。"

孙子又问："爷爷！您年老了，成了巨富，为什么还要绕着房子和土地跑呢？"

富人笑着说："老了生气时，我绕着房子和土地，边跑我就边想——我房子这么大，土地这么多，何必跟人斤斤计较呢？一想到这里，我的气就消了。这样有益于身体健康。"

一 何谓情绪

所谓情绪，就是人对客观事物态度的体验，是人的需要得到满足与否的反映。人在活动中，在接触客观世界时，并不是单纯地认识事物，而总是对客观事物抱有一定的态度，同时在内心产生一种特殊色彩的体验，这种态度、体验就是通常所说的情绪。它无处不在，无时不有。情绪的产生是以客观事物和对象是否满足人的需要为中介的，即需要是情绪产生的基础。（高希庚、孙颖，1999）

二　情绪的分类

情绪的表现形式是多种多样的，自古以来，对情绪的分类更是多种多样，有“有情说”“七情说”“九情说”，也有依据对面部表情的特征变化定义的十种情绪，即兴趣、愉快、痛苦、惊奇、愤怒、厌恶、惧怕、悲哀、害羞和自罪感。而从现代心理学的角度，依据情绪发生的强度、持续性和紧张度，又把情绪状态分为心境、激情和应激。

1. 心境

心境是一种比较持久的、微弱的影响人的整个精神活动的情绪状态，可以形成人的心理状态的一般背景。具体讲，当一个人处于某种心境中，往往会以同样的情绪状态看待一切事物。良好的心境使人有万事顺心如意之感，什么事做起来都很容易。相反，不良的心境则使人感到凡事枯燥，索然无味，整个人也表现得抑郁忧愁，整天愁眉苦脸，容易被不值得的小事激怒，甚至大发雷霆，遇到一些困难也很难克服。面对同样的半杯水，乐天派会欢呼：“呀！还有半杯水!”，而悲观派则会哀叹：“只剩下半杯水了……”同样的半杯水却产生了截然不同的两种情绪，这就是心境对人的情绪的影响。

引起心境的原因往往是生活中的一些平常事情。如学业的顺利或逆境、事业上的辉煌或滑坡、人际关系的和谐或紧张、生活环境的优雅或恶劣、自然生态的绿化或破坏、身体是否健康、人体生物节律是否失调等，甚至对过去生活片断的追忆都会使人产生情绪体验，导致相应的心境出现。可见，心境与个体的生活状态密切相关。

2. 激情

激情是一种强烈的、短暂的、爆发式的情绪状态。大致有四种表现：暴怒、狂喜、恐惧、极度悲伤与绝望。

从生理学角度上看，激情是客观外界对个体施加了超强的刺激，使大脑皮层对皮下中枢的抑制减弱甚至解除，从而使皮层下的情绪中枢强烈兴奋的结果。青年人由于内抑制和自我控制力尚处在发展阶段，表现更为突出。处于激情状态下的个体，认识范围缩小，往往意识不到自己正在做或准备做什么，因而也就不能正确地评价自己的行为及其意义，结果做出一些后悔莫及的事情。当然，如果在正确方向的指引下，激情所带来的能量也可以提高人的认识能力和活动效能，推动个体积极地发出行动的巨大动力。因此，青年人应积极主动地克服不良的激情状态，动员意志力有意识地控制自己，或想方设法转移注意力，以冲淡激情爆发的程度，减小它的负面影响。

3. 应激

应激是出乎意料之外的紧张和危急情况下引起的情绪状态。一些突如其来的十万火急情况，通常都需要人们能够迅速地进行判断，并在一瞬间就做出决定。这样的紧急情景会触动人的整个机体，并很快地改变机体的激活水平，使心率、血压及肌肉紧张度发生变化，从而使主体迅速而自动化地判明情况，利用过去经验，采取果断措施，投入瞬时应急防御状态，引起情绪的高度应激化。

在日常生活中，应该尽量减少或避免不必要的应激状态，因为人如果长期处于应激状态会破坏人的生物化学保护机制，这对健康是非常不利的，有时甚至是很危险的。但是，出乎意料之外的事在生活中又往往是在所难免的，为了使个体在应激状态下急中生智，当机立断摆脱困境，需要个体有意识地训练自己在应激状态下的反应。

三 情绪与生命意义感

整日处于不良情绪的个体，是不可能拥有积极的生命意义感的。一些容易发生情绪困扰的个体，他们每天面对自己的负性情绪，很难采取灵活变通、更为适应自身处境的应对方式改善周边环境。他们的生活会因为恶劣的心境而变得压抑凌乱，毫无章法，此时的他们根本谈不上使用任何时间管理的技巧。由于他们被负性情绪所困扰，也使他们更多地关注自我，无暇与他人进行良好的沟通，致使人际关系陷入困境，和谐自我的状态被打破。可见，保持良好的情绪对个体提升生命意义感具有重要的作用，学习情绪的调控，更是个体提升生命意义感的必经之路。

1. 情绪困扰产生的原因

影响个体情绪的因素分为个体自身因素和外界因素两种。个体自身因素主要是指个人特质对某些心理疾患有较高的易感性，它属于一种潜在的、本质的、主观的因素。外界因素是指引起心理疾患的直接压力或心理创伤。

有些个体，他们的情绪发展不稳定，再加上其他一些非智力因素的培养和熏陶没有跟上，会导致心理承受力差，具体表现为，顺利与受宠成为他们的心理定式，他们能成功但不能失败；能受表扬但不能被批评；能依赖但不能自主……一旦环境变得与先前不同，自然就会有一种挫折感。这种挫折感如果时间长、强度大，当事人就会变得自卑、失望、心灰意懒、绝望轻生。所以，对这些个体来讲，其自身不成熟且缺乏抗挫折力以及存在的非辩证的思维方式，是引发其生活不幸福的致命要素。

青年人在当今一个竞争激烈的社会中，他们要想在社会中生存，就必须参加到强者的竞争之中。大学生作为一个高素质、高层次人群，置身于社会的变迁，不可避免地会面临适应与发展的严峻挑战，而且由于大学生所处的年龄阶段及学业任务，使得他们所面临的适应与发展问题更加突出。比如，生活环境的改变（由家庭到学校），生活能力的考验（由依赖到独立），人际关系的调适（由中心人物到普通一员），学习竞争的压力（由得心应手到忙于应付），社会就业的紧迫（由世外桃源到残酷现实）等等。都使大学生们感到个体适应的任务是何等艰巨，而且在每一个适应阶段，适应的相对平衡期缩短，动态的调整期变长，也就是说，当大学生们好不容易建立起了一个适应模式，没有持续多久，就变得不适应了。大学四年他们似乎始终都会感觉到身上的压力，特别是一些没有充分思想准备的大学生，总是仓促应战。这种状况持续的时间越长，个体经受的应激压力也就越大，而经常处于这样或那样的应激状态，恰恰是导致其不能感受人生幸福的外界因素。（高希庚、孙颖，1999）

2. “脆弱个体”与“成熟个体”观

“脆弱个体”与“成熟个体”观认为，日常生活中不同个体在不同的生活事件下的状态表现是不一样的，即生活事件对个体产生的精神刺激是不一样的。美国的 Holmes TH 等人于 1967 年编制了著名的“社会重新适应量表”，认为不同的生活事件引起的精神刺激可能大小不一，丢失一件衣物与经历一场浩劫是不能等量齐观的。

作者在临床一线的心理咨询实践工作及研究中，可以证明如下两个事实：其一，即便是相同的生活事件，对不同性质的个体所产生的精神刺激在“质与量”上也是不一样的；其二，任何一个单独的生活事件几乎是不会击垮一个人的，而只有当很多生活事件（特别是负性生活事件）

的累加才会使得个体的心理发生异常，单独的生活事件的作用只在于是否是“压垮骆驼的最后一根稻草”（图 8－1）。（孙颖、张宝帆，2002）

图 8－1 压垮骆驼的最后一根稻草

于是我们发现，在理论上是完全可以用一个生活事件来鉴别出“脆弱个体”和“成熟个体”的，因为“脆弱个体”和“成熟个体”的本质区别就在于：在负性生活事件的累加过程中，他们在处理生活事件的方式上存在着很大的差异。

“脆弱个体”是以一种毫无意识，非常被动、消极的方式任由负性生活事件不断累加，施力于个体，直至个体感受到一种无法承受之重，而“成熟个体”则相反，他们在生活中对负性生活事件所引起的个体情绪变化（良好情绪的引退和负性情绪的蔓延）知觉性是很高的，当他们意识到情绪的变化后，他们会立即筛查生活中的各种事件，找出引起他们负性情绪的生活事件，及时加以解决，即便无法解决，他们也不会像“脆弱个体”那样，消极地将挫折看成是一种阻碍，而是将挫折看成是个体成长中的必经过程，是成长的代价，他们是抱着一种积极的心态，尝试着从新的视角剖析该生活事件给个体带来的启示，学会从挫折中成长。

这一理论和现实生活经验是吻合的：即任何外界因素都是客观存在的，但并不是所有的不良外界因素都会让个体产生不幸福的体验，更不是所有的“不幸”者都全部地、毫无例外地发生心理疾患，而只有当它作用于“脆弱个体”时，心理疾患才会发生，“不幸”的体验才会越发的

深刻。（孙颖、张宝帆，2002）

在青年人中，应该说大多数个体都能接受打击、适应环境，尽管他们面临或曾经面临各种不良的外界因素也不能使他们发生心理疾病。而对于大学生群体中那些存在严重人格发展缺陷或对于心理疾患感染性较高的“脆弱个体”，任何具有诱发作用的事件或因素，都能构成致病的“诱因”。而这时这些个体，他们的情绪很容易受到一些负性生活事件的影响，使他们自己经常陷入情绪困扰之中。

3. 负面情绪的特点和危害

情绪管理，就是用正确的方法，用正确的方式，探索自己的情绪，然后调整自己的情绪，理解自己的情绪，放松自己的情绪。

也就是说，情绪的管理并不是压制或者消除负面情绪，而是在觉察情绪后，及时地调整情绪的表达方式。有的心理学家认为，情绪的调节是个体管理和改变自己或他人情绪的过程。在这个过程中，通过一定的策略和机制，使情绪在生理活动、主观体验、表情行为等方面发生一定的变化。情绪固然有正面和负面，但真正的关键不在于情绪本身，而是情绪的表达方式。以适当的方式在适当的情境中表达适当的情绪，就是健康的情绪管理之道。

人对情绪的自控能力强弱与人生幸福与否，以及自己是否能够拥有良好的生命样态有密切的关系。人与人之间的智商并没有明显的差别，但是，有的人之所以幸福，有的人之所以不能幸福；有的人能够体验到生命意义感，而有的人体会不到生命意义感，与每个人是否能够有效地控制自己的情绪不无关系。之所以这样讲，是因为从某种意义上讲，情绪不仅能够很好地表现出人们对于同一个事件的反应，而且情绪的状态本身就是个体生活品质的一个指针，一个拥有幸福体验的人、一个能够感受生命意义的人，他在一些应激事件面前，表现出的是积极乐观的情绪，而不是消极悲观的情绪，这样的个体始终都会对生命充满期望与希冀。一个人只有在良好的情绪状态下，他对于生命意义感的思考和追寻才是积极而正向的。为此，个体应该认识到一些负面情绪的特点和表现，才可能帮助自己做好必要的情绪管理。

①愤怒。美国一些心理学家做了一项实验，他们把正在生气的人的血液中所含的物质注射到小老鼠身上，并观察他们的反应。一开始，这些小老鼠表现为呆滞，整天不思饮食。几天后，它们就静静地

死掉了。

美国的一位生理学家为了研究情绪状态对健康的影响，设计了一个很简单的实验：他把数支玻璃管插在正好是0℃的冰水混合物容器里，然后分别注入人们在不同情况下的呼出来的“气”，即用人们在悲痛、悔恨、生气时呼出的水汽和他们在心平气和时呼出的水汽作对比实验。结果表明，当一个人：心平气和时呼出的水汽冷凝成水后，水是澄清透明、无杂质的；悲痛时呼出的水汽冷凝后则有白色沉淀；悔恨时呼出的水汽沉淀物为乳白色；而生气时呼出的“生气水”沉淀物为紫色。他把“生气水”注射到大白鼠身上，几十分钟后，大白鼠就死了。由此可见，生气对健康的危害非同一般。

②憎恨。一位幼儿园的老师决定让学生做个游戏。他让幼儿园的孩子们带一些土豆来，并在每个土豆上写上他所憎恨的人的名字。土豆的数量取决于他所憎恨的人的多少。

这天，每个孩子都带来了土豆，上面写着他们所憎恨的人的名字。有的带了两个，有的带了三个，有的甚至带了五个土豆。

老师对孩子们说：一个星期之内，无论走到哪里，他们都要随身带着自己的那袋土豆（即使去洗手间也一样）。一天一天过去了，袋子里的土豆开始腐烂，发出难闻的气味。尤其是那些带了五个土豆的孩子们更是度日如年。一周后，当老师终于宣布结束游戏的时候，孩子们个个如释重负。老师问：“你们把这些土豆带在身上整整一个星期，感觉怎么样?”孩子们纷纷发泄自己的不满，抱怨着随时随地带着这些又重又臭的土豆是多大的麻烦。

老师说：“如果你们的内心装满了对别人的憎恨，就和这种情景一样。憎恨所发出的恶臭会污染你们的心灵。”

③嫉妒。有一个人遇见上帝。上帝说：“现在我可以满足你任何的一个愿望，但前提就是你的邻居会得到双份的报酬。”那个人高兴不已。但他细心一想：如果我得到一份田产，我邻居就会得到两份田产了；如果我要一箱金子，那邻居就会得到两箱金子了；更要命就是如果我要一个绝色美女，那么那个原本要打一辈子光棍的家伙就同时又得到两个绝色美女……他想来想去总不知道提出什么要求才好，他实在不甘心被邻居白占便宜。最后，他一咬牙：“哎，你挖我一只眼珠吧”。

大学生产生嫉妒心理的原因常常是因为个体在潜意识里感觉到他人比自己强，但是这些个体在成长的过程中往往又缺少“屈居人下”的经历，造成自己的虚荣心过盛、以自我为中心。这样的个体在心理上是很难接受他人比自己优秀的局面，因而容易产生一种极其痛苦的情绪体验。嫉妒的情绪一旦在个体内心不断地被强化，很容易使个体对那些他认为比他幸运的人采取一种冷漠、贬低、排斥，甚至是敌视的心理状态。

④自卑。德国天才哲学家尼采的父亲是一名牧师，但在他很小的时候父亲就去世了。因而他自幼性情比较孤僻，而且多愁善感，加上身体瘦弱，使他内心总是有一种自卑感。年少的他遇到了令自己心仪的美丽公主时，也曾大胆追求，但却因为表达感情时太笨拙，最终没有成功，这一经历使他变得更加自卑。这也就是为什么他会穷极一生追寻一种强有力的人生哲学，以找到弥补自己内心自卑的良药。由此可知，超越自卑，其实是每一个现实的人在一生都要做的一种努力。而且，只有那些战胜了自卑的人，才能更好地享受成功带来的喜悦。

⑤焦虑。这是一个很能引人深思的故事：某日一位自称是政府稽查员的人找到某石油公司老板，谈及该石油公司的员工贩卖不法石油，称要向政府检举他们。这位老板当时很震惊，也非常地焦虑，因为他深知根据现在的公司法，虽然是员工私下折扣石油从事非法买卖，但是公司是应该为员工的行为负责的。这样的话，一旦这位稽查员将此事报上法庭，就会受到各大媒体的关注，公司的生意一定会受到很大的影响，而且也会直接影响股票价格。老板为此焦灼不安，几天几夜都彻夜难眠。但是，毕竟有着多年商海中训练的情绪调控能力，当这位老板意识到自己焦虑的情绪已经干扰了他对事情进行合理的思考时，他开始通过主动自问来调节情绪，也为自己寻找解决问题的途径。他问自己：如果不付钱的话，最坏的后果是什么呢？答案是：他会在事业上遇挫，因为他的公司市价很可能因为不好的名誉而毁于一旦。但是，幸好不是他自己干了这样的蠢事，因此他本人不会遭遇牢狱之灾。只不过是他可能需要回到为他人打工的日子，但是他自信因为他在石油界的积累，一定有公司愿意雇用他，这样他会得到基本的生活保障。此时他的焦虑情绪开始减轻。于是，他有了更多的时间来考虑事情的解决办法。在此之前，他以为除了考虑给不给那位稽查员一定额度的金钱之外，别无他路。但是一

旦焦虑的情绪缓解下来，他意识到向律师求助也是一个好主意。这样一想，让他当天晚上就睡了个好觉。转天他拜访了律师，律师启动了司法程序，并告诉他那个自称政府稽查员的人是一个通缉犯。老板心中的大石头落了下来。这次经历使他难以忘怀。此后，每当他开始焦虑、担心的时候，他就用此经验来帮助自己跳出焦虑。

4. 探索积极情绪养成的方法

（1）接纳负面情绪

有一些人在面对各种负面情绪时，完全被情绪所掌控，任由负面情绪影响他们的思想、感受和行为。受影响程度小一点的使得个人心情不愉快、生活功能受到限制；受影响程度大一点的会出现人际关系方面的问题，更严重的可能会因为一时冲动，做出失控的行为，造成生命、财产的损失，后悔莫及。还有一些人对负面情绪有莫名的恐惧心理，担心自己如果感受到生气、紧张、焦虑等情绪时，可能会酿成无法估计的后果，因此当这些负面情绪产生时，他们选择极力地压抑并控制自己的情绪；但是，没有表达出的情绪，并不表示没有情绪，被压抑的情绪反而更加地影响他们的人际关系，结果是事与愿违。也有一些人不满足于对负面情绪的控制和预防，他们认为情绪是非理性的，一个成熟的人不应该表现出自己的情绪，当负面情绪来临时，他们拼命地告诫自己“要理性”“要控制情绪”“我是一个成熟的人，我不应该被负面情绪影响，我能管理好负面情绪”。因此，他们把自己塑造成为有修养的人，预防可能会引出负面情绪的情境。然而如果我们一味地否认、压抑或控制负面情绪，我们将失去适当地反映真实情绪的能力，所以也将无法真实感受到快乐等正面情绪，而变成一个单调，甚至是无情绪的人。其实，当我们失去感受负面情绪的能力时，也就失去了感受正面情绪的能力，但是许多人都很排斥负面情绪的发生或存在，对它敬而远之，除了因为它让我们感到不愉快之外，还因为它影响我们的行为和表现。然而排斥并不能够阻止负面情绪，情绪管理真正有效的办法，绝不是压抑或者控制，而是学习坦然的接纳负面情绪，正视它，允许自己有适当的情绪反应，通过适当的方法宣泄、表达负面情绪。

（2）学会做情绪的主人

由于情绪对个体的身心均有重大的影响，将情绪调节视为心理保健的晴雨表是有一定科学依据的，因此情绪调节就成为个体进行心理保健的切入点。从身心健康的角度来讲，良好的情绪管理能力是个体身体机能、心理结构处于良好状态的重要显示，更是个性成熟的首要标志。

一是要正视自己的情绪，时刻注意自己情绪的变化，第一时间发现自己的情绪是什么。例如，当你和人约会时，对方迟到了。当你想要抱怨对方时，如果你能觉察到此时自己情绪发生的变化，是最好不过的。学会体察自己的情绪，是情绪管理的第一步。你应该告诉自己，我自己在生气。其实“生气”是很正常的现象，七情六欲是人的基本情感。生气并不可怕，也不是什么不理性的表现。如果一味地压抑情绪，最后只能适得其反。

二是要以合适的方式表达自己的情绪。觉察到自己的负面情绪之后，正确的做法是，当你确认之后，完全可以通过各种合适的方式来处理。比如你因为朋友的迟到而感到生气，你可以婉转地告诉他（她）“你这么晚还不来，我还担心你出事了呢。”这样既表现了自己对他的担心，也让他明白了他的迟到带给你的感受。如果这个时候你一味地责怪他，那么即使他本身心怀歉意，也会被你激得反唇相讥。这样一来，就会让你们的友情产生裂痕。学会表达自己的情绪，是一门高深的艺术。

5. 以合适的方式疏解情绪

疏解情绪的方法很多，每个人都有自己的方法，有的人会选择痛快淋漓地哭一场，有的人会选择旅行，也有很多人会选择购物、听音乐，当然，一些极端的人会选择酗酒甚至自杀。疏解情绪的目的只是给自己一个厘清想法的机会，让自己好过一点，也让自己积蓄更多的正能量去面对未来。如果疏解情绪的方式只是暂时逃避痛苦，这就不是一个合适的方法。有了负面情绪，要勇敢坦然地面对，找出引起负面情绪的问题，根据这几个角度去选择适合自己且能有效疏解情绪的方式，你就能够控制情绪，而不是让情绪来控制你！

那些能够调控自己情绪的个体，通常坚信自己具有为完成某一目标而持续努力的能力，这样的自信和心态自然会增加个体对活动的坚持性，更会坚定个体在困难面前的态度，影响他的思维和情感反应模式。因此，当个体掌握了情绪调控的方法，他能够在良好的心境下欣赏和肯定自我，自然而然之中会不断加强个体的自我效能感。

●**心理成长故事专栏** 8－2

有一个男孩脾气很坏，于是他的父亲就给了他一袋钉子，并且告诉他，当他想发脾气的时候，就钉一根钉子在后院的围篱上。第一天，这个男孩钉下了 40 根钉子。慢慢地，男孩可以控制他的情绪，不再乱发脾气，所以每天钉下的钉子也跟着减少了，他发现控制自己的脾气比钉下那些钉子来得容易一些。终于，父亲告诉他，现在开始每当他能控制自己的脾气的时候，就拔出一根钉子。一天天过去了，最后男孩告诉他的父亲，他终于把所有的钉子都拔出来了。于是，父亲牵着他的手来到后院，告诉他说："孩子，你做得很好。但看看那些围墙上的坑坑洞洞，这些围篱将永远不能恢复从前的样子了，当你生气时所说的话就像这些钉子一样，会留下很难弥补的疤痕，有些是难以磨灭的呀!"从此，男孩终于懂得管理情绪的重要性了。

讨论：怎样用情绪为有意义的生命着色？在我们周围，也许会碰到这样的人，他们对人、对事表现得很冷淡、不热心，甚至冷酷无情。这在病理心理学上叫作"情感淡漠症"。"情感淡漠"虽说也是一种情绪体验，不过这种体验大都是病态的、不健康的。情感淡漠在表现程度上，有轻重不同的区分；情感淡漠的形成与发展，也包含有病理和社会心理两方面的因素在内。

国外的心理学家经过了大量的调查研究后发现，在生产力高度发展的现代化社会里，有为数不少的青年，在心理上处于"三无"的状态。所谓"三无"，简而言之，就是无情、无力、无心（心思）。这也就是说，他们无动于衷、缺乏活力和漠不关心。这些年来专门从事青年心理援助的专家们呼吁，生活在现代化社会里的青年，应该警惕这种心理的"三无状态"。

请问：你的生活中有这样的"三无状态"吗？应该如何改进，提升自己的生命质量？

“我要用积极的情绪为自己的生命画上绚丽的色彩”纸笔练习

姓名：　　　院系：　　　日期：　　　评分：

“用情绪为有意义的生命着色”——我的感悟：

第二节 性格的塑造把舵意义人生

●**心理成长故事专栏 8－3**

莎莎和丽丽是一对可爱的双胞胎姐妹，两人长着一样的圆脸蛋、大眼睛、长睫毛。不同之处是，莎莎天生乐观，每天都是笑嘻嘻的；而丽丽则是每天愁眉苦脸。

院子里的玫瑰花开了，莎莎看到后说："啊！多漂亮的花儿呀！"丽丽则躲得远远的，说："上面好多刺，万一被扎会流血的。"

牧场里的草绿了，莎莎欢快地在草场上跑来跑去，"多可爱的小草啊！"，而丽丽仍然站在房子里，看着草场，心里想到"草场上都是牛粪，太脏了。"

爸爸买了新玩具回来，莎莎抱着爸爸欢快地像只小鸟，丽丽看着爸爸，委屈地哭了，说道："爸爸，我拿这么漂亮的玩具出去玩，万一被坏孩子抢走怎么办？"

一 何谓性格

世界上没有两片完全相同的树叶，也没有两个完全相同的人。我们常常这么描述自己："我性格外向，爱好交朋友，但是做事容易冲动。"或者，"我性格有点内向，喜欢安静，做事比较认真"这通常是我们对自己笼统的总结。

心理学将性格定义为个人对现实的稳定的态度和习惯化的行为方式，是人的心理的个别差异的重要方面。简单地描述，性格就是一个人在日常生活中表现出来的行为方式和生活态度。比如：东北人说话大声，做事干脆，我们就对东北人的性格定义为豪爽；苏州人吴侬软语，做事细心，我们就对苏州人的性格定义为细腻。

这里要注意区分一下性格和气质，气质是天生的，具体表现为情绪体验的强弱、意志力的大小、注意集中时间的长短、知觉或思维的快慢等，比如初生的婴儿有的安静，有的就爱哭。而性格则不同，它是在后天环境中慢慢形成的，家庭的教育对一个人性格的形成有着很大的影响：专制型家庭长大的孩子，因为从小家庭教育严格，而且父母扮演权威角色，孩子在家庭中没有话语权和选择权，长大后就会表现出懦弱、缺乏主见等性格特征；网上曾报道一位27岁的女性，因为什么事都要靠妈妈做决定，27岁的她依然不会与人相处，在工作单位稍有不如意就辞职，结果导致她两年里辞掉了26份工作，而专家分析其原因就是妈妈无时无刻的照顾和管束，父母的过度制约导致她的社会适应不良。溺爱型家庭长大的孩子，从小受到父母过度的宠爱，一味迁就，甚至百依百顺，容易让孩子形成骄傲、任性的性格；纵容型家庭的父母一般主要精力放在工作等其他地方，对孩子的关心不够，因此孩子容易形成散漫、缺乏自制力、冷漠的性格；民主型家庭长大的孩子最易形成较好的性格，因为父母关心恰当而不过分，鼓励孩子独自探索问题，在家庭的事务中会听取孩子的意见，亲子关系则亦师亦友，这种环境下成长起来的孩子，更易形成有自主独立、热诚善良、意志坚定的性格特征。

二 性格的分类

性格的分类是多种多样的：根据心理活动倾向可以分为内向和外向两种；根据知情意在性格中的优势地位，可分为理智型，情感型和意志型三种；根据价值观取向，又可以分为六种，分别是理论型、经济型、审美型、社会型、权力型和宗教型。这是一些传统的分类方法，根据不同的理论将性格划分在不同的类型里。

现代社会出现了很多性格划分的方法，比如血型性格论（表8－1）、星座性格论。

但是真的就像表格写的那样O型血的人热情敏感，AB型的人就一定都是特立独行的吗？恐怕事实并未如此。其实，血型论和星座论并没有科学依据，至少现在并未发现性格与血型或者星座有着直接的联系。就像前面叙述的那样，性格是在后天环境中形成，两个同样血型甚至同样星座的人，一个生长在专制型家庭，一个生长在民主型家庭，若干年后，他们的性格也许会南辕北辙；同卵双胞胎拥有着相同的基因，生长在同样的家庭，接受了同样的教育，如果按着血型论、星座论，甚至遗传基因论来说，两人应该有着完全相同的性格，可是恰恰相反，大多双胞胎性格并不相同。

表 8－1 血液类型说

A	崇尚完美主义者：有牺牲奉献的精神，具有协调性。积极服务别人，重视周遭气氛。喜爱孤独，易掩饰自己的真心，无法信任别人
B	感情的行动家：个性爽朗、开门见山、没心眼、心肠软、有同情心，爱好横向关系的拓展。全凭直觉及印象，容易不顾一切地蛮干下去。不求结果，只在乎过程，极为重视现在
O	浪漫现实主义者：洞悉全盘大局后采取行动。一旦下定决心便很难再改变。对善意、恶意很敏感，以信赖感为主轴，有很彻底的同伴意识，喜欢成群结党
AB	充满矛盾的自信家：天生和平主义者，很热心地做一些对自己没有利益的事，或为了公众的事而奔波，但往往忽冷忽热，因此常被视为异端。经常是走自我的道路，不会主动投入任何团体

而之所以大多数人认为血型论和星座论很准确，这还应该归结为心理学中著名的巴纳姆效应。巴纳姆是一个魔术师的名词，他的魔术表演总是很受欢迎，当人们问到他成功的经验源自何处，他回答道："我的节目之所以受欢迎，是因为节目中包含了每个人都喜欢的成分，所以每一分钟都有人上当受骗。"巴纳姆效应是由心理学家伯特伦·福勒于 1948 年通过试验证明的一种心理学现象，即每个人都会很容易相信一个笼统的、一般性的人格描述特别适合他。即使这种描述十分空洞，他仍然认为反映了自己的人格面貌，描述出了自己的特质。而要避免巴纳姆效应，就应客观真实地认识自己。有心理学家曾经做过一个实验，他给一群人做了一个人格测试，然后拿出两份结果，让参加者判断哪份是属于自己的。实验的结果很出人意料，很少人选择了自己真正的测试结果，而认为另一份所有人回答平均起来的测试结果更准确地表达了自己的人格特征。不仅仅是相信血型论、星座论，生活中很多人请教过算命先生后都认为算命先生说的"很准"，其实更是巴纳姆效应的表现。

目前，也还有将性格分为如下四类：完美型、力量型、活泼型与和平型（表 8－2）。

表 8-2　性格四分法

完美型	天生思考者。性格内向、悲观主义、对自己和别人都要求严、做事追求完美、严谨认真、谦和有礼，对自己要求严格，对别人也要求严格
力量型	天生领导者。领导能力出色、精力充沛、坚决不认错、目标主导、意志坚定、行动迅速、特立独行，对自己要求不高，对别人要求严格
活泼型	天生社交者。外向活动、乐天派、爱好交际、幽默善谈、个性鲜明、不拘小节、感情丰富、生活充满色彩，对自己要求不高，对别人也要求不高
和平型	天生聆听者。悲观主义、喜欢做旁观者和跟随者、喜欢平静生活、与世无争、社交稳定、善良随和、耐心十足，对自己不苛求，对别人也不要求

一个简单的例子可以阐释清楚四种性格类型的人在遇到应激事件后的反应。如果有栋住房起火了，完美型的人会思考是什么原因起火了，是电短路还是厨房着火；力量型的人会采取关掉电闸，找到灭火器，马上去灭火的行动；活泼型的人会在楼上楼下大喊大叫“不得了啦，起火啦!”而和平型的人则很可能会袖手旁观，心里想着，反正肯定会有人报警，消防队马上就会到，不用那么急吧……

三　性格与健康

性格对健康的影响是毋庸置疑的，很多研究都证明，性格和疾病之间存在某种特定的关系。多年以前，国外的两位医生在观察他们开办的冠心病诊所内的椅子以后，发现了一个奇怪的现象：候诊室椅子右后方的一条腿，常常因磨损而变短，地面上也有明显的凹痕。原来，候诊的患者非常焦急，抱怨候诊的时间太长，往往把椅子翘起来，仅用椅子右后一条腿支撑在地面上旋转，以消磨候诊的时间。他们经过长期观察，发现这些冠心病患者具有急躁、易激动、发怒和不耐烦等性格特点，而这与冠心病的发生有着密切的关系。心理学家称之为 A 类性格。

A 类性格类似于上面所说的力量型性格，他们虽然干练果断，但性格上存在明显的缺点——急躁易怒。美国研究人员对 3 154 名年龄在 39—59 岁的成年男子进行研究，结果表明在 A 类性格人群中，冠心病和心肌梗死的患病率以及死亡率明显高于非 A 类性格者。西楚霸王项羽就是典型的 A 类性格，他作战勇猛，但性格刚烈、脾气易暴，甚至干下坑杀数十万秦军、火烧阿房宫的罪行。

B类性格类似于活泼型。它与A类性格相对应。B类性格是相对健康的一种性格。这类性格的人比较能够从容不迫地应对现实中的人和事，因此研究表明，长寿人群中，B类性格者占83%。他们对人热情，而且缺少戒心，在社交上是较为受欢迎的。对待事业和工作，他们是天生的乐天派，相信困难和问题总会解决。很少有时间上的紧迫感以及其他类似的不适感，能够充分地享受闲暇，而且不会为此感到愧疚，因为在B类性格的人看来，除非环境有要求，否则没有必要表现或讨论自己的成就和业绩。

C类性格类似于完美型性格，这类人性格内向，对人谦虚忍让，但其性格缺点也在于此。生活中他们往往为了让别人高兴而不惜牺牲自己的愿望，对自己的需要、挫折和愤怒采取忍受态度。由于他们过分地压抑自己的负面情绪，因此容易产生抑郁、焦虑等症状。国外研究者对两组乳腺肿块妇女进行对比调查：一组患乳腺癌，另一组患良性乳腺肿块。结果是，前一组妇女在过去因愤怒而从来没有发脾气的占50%，后一组仅占14%。

D类性格类似于和平型性格，最大的特点就是有比较严重的消极情感和社会退缩倾向。他们的性格更为内向，甚至有些孤僻，爱独处、不合群，在社会交往中，总是压抑自己情感表达的机会，以避免导致他人的不认可或拒绝，这样的人容易忧郁。他们的病后康复速度缓慢，而且特别容易复发，死亡率比其他病人高。

四 完善性格提高生命质量

完善性格绝非一朝一夕的事情，需要点点滴滴的积累。一个具有宽容、谦逊、机敏、果断、沉稳性格的人，往往能够感受到生命带给人的积极力量。

1. 宽容

性格宽容能开阔人的眼界和心胸，只有用包容的心态与人相处，才能交到真正的朋友。想要完善宽容的性格，首先要学会助人。赠人玫瑰，手有余香，很多时候，对个人来说只不过是举手之劳，对别人来可能就是雪中送炭，绝大部分人都怀有一颗感恩的心，这些人不会忘记你的。完善宽容的性格还在于不拘小节，对于别人身上的毛病和小过错不斤斤计较，这样才能让双方平和地相处，更好地交流和沟通；宽容不仅要用在朋友身上，面对敌人也是同样适用的。世上没有永远的敌人，仁者无敌，如果你无法做到容纳曾经与自己为敌的人，说明你的宽容性格还没有得到完善。生活中，我们面对他人的敌意时，学会用善意来感动周围的人们。只要能够做到这点，即使对方心中充满对你的仇恨，也会在你的善意中消融。

2. 谦逊

谦逊的性格让你在人际交往中左右逢源。以谦逊的姿态示人，让你既能得到强者的赏识，又能受到弱者的尊重。受到大家的喜欢，进而融入大众，得到人们的尊重。每个人在交往的过程中都希望得到对方的认可和尊重，交流的重点在于沟通，而不是去看别人的表演。如果对方过分地卖弄，显出高人一等的优越感，那么即使你才华横溢，别人也只会疏远你，绝不会尊重你。

“三人行，必有我师焉。”每个人身上都有他们的闪光点和长处，越是谦逊的人，越是虚心学习，善于通过向别人学习，取长补短，得到进步。

谦逊的人不贪功，不争名，不因成功而骄狂，把每一次的成功当作一个高起点，从而创造出一个更加灿烂的辉煌。

3. 机敏

性格机敏的人能准确快速地找出事情的结点，轻松地解决问题。他们往往能通过细心地观察见微知著，从而见机行事，对症下药，掌握问题的主动权。

机敏的人说话做事一般都会细心观察，抓住个人喜好，看透对方心思，根据他人的特点投其所好，激发他人与自己沟通的兴趣，使双方的谈话变得愉快，而且会让自己受到欢迎。

机敏的人一般都能言善辩，他们能巧妙地利用自己的三寸不烂之舌，将难事变得容易，甚至将国家大事摆平，战国时期著名的政治家、外交家和谋略家的张仪，凭借他的机敏，运用合纵连横，达到各国之间的平衡与制约之效。

机敏的人不为思维定式所束缚，积极地进行创新思考，抓住成功的机会。

4. 果断

人的一生中都会遇到多多少少的机会，每个机会都是稍纵即逝，只有性格果断的人才能将机会牢牢地掌握在自己手里，走出人生关键的一步。

性格果断的人，行事不会拖泥带水，看准时机，当机立断，迅速出击。一个性格果敢的人，做事干练、有魄力，只要是认定了的事情，绝不拖泥带水。当然，果断的前行也许会给个体增加了遇到陷阱、危险的可能性，但要知道，如果一个人因为怕冒险而只是在原地徘徊的话，那他将永远无法到达成功的彼岸。

5. 沉稳

沉着冷静是成熟的标志。古往今来，凡是成功者都有沉稳的共性，他们的情绪很少会随着外界的变化亦喜亦忧，而是拥有泰山崩于前而色不变的特质。

处变不惊、从容不迫，是沉稳性格的人面对事情时的表现，欲成大事者，就要在生活中培养沉稳的性格。在遇到问题时，首先要制订一个目标，然后按照目标制订详细的计划安排，并冷静地执行。

要想让自己成就一番事业，个体就要不断地完善沉稳的性格，克服浮躁，这样才能控制愤怒、急躁的情绪，遇到问题时也才能通过冷静的思考找出正确的对策，从而在人生路上立于不败之地。

第三节　认知的改善为生命意义感铺垫基石

●心理成长故事专栏 8－4

一位心理学家去军队给士兵做心理辅导，这样和士兵说：

作为后勤的士兵是幸运的。

如果你不是在后勤，而上了前线，没关系，看你是不是冲锋的，如果不是，那你是幸运的。

如果你是冲锋的，没关系，看在冲锋中你受伤没有，如果没有，那你是幸运的。

但如果你受了伤，没关系，你看是轻伤还是重伤，如果是轻伤，那和重伤的人比起来是幸运的。

重伤的人也不要埋怨，你和那些牺牲的人比起来是幸运的啊，而那些牺牲的人呢？

既然牺牲了，你也就不用想那么多了。

一　知觉是人类生存的基础

人类获取外部信息主要依靠感知觉。感觉，是人对事物个别属性的认识；知觉，是人对事物整体的认识。例如在下面的图8－2中，如果我们只是看到左侧的图示，会简单地认为只不过是两个弧线的组合，这是人们对线条的感觉。可是，当我们再看看右侧的图示时，才发现，原来左侧图片的两个弧线是右侧猫头鹰身体的一个部分。对于猫头鹰的整体感知，是我们在经验和对图片理解的基础上产生的知觉。

人的认知是从知觉开始的。所谓知觉，是指人脑对直接作用于感觉器官的外界事物整体属性的反映，是人对感觉信息的组织和解释的过程。在知觉过程中，人脑将直接作用于感觉器官的刺激化为整体经验，知觉是个体对客观事物和身体状态整体的反映。它在很大程度上依赖于人的主观态度和过去的知识经验。

图8－2　对部分信息和整体信息知觉的示意图

二　普通心理学中的知觉

1. 知觉的分类

知觉是个体选择、组织并解释感觉信息的过程。这个过程不仅和某一种感觉相联系，而且往往是多种感觉协同活动的结果。它在很大程度上依赖于人的主观态度和过去的知识经验。人的态度和需要使知觉具有一定的倾向性，知识经验的积累使知觉更丰富、更精确，也更富有理解性（图 8 – 3）。

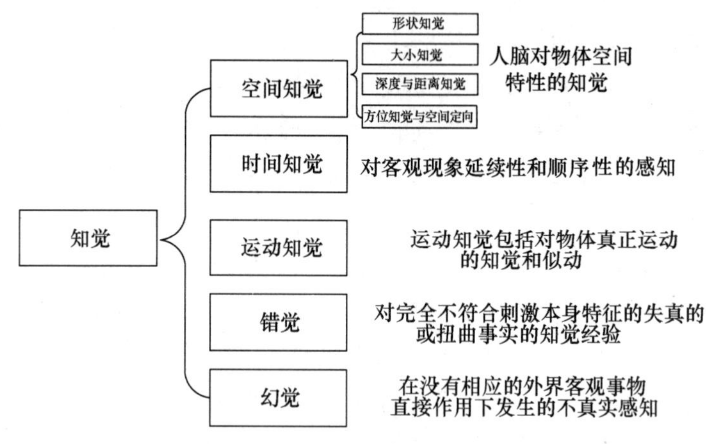

图 8 – 3 知觉类别的示意图

2. 错觉

所谓错觉，是指知觉经验虽是因环境中的刺激物所引起，但知觉经验中对客观性刺激物所作的主观性解释，如果按照真实性的标准判断，是有很大距离的。单以知觉对比的知觉现象为例，凭知觉经验所作的解释显然是失真的，甚至可以说是错误的。对此种完全不符合刺激本身特征的失真的或扭曲事实的知觉经验，称为错觉（illusion）。错觉的种类很多，如视错觉、听错觉等，最常见的是视错觉。经典的错觉图形如下所示（图 8 – 4）。

① A 图为缪勒 – 莱耶错觉。两条相同长度的线段，在尾部线段的映衬下，左边的线段显得比右边的线段长。

② B 图为艾宾浩斯错觉。中心的两个圆大小相同，但是看起来左边的圆要比右边的圆大一些。

③ C 图为菲克错觉。两条长度相同的线段，在互相垂直摆放的状态下，垂直的线段看起来比水平的线段要长。

④ D 图为冯特错觉和黑灵错觉。两条原本平行的线条被一组菱形分割后，两条平行线看上去不再平行，似乎向内弯曲；平行的两条直线，

在斜线的影响下，看起来向两侧膨胀。

⑤ E 图为波根多夫错觉。用两条平行的直线将一条直线从中间分开，则被分开的直线的两端看起来发生了偏移。

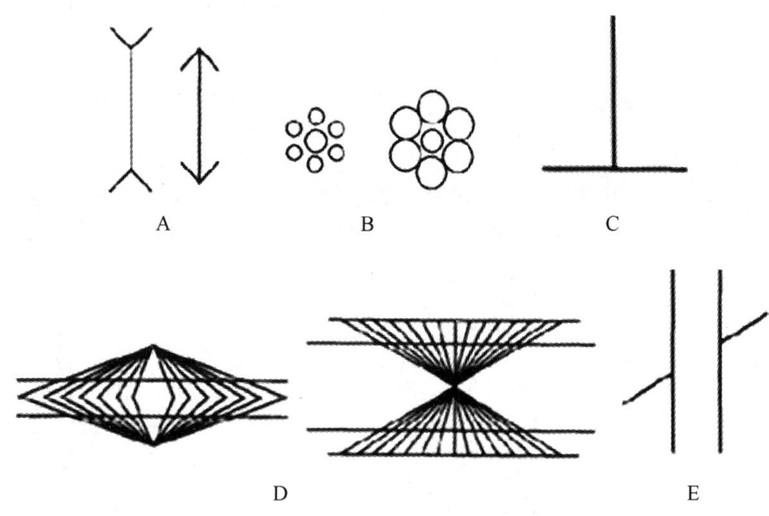

图 8－4　经典的错觉图形

3. 错觉产生的原因及作用

可以说，任何人在知觉过程中，不论是对物或对人都可能发生不正确的反映，从而引起错觉。造成错觉的原因是极其复杂的，有生理的因素，也有心理的因素。有些错觉是暂时的，一旦真相大白，错觉就会消失。但是，有些在特定条件下产生的错觉，往往带有固定的倾向，只要条件具备，错觉就会产生。

错觉在实际活动中具有积极和消极两方面的作用。起积极作用的错觉已被人们广泛地应用于军事上和工业生产中，我们最熟悉的有战地掩护、化妆技术、魔术等行业，都是利用错觉达到以假乱真的目的，让生活变得更为丰富、有趣。但是，生活中也存在着一些起消极作用的错觉，这些错觉的存在严重地干扰人们的生活，混淆人的视听，扰乱人的心智，影响人的正确判断，甚至导致身心疾病。而且，至今也还没有一种可以解释各种错觉的理论。但值得庆幸的是，既然人类可以知道错觉的存在，就说明人类完全有可能对错觉产生的条件和原因寻根问底，从而使人脑再次对客观现实进行真实的反应。在普通心理学层面上的错觉现象，已经被人类确切地掌握并有效地利用着。

4. 错觉在生活中的应用

（1）利用形象错觉制造最佳印象

服饰：我们都知道穿黑色的衣服比白色衣服要看起来瘦一些，因为黑色是收缩色，白色是膨胀色；横条的衣服相对于竖条的衣服看起来要显得丰满，因为横条会把人的眼光引向左右方向，而竖条会将人的目光引到上下方向。

彩妆：脸狭窄的女性可把腮红涂在离鼻子远的地方，利用视错觉使脸看起来更丰满一些，而宽脸的则涂成垂直且模糊不清的一片则使脸部“收缩”。

（2）利用价格错觉制订营销策略

在超市中，我们经常看到商品的标记末尾是 9，你也许会有这样的疑问，为什么一定要标个零头，凑个整数不好吗？其实，这里面就运用了对比错觉，制造价格错觉。关于价格错觉有两种有趣的现象：一是奇数定价比偶数定价使消费者觉得便宜；二是 99 元是不到 100 元的价格，便宜；101 元是 100 多元的价格，贵。其实两者只差 2 元钱。对消费来说，总是希望能够用最小的支出换取最大的收获，也就是说，质量相同、功能相似的两个产品，价格低的产品容易得到消费者的青睐。

（3）利用时间错觉调整心态

几乎每个人都曾有过这样的感受，当你苦等一个人时，时间总是过得很慢，心情也会变得更容易焦躁。但是如果你边等人边做一些其他事情，诸如看书、听音乐、与人聊天等，你就会发现时间过得很快。这种错觉是因为当你在看书、听音乐或者与人聊天时，分散了对时间的注意力，实现了时间由有意注意到无意注意的转移，从而造成了时间快的错觉。音乐对人的情绪的影响是很大的，乐曲的节奏、音量的大小，都会影响到顾客和营业员的心情。心情好，主顾之间就会避免很多不必要的矛盾和冲突，就会出现很多的商机，就会取得更高的社会效益和经济效益。如果在顾客数量较少时播放一些音量适中、节奏较舒缓的音乐，不仅能使主、顾心情更加舒畅，而且还能放慢顾客行动的节奏，延长在商场的停留时间，增加较多的随机购买概率，也使销售人员的服务更加到位。如果在顾客人数较多时播放一些音量较大、节奏较快的音乐，就会使主、顾的行动节奏随着音乐的节奏而加快，可以起到提高购买和服务效率的作用，避免出现人多效率低而引起心情不好、矛盾冲突增多的情况。

三　社会认知是人际交往的基础

作用于人的信息有两大类：一类是自然界中的机械、物理、化学和生物方面的信息；另一类是由人的实践所构成的社会现象的信息，它包括担任社会角色并具有人性的人、人际关系和群体，以及各种社会结构和社会事件等。如果说后者是社会性信息，那前者就为非社会性信息。

1. 社会认知

对非社会性信息所形成的知觉，通常被称作物知觉，这一点已经在前面的章节中论述了。对社会性信息所形成的知觉叫作社会知觉，也叫社会认知。社会知觉是指个人在社会环境中对他人（某个个体或某个群体）的心理状态、行为动机和意向（社会特征和社会现象）作出推测与判断的过程。它是一个由美国心理学家 Bruner J. S. 于 1947 年在知觉研究中采用的概念，用来指知觉的社会决定性，即知觉不仅仅决定于客体本身，也决定于主体的目的、态度、价值观和过去经验。可以看出，社会知觉中的知觉一词，其含义与传统普通心理学中的知觉有所不同。在传统普通心理学中，知觉不包括判断、推理等认识过程。而社会知觉不仅包括了对人的外部特征的知觉，也包括了对人的个性特点的理解，以及对人的行为的判断和解释。所以，这里的知觉其实就是通常所说的认知。为此，在后续的讨论中，我们使用“社会认知”来代替社会知觉（图8　5）。

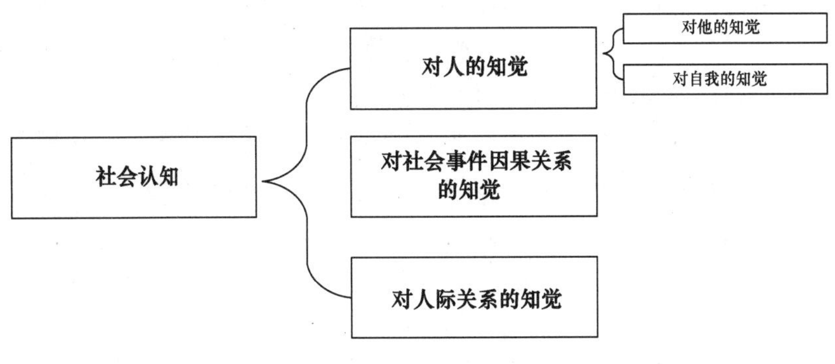

图 8－5　社会认知的分类

Heider F.（1958）在其《人际关系心理学》一书中指出，对人知觉和对物知觉具有三种差别：①人能体验其内部生活，而物不能。每个人都能体验到自己的思想和感情，而且认为其他人也会如此。②物不被认为是其自身活动的原因，而人则往往被认为是第一原因。责任感就意味着个人的行动有其内部原因，而不只是对环境的反映。③人可以有意识地操纵和利用知觉者，而物则不能。对人知觉的目的就是使观察者能够预测作为“刺激物”的人，他可能采取的行动，以便观察者能够预先计划好自己的行动。

总之，社会认知就是指人们解释、分析、记忆及使用社会环境信息的方式。它是个人对他人的心理状态、行为动机和意向作出推测与判断的过程。

2. 社会图式

社会图式是当前社会认知理论中的重要概念，很明显，这是由广泛应用于认知心理学研究中的图式概念发展而来的，社会心理学家采用这一概念来解释人们如何进行社会认知以及作出相应的行动。简而言之，社会图式就是指经过对来自社会环境的信息进行选择和加工后在人脑中组织起来的认知系统。

因为社会图式的存在，使变化万千的世界多少能够呈现出一定的系统性和秩序性。在信息化时代，我们每天不得不面对成千上万条信息，如果没有社会图式的存在，我们就需要一条条地处理它们，由于时间和精力的缘故，这显然超出了我们的实际处理能力。幸好有社会图式的存在，它帮助我们简化巨大的信息源，协助我们作出一些虽然不是最好、但也足以应付日常生活的基本判断。否则，这个世界就会变得混沌一片，我们的大脑也会像计算机那样因为工作任务太多而“死机”。

具体来讲，社会图式可以分为四种类型：①他人的图式，该图式包括有关他人行为特征和人格类型的信息。例如，“小明爱打人”“我的爸爸爱喝酒”；②自我图式，包括有关自己个性、外表以及行为的信息。例如，“我很丑，但是我很温柔”“我是个成功者”；③角色图式，包括个体在社会上所处特殊地位及预期个性和行为的信息。例如，“社会工作者总是平易近人”“保险员熟知客户的心理”；④事件图式，该图式包括人们对在某情境下所发生事件的有序组织的信息。例如，人们总是可以在头脑中勾画出在银行办理储蓄业务的基本流程。（陈砚秋，2006）

人脑中已经形成的社会图式，会对社会认知过程产生重大影响。这种影响主要表现在以下几个方面：①社会图式影响人们对信息的选择。人们往往更注意与图式一致的信息，而忽略其他信息。②社会图式会对信息的加工产生影响。当环境中新近产生的信息模糊不清或模棱两可时，先前已经存在于头脑中的图式将引导人们，对其进行分类并作出相应的解释和判断。③社会图式也对信息的提取发生影响，产生记忆的重构。人们有时以为记住了某些信息，尤其是图式引导人们去注意的那些信息，可是人们往往在提取时不知不觉地添加了或改变成一些原来并不存在的信息，这些添加上去的或经过改变的内容，往往是自觉不自觉地相符于原有的图式。

总之，社会图式对社会认知的影响非常巨大。而且，一旦形成就很难改变。特别是，人类似乎存在着“偷懒”心理（社会心理学中也将其称为“认知吝啬鬼”），当环境中的信息与原有图式不一致时，为了“便捷”，人们总是倾向于改变、修剪新的信息，使新获得的信息发生歪曲，很有点“削足适履”的味道。更有甚者，社会图式还会通过影响人们的行为使客观现实发生一定程度的改变，这种改变同样趋向于让新的行为与原有图式保持一致，这种现象被称为“自我实现的预言”。值得指出的是，自我实现的预言并不是人们故意篡改事实的结果；相反，它是自动发生的。这就意味着，即使人们很想做到客观、公正，其行为还是会为原有图式所左右，从而不经意地发生改变，进而改变现实。

由此说来，社会图式带给人类的是一柄双刃剑。如何让它为我们服务，而不是误导我们，就变得异常重要。应该说，社会图式的消极影响不是不可以改变的，在信息很明确或人们极为重视的情况下，社会图式带给人类的消极影响是可以减少甚至消失的。而且，在大量事实面前或在一定的情境下，图式也还是会改变的。

3. 社会认知的特点

不同的个体在社会生活中，均会形成自己所固有的认知结构。同样的社会刺激，由于每个人的认知结构不同，也必然使其社会认知表现出各自的特点。

认知的选择性。社会认知具有选择性指的是，由于社会刺激物本身的强度不同，因此该社会刺激物既有可能被个体认知，也有可能不被个体认知。这里所说的强度，不是指社会刺激物的物理强度，而是指其本身的社会意义的性质及其价值大小。这就是为什么某一条社会新闻会引起某些个体的强烈反应，而另外一些群体中的个体却无动于衷。原因在于，不同的个体会从自己的认知结构、生活经验出发，对当前的社会刺激作出反应。

认知反应的显著性。认知反应的显著性指的是，在一定的社会刺激下，个人心理状态（情感、动机）所发生的某些变化，这种变化将随着个人理解社会刺激的意义的程度而转移。当某个社会刺激物关系着认知主体的切身利益时，个体产生的认知反应，要显著高于他对某个与其切身利益毫不相关的社会刺激物的反应。因此，在对个体进行援助的时候，一些心理咨询师通常会抓住个体认知反应的显著性，找到引发个体情绪反应剧烈的社会刺激物，然后分析社会刺激物与个体认知之间的联系或作用强度，以走入个体的内心世界，使之从亢奋或低沉的负性情绪中解脱出来。

4. 认知行为的自我控制

认知行为的自我控制向我们展示了人们是如何自我隐蔽的。尽管个体对某个社会刺激物产生反应，但由于人是社会性动物，当他知觉到作出的反应将与环境背景不相符时，个体会主动控制反应，尽量使自己的认知体验不被他人所觉察，从而使个体与外界环境保持平衡。

心理学家 Mcginnis A. L. 做过一个实验：用十一个性质不一的词汇（其中有七个是引起不愉快情绪的词汇以及社会禁忌的词汇）作为社会刺激物，把这些词汇出示给被试，让他们进行认知活动，实验者通过皮肤电反射来测定被试的情绪状态。由于被试对不同性质词汇认知时，会产生不同的情绪状态，被试的皮肤电反射就能够十分敏感地将其情绪状态反映出来。实验者还要求当被试认知到这些词汇时，就立即向实验者报告，实验者要观察被试的皮肤电反射与口头报告两者是否一致。实验结果表明，这两者是不一致的。当出现社会禁忌的词汇时，被试很快发生皮肤电反射，但其口头报告很慢；但当出现其他中性词汇时，没有发生两者的不一致。实验表明，凡是能激发个人产生焦虑的社会刺激，或者将要给个体带来不愉快体验的刺激，在其生理反应、情绪反应上是非常敏感的。认知态度的不积极，是为了把这些刺激压抑下来，减少焦虑，以适应社会。（陈砚秋，2006）

认知行为的自我控制可以帮助人类更好地适应社会。因此，在人们的社会生活中，这种方法会经常被利用。例如，当一个人面对一位面试官时，尽管他并不认为这位面试官的形象出众。但为了给对方留下好的印象，他通常会违背内心的反应，而称赞面试官举止不凡。再比如，一名原本会“晕血”军人，当他站在抗震救灾第一线时，面对群众的伤亡，看见满身鲜血的群众，只要他没有在看到血的第一时刻晕倒，他就会尽量地控制自己，让自己稳定下来，积极地投入到抢救群众的工作中。而且，他还会向群众隐瞒他有“晕血”的症状。

5. 认知法则

在现在这样一个纷繁复杂、信息海量，而且动态变化的社会环境中，人们在社会认知过程中收集到的信息往往是不确定的、不完全的，而且存在一定的复杂性。此时，人的大脑对其进行认知加工的时候，因为信息不可能做到100%的全面，因此就几乎不可能达到最满意的解释，特别是每个人的认知资源都是具有一定上限的，除了对某一事物进行认知以外，它还需要对其他事物进行认知，在这种情况下，人的认知资源就会受到更大的挑战。为了应付这样的挑战，人们在社会认知的过程中就只好寻找捷径，即人们总是节省认知能量，通过最小限度的观察作出社会判断以尽量节省时间和加工资源。在这个意义上说，社会心理学家将人类的这一认知特点称为“认知吝啬鬼”。尽管“认知吝啬鬼”是人们在信息不全面、不确定的情况下，一种不得已而为之的认知策略（通常不被人们意识到的策略），但它对于维护人们正常有序的生活还是必要的和有效的，因为这样可以很好地利用有限的认知资源来加工近乎无穷无尽的信息，从而接受一个不尽完美但已经足够让我们正常生活的选择。

“启发式判断”是“认知吝啬鬼”采取的主要思考方式，它是一种按照简单、且笼统的规则来解决问题的策略。人们通常是在以下四种情况下，比较容易使用启发式判断：①处于一个突发的情境中，使得当事人根本没有时间去认真思考某个问题；②在一个时间段中，个体接收到的信息量超载，超载的信息纠缠在一起，以至于当事人根本无法对其进行充分的加工；③需要处理的问题对于当事人的生活、工作等主要方面并无重大影响，当事人一定会将主要精力用于其他重大事件的认知方面，而对于这类问题常常不会做太多的思虑；④当事人缺乏作出某项决定时所必需的可靠知识或信息时，当事人通常采取赌博式的判断。如果不能很好地了解个体面对日常生活中的各种事务所采取的认知法则，就很难做出正确选择，因此往往把控不好时间的分配，不能做到有效的时间管理。

常见的启发式判断有三种主要类型：

①可得性启发。这是一种单凭经验的思考方式，其判断是根据我们

从大脑提取特例的容易程度而产生的。

②代表性启发。代表性启发就是将要判断的事物与记忆中的典型事例进行类比，根据两者的相似性将该事物归于典型事例所在的范畴。

③定点调整启发。人们在进行数值判断时，常受到一个起始值的影响，把它作为判断的出发点，而且随后的调整会尽量与这个起始值接近。

"认知吝啬鬼"策略，是当事人维护自己正常的生活时，采取的一种"下意识"的捷径式的思考方式，它可以帮助当事人进行较具效率性的判断。如果当事人能够正确认识该认知策略带给个体的利与弊，并在关键性生活事件中注意调整，及时挽回它可能给当事人的判断造成的偏差，那么，也不失为一种有益的方式。但一个人如果缺乏对其认识上的灵活性，就会根本意识不到自己正在使用该策略。很多时候当事人的确没有对信息进行全面、系统的整理、判断，而是固执地坚持它所下的判断或结论，甚至养成了一种在其他类似问题上，总是使用这样的判断和结论的习惯，如同"学习的迁移"一样，此时"认知吝啬鬼"策略带给当事人的偏差就会具有一定的危害性。因为它所形成的判断习惯常常使当事人即便在后来看到了相反的可能性，也已经不再习惯于去改变原有的判断。即，人们对最初的假设和观念具有寻求确认的倾向，这种现象源于当事人的一种"确认偏差"（Confirmation Bias），正是由于这种偏差的存在，使得当事人总是确信他所获得的第一信息几乎总是对的，或者说当事人所获得的第一信息，总是在无形中成为对当事人进行判断时最有影响的信息。因为人们总是通过歪曲信息的加工来强化头脑中的固有图式。

6. 认知理论对生命意义感的理论解释

社会认知的早期研究将重点放在对人的评价方面。认为印象的形成过程是一个机械地反映被评价人的本质的过程，而这正是这类研究的一个总的特点。印象形成的一个重要任务就是对人进行评价，但是某些人或事在进入人们的头脑时，并不是原原本本地、毫无变更地被"录入"大脑的，它是经过大脑的各种加工，然后经过"改版"之后，而被"组装"进入大脑中的。社会认知心理学家就是要研究人类的大脑是怎样对这些人或事进行"组装"的，以及"组装"的过程。即社会认知是以这一认知过程为研究对象的。

认知理论对社会认知进行的研究存在下述两个共识：首先是寻找意义。人类之所以不是原原本本地、毫无变更地将认知对象"录入"大脑，是因为在我们观察一个人，并对其进行评价或判断时，我们不会只是孤立地观察这个人的某一特点、某一行为，而是习惯于在一定的情境中来思考这种特点或行为，即将人物与背景联系在一起，寻找其中的微妙联系和相关意义，为最终的判断而服务。其次，人类的“心资源”是有限的。尽管我们处于生物界分类的最高端，与其他高等动物相比，人类在认知能力上比其他动物有着无法比拟的优势，人类处理信息的能力是低等动物的几百万倍，甚至可以说存在着一个不可逾越的鸿沟。但尽管占尽所有的认知优势，人类依然必须面对自己“心资源”的局限性问题。社会心理学家在研究中，找到了一些更为具体的人类认知的线索。

一是背景成为意义的源点。当我们得到关于一个人的信息时，我们并不只是机械地吸取这个信息，而是一定要将这个信息放在相应的背景下来理解这一信息的意义。因为人们认为，只有在这种意义相关背景下做出的判断才是合理的。比如，我们听说一个人非常“能干”，此时，我们会将他的职业、年龄、经历等统统综合在一起，当得知这个人是一个具有良好业绩的领导干部时，我们会将其“能干”进行“迁移”，认为他一定在生活的其他方面都是一个令人尊敬的人；相反，当我们得知这个“能干”的人其实是一个贪污犯，我们立刻会对他的能干表示出深恶痛绝，而且比起那些不能干的贪污犯，我们对他的鄙视会更加强烈。这就是由于背景不同，得知“能干”这一新的信息后，会使我们对被判断的人产生不同的、甚至是截然相反的情感和判断效果。

二是核心品质。某些品质本身就比其他品质更有意义。这些品质或性格特点能够给我们提供有关一个人的更多的情况和信息，什么是核心品质呢？那些与其他品质或性格特点有很大关系的品质叫作核心品质。章志光（2008）介绍了 Kelly G. A. 在 1950 年对核心品质做过的一个经典研究。Kelly G. A. 为学生们聘请了一位外来教师，来为学生们作演讲。教师到来之前，Kelly G. A. 将学生们随机地分成两组，并就该教师的个性分别对两组同学进行了描述。除了一个词汇——A 组学生听到的是“热情”，B 组学生听到的是“冷淡”，用于描绘这位教师的其他词汇是完全相同的。

这名教师到来之后，Kelly G. A. 把两组学生聚在一起，教师按照标准化的程序为全体学生上了一堂课，并在演讲结束后，组织学生进行了 20 分钟的讨论。送走教师，Kelly G. A. 请 A、B 两组学生将他们对这位教师的印象进行评定，发现这两组学生对教师的印象很不相同，被告知

“热情”的学生显著地比被告知“冷淡”的学生认为这位教师更可爱，更容易接近，具有幽默感、比较随和等。

之所以会产生“核心品质”的效应，是因为人们总是把注意力放在人或事物的突出特点上，这些突出的特点很容易吸引人的注意力。而且，具有这些突出特点的人通常被看作是对周围环境更具影响力的人，人们对这些人或事件的整体理解往往具有比较好的一致性。但是，当人们对具有这些突出特点的人进行评价时，也是很容易走向极端的，要么完美至极，要么一无是处。

三是分类倾向。当我们看到一群人时，会自发而快速地将这群人看作是一个群体或一类人的一部分。分类可以按照原型（Prototype），也可以按照实例（Example）进行。“原型”指的是与个性类型有关的各种品质的抽象代表，如人们头脑中篮球运动员的原型通常是个子高、运动灵活、年轻帅气、喜着运动装。“实例”指的是一个个性类型的具体例子。如人们通常将某个具体的人归类为篮球运动员，因为他个子高高的，无论春夏秋冬总是穿运动衣、球鞋，走起路来经常爱做向上投篮的动作。人们运用这样的分类方法，节省信息处理时间。

四　社会推论中常见错误及启示

1. 对人类理智行为的假设

按照逻辑，人类为了做出一个正确而聪明的判断，必须对所有信息进行筛选，在确认掌握的信息是最为全面和理性之后，要对已知条件进行认真的整理，特别是对重要信息进行反复的、符合逻辑的斟酌。这样的行为方式才可以被看作是一种理智的行为。如果根据这样的逻辑，人们在进行社会推论或对社会环境中的人或事进行判断时，应该总是遵循某种理智的、正确的方法和步骤来进行。但令人惊讶的是，社会心理学家在社会认知领域中进行的研究并未支持这样的假设。认知心理学家发现，在实际生活中，人们在进行社会推论的时候，常常是不理智的，有的时候更谈不上正确的社会推论。

2. 产生错误和偏见的原因

①预先的期望存在一定的偏见。当一个人需要对某一件事情做出决定时，他首先要收集一些有关的资料或信息。如果人类的行为是理智的，

他就会公正、客观、全面地把与这个决定有关的各种资料全部收集起来，即人在收集资料时，应该采取一种公正的、不带任何偏见的态度来收集资料。但是研究结果却大出所料。人们在为判断收集资料时，常常是会受到自己的预先期望这一偏见的影响。由于预先期望的存在，人们通常只是“下意识”地收集与预先期望相一致的信息，而忘记收集其他更为全面的信息。

预先期望之所以会存在一定的偏见，通常是由于人们认识不到预先期望对信息收集可能产生的偏见作用。同时也会因为存在一定的预先期望，导致人们根本就无心再去进行费力的信息收集工作，如果再加上预先期望本身就是个错误，由它指导而进行的信息收集自然不容易驶向正确的航道。

②统计信息与个案历史信息造成的负面影响。统计信息指的是来源于很多人的信息，个案历史信息则是关于几个特殊事例或特殊人的信息。当人们同时面对统计信息和个案历史信息时，后者对他们的影响往往更大，尽管人们都知道统计信息更准确、更客观。比如人们应该知道买彩票的中奖率是一定的，但是当周围的朋友中了大彩，一个社会现象就出现了，他周围的朋友们买彩票的热情会立刻高涨起来，朋友们在这样的个案信息中，完全忘记了统计信息中“彩票中奖率低”的规律。

综上可知，当人们对各种事物进行相关判断时，很少是按照理智行为假设去工作，而往往受自己的预先期望的控制，使得他们把注意力放在与自己观点一致的信息上，而不去注意其他方面的事实。

应该说，社会推论中发生的一些错误有时并不重要，因为对于一个具有弹性思维的人来说，当正确的、新的信息出现在人们面前时，旧的推论就会被更正确的判断代替。即人的推论、知识通常是可以改变的。尽管从逻辑上讲，人类更应该按照理智行为的假设生存，但是毕竟我们所处的社会是一个复杂而多变的环境，在这一环境中谋生存的人，很多时候，处理信息的速度，有时会同处理信息的准确性一样重要。因此，社会推论中出现一定的错误也不是不可饶恕的。但是在某些情况下，或者当人们的社会推论所犯错误已经影响到人们的正常生活之时，如果不去谋求改变，那将给个体带来无法想象的灾难。好在人类并没有成为错误的社会推论的俘虏。否则，人类社会就不可能发展到今天的规模了。因为人类的社会认知系统中还存在着更为理性的策略，帮助人们避免认知偏差给自己带来的伤害。

五 合理认知的构建与完善

1. 自我认知的要义

(1) 自我意识

自我意识，顾名思义，就是一个人对自己的认识，它包括了三方面的认识：对“生理我”的认识，对“心理我”的认识，还有对“社会我”的认识。

自我意识并不是与生俱来的。刚出生的小宝宝总是吃自己的手和脚，这说明初生婴儿还没有自我意识，不能将自己的身体和外界区别开。直到牙牙学语时，幼儿学会了“我”“你”“他”，自我意识才算是真正开始发展起来。幼儿在家长的话语中，一点点形成对自己的意识，比如“我是乖孩子，我很听话”“我是女孩”“我爱哭”等，自我意识就是这样在与他人的互动中，从他人对自己的态度和评价中得到逐步的发展和完善。

每个人都拥有自我意识，并无时无刻不在脑海中表现出来。比如“我很丑”“我讨厌数学”“我很伤心”“我喜欢小狗”等等。但只有很少人对自己有完整清晰的认识，更多人的人似乎只是对自己一知半解，从来没有认真想过自己是个什么样的人。

(2) 接纳自我

接纳自我是指个体对自身及自身所具有的特征持有一种积极的态度，是爱自己的一种体现。下面是一个“接纳自我”的纸笔练习作业，请你认真思考自己的优点和缺点，按照“虽然—但是”模式完成句子，并填写在下面的空白处。

“接纳自我”纸笔练习

姓名：______院系：______ 日期：______ 评分：______

示例：“我虽然唱歌不好听，但是我钢琴弹得很好”。

1. 我虽然________________，但是________________。
2. 我虽然________________，但是________________。
3. 我虽然________________，但是________________。
4. 我虽然________________，但是________________。
5. 我虽然________________，但是________________。
6. 我虽然________________，但是________________。

7. 我虽然＿＿＿＿＿＿＿＿，但是＿＿＿＿＿＿＿＿。
8. 我虽然＿＿＿＿＿＿＿＿，但是＿＿＿＿＿＿＿＿。
9. 我虽然＿＿＿＿＿＿＿＿，但是＿＿＿＿＿＿＿＿。
10. 我虽然＿＿＿＿＿＿＿＿，但是＿＿＿＿＿＿＿＿。
11. 我虽然＿＿＿＿＿＿＿＿，但是＿＿＿＿＿＿＿＿。
12. 我虽然＿＿＿＿＿＿＿＿，但是＿＿＿＿＿＿＿＿。
13. 我虽然＿＿＿＿＿＿＿＿，但是＿＿＿＿＿＿＿＿。
14. 我虽然＿＿＿＿＿＿＿＿，但是＿＿＿＿＿＿＿＿。
15. 我虽然＿＿＿＿＿＿＿＿，但是＿＿＿＿＿＿＿＿。
16. 我虽然＿＿＿＿＿＿＿＿，但是＿＿＿＿＿＿＿＿。
17. 我虽然＿＿＿＿＿＿＿＿，但是＿＿＿＿＿＿＿＿。
18. 我虽然＿＿＿＿＿＿＿＿，但是＿＿＿＿＿＿＿＿。
19. 我虽然＿＿＿＿＿＿＿＿，但是＿＿＿＿＿＿＿＿。
20. 我虽然＿＿＿＿＿＿＿＿，但是＿＿＿＿＿＿＿＿。

不能接纳自己的人，看待自己比较片面、主观，存在某种程度上的自我否认或自我排斥、自卑或者自傲的倾向。具体特征如下：

①只见优点。一个人如果只看到自己的优点，看不到自己的缺点，容易养成狂妄自大、骄傲、盲目乐观、不思进取的恶习，这对自身的发展是非常不利的。他们用自负的眼光看待他人，对其他人指手画脚，或在言语间流露出处处高人一等的优越感，在无形中对他人的自尊与自信形成一种挑衅、打击，人们自然也会疏远他。

②只见缺点。一个人如果只看到自己的缺点，感觉自己什么都不如别人，处处低人一等，容易变成一个自卑、自闭、缺乏自信的人。这样的人就会缺乏朝气，缺乏积极性，将会悲观失望，停步不前，也容易形成嫉妒虚荣心理。

③遗忘过去的自己。每个人都有着自己的过去，贫穷或富有，善良或邪恶，那都是自己生命历程不可或缺的一部分。遗忘过去的自己，抹杀过去的记忆，个体就不再是完整的个体。而且实际上，一个人的过去是不可以被抹掉的。它会存活在个体的内心深处，像皮球一样，你压得

越低越深，它给你的触动和影响也会越大。所以，坦然地接受“过去的我”，生活才会变得轻松、幸福。

④讨厌现在的自己。没有人是完美无缺的，也许某个缺点、某件错误的事情或者错误的决定让你后悔，甚至变得处处讨厌自己——讨厌自己不上进、讨厌自己没作为、讨厌自己人际差、讨厌自己没抓住一瞬即逝的机会等等。“为误了头一班车而懊悔不已的人，肯定还会错过下一班火车”。生活就是这样，不会因为你的追悔莫及而让你重新来过，与其一直生活在追忆后悔中，不如勇敢接纳自己，改变自己，毕竟明天又是新的一天。

积极地接纳自我，是拥有和谐自我的基本点。生活中应该注意改善上面描述的一些问题，使自我更加地协调统一。正如研究中所发现的，一个具有和谐自我的人，才更容易拥有生命意义感，也才更容易体验人生幸福。一个自我不和谐的人，通常是由于他自身的社会认知系统出现了一些致命的问题。由于社会认知与个体的健康和幸福密切相关，因此越来越被视为个体成长过程中的一个重要的非智力品质而受到广泛的关注。

2. 不良认知对个体的危害

在谈论合理认知的构建问题之前，让我们首先来了解一些临床中经常遇到的情绪障碍问题，帮助我们意识到合理认知对享受人生幸福的重要意义。

在情绪障碍方面，最有影响力的是 Beck 的认知加工理论。该理论对人的情绪障碍进行了非常具有概括性的解释和说明。Beck 认为，个体的不良认知存在三个主要特征，也由此而泛化为包含“我是个失败者”——针对自我、“没有人关心我”——针对世界、“我不会有任何成就”——针对未来的三种负性的自动化思维。它的理论基础是“图式理论”。图式是从过去的经验所储存的表象中，引导经验并将它们组织化。个体会拥有很多不同的图式，各种图式表现为各种刺激—反应序列，和精神病理相关的最重要的图式之一是“自我图式”。个体在加工有关自我的信息的时候，是经常要使用这一图式的。

那些容易受到伤害的人，他的自我图式通常比正常的健康人的图式要僵硬、死板、具体化，缺乏柔软性，这样的图式被 Beck 称为“病的图式”。个体头脑中形成病的图式，通常是在一种特定的环境下受到了诱发，一旦成形，就成为指导个体行为的一个潜在的“司令部”。当然这个“司令部”一般是在人的生活情境中，若出现了和这个“司令部”在最初形成时的状态非常相似的情形时就会立刻被激活。在病的图式被激活之前，它一直是潜伏着的。但是，一旦被激活，它就会肆意地扩大指挥的范围。可想而知，它所涉及的范围越广，就越会影响个体理性的思考，个体对生命的积极态度的掌控就越容易失败。

Beck 认为，病的图式是个体从过去的学习经验中产生的，是具有个人色彩的特有内容。病的图式至少表现出两个水平的知识，它们都对情感上的烦恼产生影响。其中之一是以“如果没有喜欢我的人，我就没有价值了”这样一种 if－then 的假定句式来表现的。另一个就是在很深层水平下的绝对化观念或是“中心信念”，它是无条件的存在的。

根据 Beck 理论的基本思想，是否容易患上情绪障碍，以及它的持续时间长短等问题，是源于一定的背景的，并与病的图式的活性化有关。这种图式的活性化和信息加工的特殊变化相伴随，同时与情绪障碍的情感、生理、行动的发展和持续作用有关。在信息加工方面的变化，指的是意识流中的消极自动思考增加、信息加工过程中认知歪曲，或思考中出现偏见或不正确的推理。

3. ABC 理论及合理认知的构建

（1）艾利斯及其 ABC 理论

Ellis A. 是美国临床心理学家，合理情绪疗法（Rational Emotional Psychotherapy，简称 RET）的创始人。1913 年 Ellis A. 出生于美国宾夕法尼亚州匹兹堡市的一个犹太家庭，在童年和少年时期，Ellis A. 在身心两方面的发展上都出现了一些困难。12 岁时父母离异，弟妹经常闹矛盾，Ellis A. 自己的性格一度也很孤僻羞怯，害怕在人前说话，尤其害怕与异性相对。他患过肾炎，5 岁时因肾炎并发扁桃腺炎几近死亡，又曾因肾炎 9 次住院。19 岁时又并发高血压，40 岁时罹患糖尿病，但是他努力照顾自己的身体，不仅没有使自己因疾病而陷入悲惨，反而精力充沛地生活着。

在 Ellis A. 觉得走投无路的时候，他对哲学产生了浓厚的兴趣，阅读了许多古代和现代的哲学家、思想家以及心理学家的著作。其中杜威、罗素、华生、弗洛伊德等人对他尤其有影响。在这些思想家的影响下，他开始意识到自己的情绪问题是自己制造出来的，发现自己的焦虑源于他头脑中的一些观念：他认为，自己不能在社交中失败，否则自己就是一个命中注定在这方面永远会失败的人。正是由于他对交往的期望值非常高才会出现社交恐惧，因此他下决心采取一种认知行为性质的技能来克服自己怕在人前讲话以及社交焦虑的毛病。请注意，在上述例子中，Ellis A. 所要做的事情是“克服自己的社交焦虑”的毛病，而在做这件事之前，Ellis A. 是做了一番精辟的分析的，并得出结论“自己的毛病是由情绪制造出来的”（钱铭怡，1994），这就是他对自己的定位。因此，对自己客观准确的定位是个体产生一个有意义行为的第一步。于是他通过理性分析和逻辑验证来驳斥这些信念，并通过实际行动加以体验。他逐渐发现自己的焦虑状态大为减轻了。后来他就把这个方法应用于临床，治疗他的患者并取得了成功。基于这些发现，Ellis A. 逐渐把自己的治疗方向转向改变患者的不合理信念，并在此基础上提出了“合理情绪疗法”。在 Ellis A. 发现 RET 之后，就在自己的人生实践中积极应用 RET，用合理的信念准则来要求自己，他不仅成为心理学界的一代宗师，而且他的人格也得到了完善，既不企求他人的赞美，也不依赖于他人的赞赏和评价。目前的大学生在听不到赞美后，产生心理失落的不占少数，只是表现有轻有重。

Ellis A. 于 20 世纪 50 年代在美国创立的这一理论，使他成为自弗洛伊德以来唯一创建具有了自己理论体系的、心理治疗学派的心理学家，还有人称他为认知—行为治疗之父。但也有人不以为然，认为他无非是取人之长、略加综合而已。尽管褒贬不一，但他所倡导的合理情绪疗法却是得到一致推崇的。它是认知疗法的一种，又因采用了行为治疗的一些手法，故又被称为认知—行为疗法。合理情绪疗法旨在通过纯理性分析和逻辑思辨的途径，改变患者的非理性观念，以帮助解决情绪和行为上的问题，特别强调人的价值观在治疗心理疾病的过程中发挥着重要的作用。采用纯理性的方法帮助来访者解决问题，对日常生活中常常引发人们情绪困扰，甚至可能引发人们出现神经质症状的 11 种不合理信念进行了详细的解释，这些解释本身对心理问题的解决就有着积极的治疗作用。（江光荣，1998）

（2）Ellis A. 的人性观

在人性问题上，Ellis A. 认为，人生来就有一种内在的倾向，与其他的人本主义者一样，他把这种倾向称为人的本性。Ellis A. 认为，人的本性虽然有趋向于成长和自我实现这样的积极倾向，但也存在一种非理性的、不利于生存发展的消极倾向。他强调："在许多时候，人类天生就倾向于进行畸形的思维；倾向于自毁前程；倾向于易受暗示的影响和过分地概括化；倾向于无端地焦虑不安和生气，并且持续不断地让焦虑和敌意伤害自己。"他认为，人的认知、情感和行为是相互联系的。人的情绪和情感来自于人对所遭遇事情的信念、评价、解释或哲学观点，而非来自事件本身。

①人具有一种生物学和社会学的倾向性，而且倾向于既具有理性思维又具有非理性思维，即人的思维有其理性的、合理的一面，也有其非理性的、不合理的一面。当人们按照理性去思维、去行动时，他们就会很愉快、很富有竞争精神及行动有成效。因为理性思维使人珍视生命，通过思考和学习来推动行动，迈向实现人生理想和价值的目标。理性思维使人能用语言表达自己，与他人沟通并建立亲密关系，在爱中生存和发展，因而它的情绪是愉快的。但任何人都不可避免地具有或多或少的不合理思维与信念，非理性情绪使人迷信固执、自怨自艾、缺少涵养、盲目冲动或要求自己和他人十全十美，由于对环境和他人要求过高，因而难于与人建立和谐的关系，在孤独和苦闷中生活，必然会产生很多情绪上的困扰。

②Ellis A. 不赞成弗洛伊德对人类早期经验的说法。弗氏认为，人的本性是受早期生活经历，特别是性心理障碍的影响。当然 Ellis A. 更反对人是受本能动机驱使的观点，他认为，人的行为并不完全受生物性因素的支配，也不应该让自己成为早期经验的受制者。他赞成号称第三势力人本主义的人性观，认为人不应该放弃自己，而应努力完善自己，因为人有发展自身的潜质，有巨大的、未被采用的资源，他能在理性思维的指导下，改变个人和社会的命运。即人的本性具有主动性，不是被动地接受早期经验。

③情绪是伴随着人们的思维而产生的，情绪上或心理上的困扰是由不合理的思维造成的。人是有语言的动物，思维借助于语言而进行，不断地用内化语言重复某种不合理的信念，这将导致无法排解的烦恼情绪。情绪困扰的持续，实际上就是那些内化语言持续作用的结果。相反，如果不断地用内化的语言重复某种合理的信念，人的思维方式就会随之而变，进而引起情绪、行为的变化。正如 Ellis A. 所

说："那些我们持续不断地对自己所说的话经常就是，或者就变成了我们的思想和情绪。"思想、情绪和行为三者是同时发生的，极少存在没有思想支配的情绪和行为。他明确指出：当人有所感受时，他们同时思想和行动；当人有所行动时，他们同时思想和感受；当人有所思想时，他们同时行动和感受。Ellis A. 强调，为了了解人的自我毁灭行为，就要先行了解人的感受、思想、认知和领悟。人的独特之处是人有能力去了解自己的不足，有能力对自己的价值系统作出评价，因而也有能力去向个人的自我毁灭行为作出挑战。"人"犹如一股动力，"事"犹如一个被作用的对象。而人对事物的认识程度与角度则决定了两者之间作用的途径。总之，人、事、认知相互联系，共同作用。人通过自己的理性思维可以用新的观念和认识，去取代旧的非理性的观念和认识。人可以通过思想去调整情绪、完善自我，使自己向好的方向发展，而不成为以往经历的受害者。

所以 Ellis A. 强调，为能更清楚地了解个体的情绪困扰和不适行为，就要首先了解个体是如何思想、感受以及如何领悟和行动的，并提出了合理情绪疗法（RET）。

（3）ABC 理论

合理情绪疗法中一个重要的理论被称作 ABC 理论，即，引起情绪障碍的不是诱发事件本身，而是事件经历者对该事件的评价和解释。事件能否发生是不以当事人的意志为转移的，但如果能对该事件作出理性的评价，就可避免消极情绪的产生。有一段话说得好：非常不好的事情确实有可能发生，我们也有许多原因不希望它发生，但我们却没有理由说这些事情不该发生。什么是影响当事人情绪和行为的直接原因呢？通常认为诱发事件 A 是 C 情绪和行为的反映，即 A 是 C 的直接原因，人们经常使用的对话："小利怎么垂头丧气的""她失恋了"或"她炒股套住了一万元"。合理情绪疗法的观点则与此不同，它认为诱发事件 A 只是情绪和行为 C 的间接原因，直接原因是 B，即当事人对诱发事件所持的态度、信念，这就是 RET 的核心 ABC 理论。因此，面对这些不好的事情，我们应该努力接受现实，在可能的状态下去改变这种状态，而在不能改变时，就要学会如何在这种状态下生活下去。Ellis A. 曾用下图来阐释他的 ABC 理论。

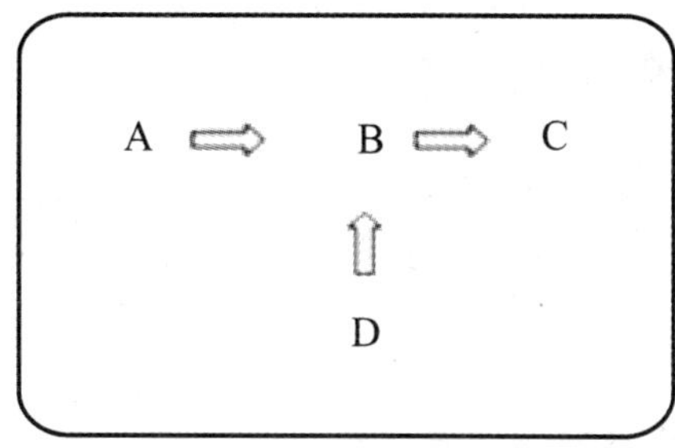

图 8－6　Ellis A. 的 ABC 性格理论关系图

图 8－6 中，A（Activating events）诱发事件；B（Beliefs）当事人在遇到诱发事件后产生的信念，即对事件的评价和解释；C（Consequences）当事人的情绪和行为结果；D（Disputing irrational Beliefs）与不合理信念辩论。在 RET 疗法中，主要治疗技术是教导当事人对 B 进行质疑问难，故用争论（Disputing）一词的第一个字母 D 表示治疗的过程，治疗的本意就是通过 D 来影响 B。实际上，认知问题解决了，情绪和行为困扰就会在很大程度上减轻，最后达到一种新的情绪和行为效果。

4. 不合理信念及其特征

Ellis A. 认为不合理信念一般具有三个特征：绝对化、过分概括化、糟糕至极。

（1）绝对化

日常生活中最常见的不合理信念，就是对事物的绝对化的要求。人们以自己的意愿为出发点，对某一事物怀有认为其必定会发生或不会发生的信念，该信念常与 must 或 should 这类“必须”或“应该”的词汇联系在一起，是指个体从自己的意愿出发，认为某一事情必定要发生或不会发生的信念，把“想要（want）”“希望（hope）”变成“一定要”。比如：“我必须获得成功”；“别人必须很好地对待我”；“我就应该考全班第一，因为以前我一直是全班第一”；“他人都应该友好地对我，因为从小到大我周围的人一直对我很好”；“生活不应该这样艰难”；……怀有这些信念的人极易陷入情绪困扰，因为客观事物的发展有其自身的规律，不依赖人的意志为转移，对某个具体的人来讲，他不可能在所有经历的事情上都获得成功，更不可能事事第一，而对于个体周围的人来说，他们的七情六欲不是某个个体可以把握的，因此该个体就不可能操纵他们为人处世的态度，因此有种种理由说明绝对化的要求不可能永远实现。而一旦当某件事情的发生，与当事人对事物的绝对化要求相悖时，当事人就会感到难以接受和适应，从而极易陷入情绪困扰之中。（钱铭怡，1989）

（2）过分概括化

过分概括化，也被称为以偏概全，以一概十。过分概括化是一种以偏概全的不合理的思维方式，就好像是以一本书的封面来判定它的好坏一样。它是个体对自己或别人不合理的评价，其典型特征是以某一件或某几件事来评价自身或他人的整体价值。例如，一些人面对失败的结果常常认为自己“一无是处”“毫无价值”。一旦失败，就认为自己是世界上最无能的人，“一钱不值”“废物一个”。这种人以自己做的某一件事或某几件事的结果来评价自己整个人，评价自己作为人的价值，这种片面的自我否定往往会导致自责自罪、自卑自弃的心理以及焦虑和抑郁等情绪。而一旦将这种评价转向于他人，就会一味地责备别人，从而产生愤怒和敌意的情绪。其实世上没有一个人能达到十全十美的境地，每一个人都应该接受人是有可能犯错误的这一事实（Ellis A.，1962）。按照 Ellis A. 的说法：以一件事的成败来评价整个人是一种“理智上的法西斯主义”。因此，应以评价一个人的具体行为和表现来代替对整个人的评价，也就是说“评价一个人的行为而不是评价一个人”。过分概括化也会导致当事人对他人评价的不合理，比如我的朋友要一好百好，或一旦看到他人身上的某个污点，就会认为，这个人一无是处，对人求全责备，产生敌意，疏远打击他人。

（3）糟糕至极

由于不合理的信念，使得当事人认为，一件不好的事情发生将意味着所有的事情都坏到了极点，必将引发一系列非常可怕、非常糟糕的结果，甚至灭顶之灾，当一个人认定自己遇到了糟糕透顶的情况时，他就会陷入极端不良的负性情绪体验之中。但 Ellis A. 认为，对于任何一件事情来说，都有比之更坏的事情发生，因此没有一种事情可以被认为百分之百的糟糕透顶。若一个人坚持这样的观念，那么当他遇到了他认为是糟糕透顶的事情时，就会陷入极度的负性情绪体验中。例如，宿舍里的夜谈可能会影响你的学习和休息，但是当你把这种影响看成是糟糕至极的事情时，你所经历的情绪困扰就远比影响本身大得多。而且“糟糕至极”常常又与人们对自己、对他人及对周围环境的绝对化要求相联系而出现的。如果一件事情在开始之前就被赋予了绝对化的色彩，那么当它最终没能达到预期结果的时候，就更容易引起“糟糕极了”的想法，从而给个体带来更大的烦恼。应用合理情绪疗法，意识到这种认识的不现实性，培养自己宽广的胸怀和耐挫能力是十分必要的。因为今后的生活中不可能事事都一帆风顺，糟糕的事情也会不可避免地发生，生活要求每一个人都要以一颗平常心对待它们，什么时候都要满怀希望，坚信没有什么事情是无可救药的。这样的心态，可以让生活充满希望，让日子过得轻松，让生命更有意义。

5. 提升生命意义感的自我批驳

Ellis A. 认为，不合逻辑的、不合理的信念是一个人产生情绪困扰的主要原因，对它处理不当，就会产生各种心理问题，就不能快乐、满足地生活。Ellis A. 根据自己的临床观察提出了 11 种不合理信念，建议每一个个体都对照它检查自己信念的合理性，如果是不合理的信念就要与它们一一作斗争。

（1）每个人绝对要获得周围环境中的人们，尤其是生活中每一位重要人物的喜爱和赞许。

（2）个人是否有价值，完全在于他是否是个全能的人，即能在人生中的每个环节和方面都能有所成就。

（3）世界上有些人很邪恶、很可憎，所以应该对他们作严厉的谴责和惩罚。

（4）如果事情非己所愿，那将是一件可怕的事情。

（5）不愉快的事总是由外在环境因素引起，不是自己所能控制和支配的，因此人对自身的痛苦和困扰也无法控制和改变。

（6）面对现实中的困难和自我承担的责任是件不容易的事情，倒不如逃避它们。

（7）人们要对危险和可怕的事情随时地加以警惕，应该非常关心并不断注意其发生的可能性。

（8）人必须依赖别人，特别是某些与自己相比强而有力的人，只有这样，才能生活得好些。

（9）一个人以往的经历和事件常常决定了他目前的行为，而且这种影响是永远难以改变的。

(10) 一个人应该关心他人的问题，并为他人的问题而悲伤难过。

(11) 人生中的每一个问题都应有唯一正确的答案。如果找不到这个答案，就会痛苦一生。

以上是 Ellis A. 在 1962 年总结出来的具有普遍意义的、通常会导致各种各样神经症状的 11 种主要的不合理信念。因为情绪是由人的思维、人的信念所引起的，所以 Ellis A. 认为，每个人都要对自己的情绪负责。当然合理情绪疗法并非全盘否定人们具有负性情绪。相反，合理情绪疗法认为，一件事情失败了，个体感到懊恼、有受挫感，这恰恰是适当的情绪反应，不应被压抑，反而应该得到适度的宣泄。但是，在 Ellis A. 眼里，人们对于事件产生的抑郁寡欢、一蹶不振情绪，才是所谓的不适当的情绪反应，因为它反映了个体内心一些不合理的信念。因此，Ellis A. 希望人们时刻要记住的是，当个体陷入情绪障碍之中时，是他们自己使自己感到不快，是他们自己选择了这样的情绪取向。Ellis A. 认为，修正的目标有八条，包括自我关怀、自我指导、宽容、接受不确定性、变通性、参与、敢于尝试和自我接受。

在日常的教育实践活动中，我们已经借助 Ellis A. 合理情绪疗法，帮助很多的大学生学会了如何让自己走出抑郁和恐惧，改善了社会认知架构。以下来自“学生的心声”便可体现这一疗法的价值。

来自学生的心声

我以前总是放任自己，让抑郁、恐惧的情绪主宰着自己的生活。因此，长期以来，我对生命感到迷茫，感觉毫无意义、毫无价值。现在我知道了，不合理的信念需要转化。因此，我会主动进行一些自我暗示，在自己濒临崩溃、走向极端的时候学会退一步，等到心中的力量再次蓄积以后，重新积极地展望未来。而且我也发现，我之所以长期地处于心理抑郁的状态，是因为在不知不觉中积累着一种恐惧，一粒害怕失去的恐惧的种子在我心里扎下根，开始生长并吞噬着我的力量。特别是由于我对这样的恐惧思虑过多，而人的注意空间和容量又是有限的，从而瓦解了我学习时的精力，导致我将学习看成是一件非常困难的事情，我还以为是自己患上了健忘症。现在的我，不会像以前那样一直处在自己的情绪困扰之中，而是能够主动调节。不过，我也深知，虽然我现在能够认识到过分担心以致恐惧是多余的，也是毫无意义的，但距离我完完全全地摆脱掉这种困扰我还有一段路要走。因为这种情绪已经如影随形地和我一起生活了近五年。但是现在我知道了，不良的情绪和不合理的信念是可以依靠自己的力量加以控制并调节的，所以我有足够的信心走出抑郁和恐惧。我现在虽然偶尔也会很伤心，但很少绝望了，因为我知道每个人都可能遇到心理问题，只要把握好一个度就行了，不要长期偏离正常范围即可。“如果说忧郁是心中的一块石头，搬开它并不是最好的办法，能就地把它融化，心胸才自然舒畅。我相信轻装前进的人生将充满喜悦，我也才会拥有积极的生命意义感。”

“RET 疗法”纸笔练习

姓名：________院系：______日期：______　评分：________

说明：从生活中找一个自身存在的不合理信念并完成下面的练习。

事件 A：____________________

信念 B：____________________

情绪和行为结果 C：____________________

驳斥 D：____________________

①____________________

②____________________

③____________________

④____________________

新观念：

①____________________

②____________________

③____________________

④____________________

你的体会与收获是：____________________

讨论：

材料 1

一个耳熟能详的故事

有一个老太太，晴天也忧，雨天也愁。因为她有两个女儿，大女儿卖伞，二女儿卖冰棍。晴天怕大女儿赚不到钱，雨天怕二女儿赚不到钱。有位智者开导她说："你老人家真是有福气，晴天时二女儿生意兴隆，雨天时大女儿又财源滚滚。"老太太一想果然是这样，从此不论是晴天雨天，都乐呵呵的。忧与喜是事物给你带来的两种心情，只要你不钻牛角尖，善于从多角度去思考，塞翁失马，焉知非福。哲理就在身边，大可不必忧心忡忡，更不用像老太太先前那样终日忧愁。

现实生活永远充满矛盾，问题是，要学会自我解脱，保持一颗平常心。人生中增加了痛点，就努力转移痛点，放下一些不现实的欲望，努力减少忧虑，多寻找一些快乐。把目光放远些，不要被眼前的境遇所困恼，所压倒。自宽自心，为自己营造好心情。

材料 2

生活是美好的——对企图自杀者进一言

生活是极不愉快的玩笑，不过要使它美好却也不很难。为了做到这点，光是中头彩赢了二十万卢布、得了"白鹰"勋章、娶个漂亮女人、以好人出名，还是不够的——这些福分都是无常的，而且也很容易习惯。为了不断地感到幸福，那就需要：（一）善于满足现状，（二）很高兴地感到："事情原本可能更糟呢。"这是不难的：

若是火柴在你的衣袋里燃起来了，那你应当高兴，而且感谢上苍：多亏你的衣袋不是火药库。

要是有穷亲戚上别墅来找你，那你不要脸色发白，而要喜气洋洋地叫道："挺好，幸亏来的不是警察！"

要是你的手指扎了一根刺，那你应当高兴："挺好，多亏这根刺不是扎在眼睛里！"

如果你的妻子或者小姨子练钢琴，那你不要发脾气，而要感谢这份福气：你是在听音乐，而不是在听狼嗥或者猫的音乐会。

你该高兴，因为你不是拉长途马车的马，不是寇克（19 世纪德国细菌学家）的“小点”（细菌），不是旋毛虫，不是猪，不是驴，不是茨冈人牵的熊，不是臭虫。……你要高兴，因为眼下你没有坐在被告席上，也没有看到债主在你面前，更没有跟主笔土尔巴谈稿费的问题。

如果你不是住在十分边远的地方，那你一想到命运总算没有把你送到边远的地方去，你岂不觉着幸福？

要是你有一颗牙痛起来，那你就该高兴：幸亏不是满口的牙痛起来。

你该高兴，因为你居然可以不必读《公民报》，不必坐在垃圾车上，不必一下子跟三个人结婚。……

要是你给送到警察局去了，那就该乐得跳起来，因为多亏没有把你送到地狱的大火里去。要是你挨了一顿桦木棍子的打，那就该蹦蹦跳跳，叫道：“我多么运气，人家总算没有拿带刺的棒子打我！”

要是你的妻子对你变了心，那就该高兴，多亏她背叛的是你，不是国家。

依次类推。……朋友，照着我的劝告去做吧，你的生活就会欢乐无穷了。

——选自契诃夫：《生活是美好的——对企图自杀者进一言》

姓名：______________院系：____________日期：____________

评分：______________

看完讨论材料后，我想说：

第九章

生涯发展视域下提升个体生命意义感的实践教育路径

第一节　学习职场智慧　做好入职准备

随着当今职场的机械化、自动化、大型化和高速化发展，职场上的负荷越来越大，变化也越来越频繁，职场上的员工们越来越感到个体适应企业、适应社会发展变化的任务非常艰巨，导致了“职场适应障碍”的频繁发生。职业在一个人的生涯发展中所占比重非常大，如果没能得到顺利发展，人生之路就会出现诸多的遗憾。因此，打造职场智慧，为幸福人生引航就显得尤为重要。

●成长案例 9-1

小A在合资公司做白领，觉得自己满腔抱负没有得到上级的赏识，经常想：如果有一天能见到老总，有机会展示一下自己的才干就好了！小A的同事小C，也有同样的想法，他更进一步，去打听老总上下班的时间，算好他大概会在何时进电梯，他也在这个时候去坐电梯，希望能遇到老总，有机会可以打个招呼。

他们的同事小E更进一步。他详细了解老总的奋斗历程，弄清老总毕业的学校，人际风格，关心的问题，精心设计了几句简单却有分量的开场白，在算好的时间去乘坐电梯，跟老总打过几次招呼后，终于有一天跟老总长谈了一次，不久就争取到了更好的职位。

愚者错失机会，智者善抓机会，成功者创造机会。机会只给有准备的人，这准备二字，并非说说而已。

一 职场适应障碍

个体是在不断地希望自己的需求得以满足的前提下生存的。在马斯洛的需求层次理论中，个体是按照生理需求、安定或安全需求、社交和爱情需求、自尊与受人尊敬需求、自我实现需求由低级向高级发展的。特别是在当今社会，物质生活的富足使得劳动者的理念再也不单纯是“为了吃饱穿暖”而进行各项活动，劳动者在工作过程中使自己的自尊心得以满足，向着自己认为有意义的生存方式发展。在不断追求高层次需求的过程中，一旦因为某种或某些原因阻碍了这一过程的顺利进行时，个体就会体验到严重的不满、不安、愤怒、悲观和失望，甚至是劣等感，便会产生各种不快的情感波澜。此时，“成熟个体”会及时调整自己的需求与环境之间的关系，让心灵尽快地恢复平静，用更加适应的方式面对眼前的挫折，而“脆弱个体”往往不能成功地完成这一调整，并由此引起各种各样的身心障碍和行为问题。

二 时间管理化解生涯发展中的压力

生活在现代社会的人们，常常会面对来自四面八方的竞争，人们深刻地领会到，一个正日益形成的高速度、快节奏的社会给他们带来了一种不同于父辈们的生存状况。几乎每一个人都感到时间不够用，自己的手头总是留着做都做不完的工作。他们自己都不知道什么时候就被拉进了一个齿轮系统，进入了一个前所未有的忙碌状态之中。这样的忙碌带给现代人的是一种空前的压力感，使得他们没有闲暇去思考生命的意义，而快速旋转的齿轮又因为自己没有融入“心”的活力，而在短暂的静止态下体验到一种空荡、无所寄托的感觉，还有就是对下一轮的旋转的恐惧。这种状态被心理学称为应激状态。

应激如果过强，而且又不能得到及时的解脱，势必会对个体的身心健康造成极大的伤害。特别地，由于应激容易使个体时刻处于紧张与焦虑之中，引发个体的防御状态，时间久了，会导致个体身体上的疾病，更可能让个体陷入各种心理疾病的泥潭。当今在人群中比较普遍的抑郁症、躁狂症、恐怖症、强迫症等，均与职场中的过重压力和过强的应激有关。还有许多生理疾病，如溃疡病、癌症等也与压力过大、过度紧张有直接的关系。

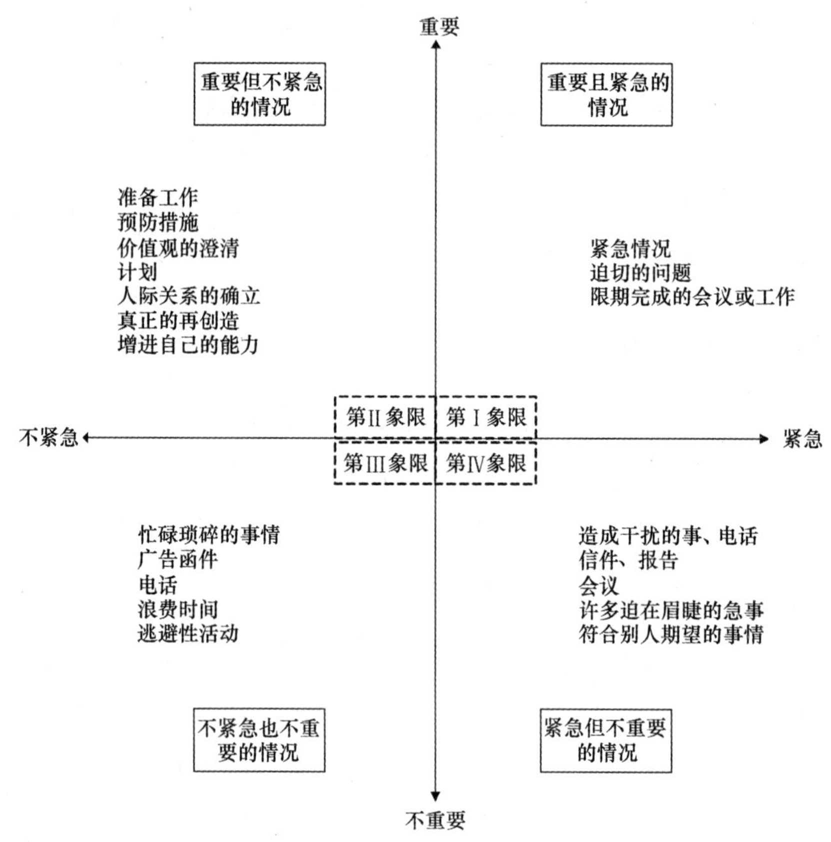

图 9-1 时间管理“四象限”法

为此，学习时间管理变得至关重要。美国管理学家 Covey S. R. 提出了一个时间管理的“四象限”法理论（图 9-1），也是目前很流行的一种时间管理工具。他把工作按照“重要”和“紧急”两个不同的程度进行了划分，分为四个“象限”。处于第一象限的是既重要又紧急的事件；处于第二象限的是重要但不紧急的事件；处于第三象限的是既不紧急也不重要的事件；处于第四象限的是紧急但不重要的事件。这个时间管理象限目标法要求个体学会抓住两个根本。第一，应该将位于第二象限的重要不紧急的工作作为全天的主导工作来抓。第二，不断积累经验，学习判断究竟什么样的事务才是真正重要的，而什么样的事务是紧急重要的和紧急不重要的，只有这样才可能明确各项工作的顺序，合理安排时间进度表。

1. 第一象限是重要又紧急的事。例如应付难缠的客户、准时完成工作、住院开刀等等。很多重要但不紧急的事（即第二象限的事）都是因为缺乏有效的工作计划而转变成为第一象限的事。这也是传统思维状态下的管理者的通常状况，就是“忙”。

2. 第二象限是重要但不紧急的事。主要是与生活品质有关，例如长期的规划、问题的发掘与预防、参加培训、向上级提出问题处理的建议等等事项。荒废这个领域将使第一象限日益扩大，使我们陷入更大的压力，在危机中疲于应付。反之，多投入一些时间在这第二象限中的工作，则会有利于提高实践能力，缩小第一象限的范围。做好事先的规划、准备与预防措施，很多急事就不会产生了。这个领域的事情不会对我们造成催促力量，所以必须主动去做，这既是发挥个人领导力的领域，也是传统的低效个体与高效卓越个体之间的重要区别所在。因此，建议个体学会把80%的精力投入到第二象限的工作之中，以使第一象限的“急”事无限变少，不再瞎“忙”。

3. 第三象限属于不紧急也不重要的事。例如阅读令人上瘾的无聊小说、毫无内容的电视节目、办公室聊天等。整日处于这类事件中的个体，其生命的色彩会在麻木中褪掉色彩。很多大学生感觉生活无聊，生命没有价值，多半与长期陷于该种状态有关。

4. 第四象限是紧急但不重要的事。电话、会议、突来访客都属于这一类。表面上看，与第一象限的工作非常类似，这是因为迫切的呼声会让人们产生“这件事很重要”的错觉，但实际上，如果个体陷入这样的事务之中，他就不得不花费很多的时间在这里面打转，自以为是在“忙”第一象限中的紧急之事，但其实只不过是在被一些并不重要的事情牵着鼻子走。

因此，应该让自己养成能够集中精力把当前该做的事情马上做完的习惯，完成一件算一件，快速地完成某项任务后抓紧时间进行休息，接下去再做别的事情，不要犯“拖延症”。这种有张有弛的生活节奏才可能帮助现代人缓解压力。而拖延症被认为是现代人给自己平添压力的一种不良习惯，因为它导致的后果往往能够摧毁一个人的身心健康，因此已经被视为一种病症。这一病症和缺乏有效的时间管理有很大的关系。另外，还可以利用其他一些身心放松法来缓解压力。比如，适当地改变一下生活方式，做一些自己真正喜欢做的事，如听听音乐、集邮、看球赛、逛商场。如果能：挤出较长的一些时间，还可以外出作短暂旅游；抽出一段时间培养一些爱好；参加一些体育锻炼等。旅游、运动、做自己喜欢的事情等，均可以恢复机体的活力，改变自身的精神面貌，增加个体的承受能力，这些方法对减轻压力都很有好处。

三 自我接纳挑战成就焦虑

目前，在现代人群中普遍存在着“成就焦虑”的现象，这一现象受到学者们的关注，并将其视作一种降低生命质量的状态。希望自己的一生有所成就，这本是很多人认为正确的选择，是人类的一种正常的心理需要，正是那些追求卓越的个体促进了整个人类社会的进步与繁荣。但是正如本书前面提到的，一个追求卓越、追求成就的个体，如果他在追求卓越的时候，不能把控好度，再加上分外地恐惧失败，此时，他对环境的要求往往就会不切合实际，而他本人也会因过分地强调发展道路上的一帆风顺，容不得前进路上有一点点的“尘埃”，或者死盯目标，全然没有一种享受行进路上的成长与进步的姿态，这样的人以为自己到达终点，才是实现生命意义的时刻，殊不知，这样的个体忘记了生命意义感其实是渗透在由起点到终点的过程中，而不是在终点的一刻绽放。而且，这样的个体在刚刚起跑时看似和谐的自我，往往是一种脆弱的自我和谐状态，因为这样的个体，他们的内在需要是很难被满足的，他对自身的表现和目标之间距离往往难以接受。可想而知，自我和谐状态如此脆弱的个体，不仅无法真正享受积极的生命意义感，而且还会苛求目标的实现，当不能达到预期的目标时，自我挫败感很强，脆弱的自我和谐被打破，自然引发个体的焦虑不安，对他的生存与发展产生一系列的阻碍，影响个体积极的生命意义体验。

要想挑战“成就焦虑”，首先要正确地认识到，成就不是获得生命意义感的唯一途径，打造成熟的自我和谐状态，必须首先做到自我接纳，这也才是提升生命意义感的有效途径。应该肯定，生命意义感包含

"生活质量"，但是它更包含着"生命质量"，纵然个体获得的成就可以提高其生活的质量，但是由上面的分析可知，成就的高低有的时候并不总是能给生活质量以及生命质量添砖加瓦的。个体只有参照自己的能力和条件设立恰当的人生目标，并做好持续地为之努力的心理准备，才能获得良好的生命状态。如果目标过高，根本无法达到，它直接影响的就是个体对自我的接纳，破坏个体的自我和谐系统，这样的个体终生都会生活在失败与挫折的体验中，根本谈不上对生命意义感的高峰体验。因此，从某种意义上讲，人生目标定得过高而导致自我和谐受到破坏的个体，所引发的成就焦虑症状，对个体的生涯发展实际上是一种破坏，更是对积极生命意义感的一种毁灭性的打击。生命质量是由每一天的质量构成的，生命意义感是由一点一点的成长累积的，只有个体懂得珍视生命过程中的意义，发现和体验生命过程中的快乐，而不是总盯着那个目标或"结果"时，才会请走不必要的成就焦虑，迎来有意义的、充满着生机的生命样态。而要做到这些，离不开一个积极地自我接纳的心态。

第二节 提升沟通能力 融洽人际关系

谈人际沟通之前，必须再度提到交互作用分析理论（TA），该理论对个体的自我状态进行了详尽的剖析，帮助人们使用一种客观的视角重新看待人与人之间的相互作用。这样的相互作用可以使得人与人之间的沟通更为顺畅，人们在生活中也更容易体验到幸福。交互作用分析理论告诉我们，有效的沟通首先必须建立在个体的积极人生态度基础上。

所谓人生态度，主要包括人们对社会生活所持的总体意向，对人生所具有的持续性信念以及对各种人生境遇所作出的反应方式等，是人们在社会生活实践中所形成的对人生问题的稳定的心理倾向。人生态度作为人生观的主要内容，是人生观最直接的表现和反映，它要回答"人究竟应该怎样活着"的问题。一个人的人生态度将决定他一生的成就与幸福。

一 交互作用分析理论的人生态度

皮亚杰从他的研究视角，为 Berne E. 提出的婴儿对生活经历的记忆提供了一些依据。比如，皮亚杰认为，婴儿出生数月后便开始注意事物的因果关系或事物间的相互联系。等到快两岁时，婴儿便形成了对事物因果关系的认识，学习将杂乱无章的信息以一定的顺序进行积累和排列。正是这样的学习，使婴儿可能表现出一些非言语性的态度，甚至展示出一些非言语性的结论。皮亚杰认为，在感觉运动阶段，智力的进化与环境中的复杂事物相联系，引导儿童出现一种接近理性思维的平衡状态。一旦个体能够对自己的现实情况加以确定，就说明他具备了一个有理有据的努力方向，和能够预测未来的基础条件。皮亚杰认为，在这些早期的心理过程中虽然还不可能认识或阐述真理，但却可以有限地表达对成功的意愿以及对现实生活的适应，倘若“我不行—你行”，那么，我该如何才能使你——一个强者不加害于我这个弱者。虽然这种见解（态度）未必妥当，可它是孩子的真实印象，况且对于孩子来说，抱有这种见解到底还是比没有任何见解进了一步。这就是所谓的平衡状态。如此一来，在“理解生活的意义”上，在解决阿德勒所说的“生活的中心问题——对待他人的态度”和解决沙利文所谓的每个人都具有永恒的“自我态度”上，孩子大脑中的“成人”第一次取得了支配权。（哈里斯著，林丹华、周司丽译，2008）

Berne E. 提出，在以后的生活中，尽管在某种状态中，那些印象至深的早期经验无法被抹掉，但是在早期形成的大多数状态还是能够改变，而且曾经被肯定下来的也可以再次被否定。正以为如此，所以，除了“我不行—你行”这种人生态度之外，“相互作用分析”还把个体在一生中可能出现的其他人生态度也做了归纳和详尽的解说：①我不行—你行；②我不行—你也不行；③我行—你不行；④我行—你也行。一旦这种见解得以认定，孩子就会始终保持这种见解，并用它来支配自己的全部行为，这种状态将伴随他的一生，除非是他在以后的生活中有意识地将它改变成第四种见解。人们不可能反复改变自己的见解。对于前两种见解来说，所下的结论完全是建立在被“轻轻地抚摸”还是“被搁在一边不予理睬”这两种境况基础上的。前三种见解是婴儿在具备语言能力以前得出的，它们是结论而不是解释，但这些结论并非仅仅是条件反射。它们是皮亚杰所谓的认识因果关系过程中智慧的结晶。换言之，它们是婴儿身上的“成人”进行信息加工所获得的产物（托马斯·A. 哈里斯著，杨菁、陈桦、张作光译，1988）。为了能够达到第四种人生态度，个体需要对自我状态进行修炼。其中一个关键的环节，就是让“成人式自我状态”健康成长。

二　让“成人式自我状态”健康成长应注意的问题

“成人式自我状态”的养成，对提升个体的生命意义感极为重要。但是，在“成人式自我状态”的成长过程中，如果不注意方法，就会非常妨碍它的健康成长。《我行—你也行》一书中提到了几种妨碍“成人式自我状态”健康成长的模式，需要在个体生涯发展中引起足够的重视。（托马斯·A. 哈里斯著，杨菁、陈桦、张作光译，1988）

1. 避免“成人式自我状态”受到严重污染

在对大学生进行有关提升生命意义感的心理援助工作中，我们发现，有一些大学生在试图寻找属于自己的生命意义和生存价值的时候，他们会被一种来自于“父母式自我状态”强压给自己的信息所阻挠。他们既想摆脱这些被强化于他们头脑中的信息，但是却又因为这些信息在他们成长的过程中已经固化于他们的头脑，成为他们思考问题、寻求问题解决的一种策略，致使他们不能不重视这些信息的存在。结果，他们会在自己切身体会获得的信息与头脑中“父母式自我状态”给予的信息之间左右徘徊，特别是两者相互抵触的时候，协调两者之间的矛盾无形中损耗了他们很多的精力，也容易碰伤他们对生命意义追寻时的热情和勇气。

面对“父母式自我状态”中的信息与实际生活中所获得的信息相抵触时，他们中一部分“成人式自我状态”会坚持对一些与事实不符的信息进行调查，即使感觉耗费精力，但是当他们坚持下来的话，他们的“成人式自我状态”在这样一个征询信息、利用新的信息进行决断的过程中健康地成长起来。但是，也有一部分个体，当他们的“成人式自我状态”与“父母式自我状态”发生冲突，如果后者的力量远远大于前者，使得“成人式自我状态”不得不观察“儿童式自我状态”是如何听从“父母式自我状态”的指令的，当它发现按照“儿童式自我状态”向“父母式自我状态”寻求庇护的时候，一切似乎迎刃而解。人的趋向于问题和解的心理，使得这样的个体习惯于按照早年服从于“父母式自我状态”的方式寻找自己的位置，以致他们的“成人式自我状态”不得不放弃和停止对一些现实中的信息进行调查，甚至放弃了自己对一些现实问题的思考，干脆依顺于“父母式自我状态”中的各种信息指令，如此一来，一些“父母式自我状态”中并非正确的条令、信息在个体头脑中被强化，个体再一次放弃了对生命意义感的思考，也丧失了让“成人式自我状态”成长的机会，一些本该通过生命意义感的探寻而纠正的“父母式自我状态”中的观念被留存下来，这种现象叫作“成人式自我状态”的污染。

一个健康的个体、一个对生命意义感有着自己的探寻并真正地明了它的内涵的个体，会根据“成人式自我状态”给出的客观信息，在摆清问题的同时，花时间和精力为成长做出符合自身特点的决策。但是，如果个体的“成人式自我状态”受到污染，他们通常会面对问题不知道如何下定决心，总是希望周围人为他出谋划策；他会因为恐惧自己做出错误的决定而不去行动；还有的个体干脆诋毁自己生存的价值，为自己的一事无成而自责、精神崩溃等等。这样的个体，其生命意义感自然也就处于相对低的水平上。

个体在面对成长过程中出现的各种挑战时，“父母式自我状态”“儿童式自我状态”和“成人式自我状态”中的信息，同时输入大脑这台“计算机”中进行混合运算，究竟哪一个被居于运算过程中的优先法则或核心法则，对个体而言至关重要。如果是“父母式自我状态”或“儿童式自我状态”抢先应答，就会对“成人式自我状态”的健康成长造成污染。为了改变这样的生命样态，需要个体的“成人式自我状态”能够越来越主动地学习从“父母式自我状态”和“儿童式自我状态”中，反思信息的来源和信息的正确度，学会在实际生活中，在“现实的我”的状态下检验这些信息，将独立于“父母式自我状态”和“儿童式自我状态”之外而自成一体的“成人式自我状态”中的信息加以科学检验，尽管检验的过程或许会艰辛，但确是找寻生命意义感的必经之路，因为“成人式自我状态”中记录的都是现实中所发生的事情，如果能够将这些真实的信息与以往积累的大量信息融合在一起，对个体的自我剖析和自我成长将是非常有价值的。

尽管不可否认，在成长的过程中，每一个个体都需要“父母式自我状态”对自己的指导和帮助。“父母式自我状态”通常是一个非常好的指导者，但是我们却不能因此就不分主客观条件地放弃对“父母式自我状态”中各种信条的实践检验，特别是当个体为自己的慵懒寻找借口而放弃了检验，就会更加地有损个体“成人式自我状态”的健康成长。古希腊哲学家苏格拉底坚持认为“未经检验的生活毫无价值可言。”同样，未经检验的“父母式自我状态”也不能作为个体追寻生命意义感而赖以生存的基础，在“父母式自我状态”中，因为时过境迁、因为并非个体自身的经验，有些信息难免并不适用于个体的生命体验。因此，个体必须在日常生活中，通过各种途径养成检验头脑里“父母式自我状态”和“儿童式自我状态”中，那些感到不适于积极生命样态的理念，以防止在进行人生关键阶段的决策时，自己的“成人式自我状态”，被“父母式自我状态”或者是“儿童式自我状态”所污染。

2. 避免“成人式自我状态”受到无形排斥

“成人式自我状态”受到无形的排斥，包括下面两种情形：一是因为个体的“父母式自我状态”强大到封堵了“儿童式自我状态”，使“成人式自我状态”完全与“儿童式自我状态”隔离；二是因为个体的“儿童式自我状态”任性到封堵了“父母式自我状态”，使“成人式自我状态”完全与“父母式自我状态”隔离。与“成人式自我状态”一样，“成人式自我状态”受到无形的排斥也属于一种机能失调症状，这样的机能失调势必对个体的生命质量造成极为恶劣的影响。在交互作用分析理论中，用这些失调的机能来解释个体之间在寻求生命意义感时表现出的差异。

因为“父母式自我状态”或“儿童式自我状态”的或强势或任性，使得“成人式自我状态”受到了无形的排斥，排他的“父母式自我状态”可能封闭“儿童式自我状态”，排他的“儿童式自我状态”也可能封闭“父母式自我状态”。出于这样的原因使得个体在面对生活事件时，容易表现出成见的、先入为主的状态。因此，在现实世界中，我们还是经常会遇到一些人因“成人式自我状态”受到无形排斥而形成了一些典型特征：

①不会消遣的人。一个人的“成人式自我状态”被“父母式自我状态”污染，“儿童式自我状态”又被封闭，那么他便是典型的清教徒。伯恩称其为“不会消遣的人”。这种人每天在办公室工作到很晚，除了工作之外，对一切都意兴索然。如果家人计划去滑雪旅行或是去郊外野餐，

他往往扫大家的兴，表现出十足的不耐烦。他们的童年好像是完全被富于责任感和事业心的父母的严格要求剥夺了。

②没有道德感的人。对社会来说，更为严重的困难是一个人的“成人式自我状态”被“儿童式自我状态”所污染，而他的“父母式自我状态”又被封闭。伯恩称其为“没有道德感的人”。这种情况是由于父母（抚养人）对孩子极其残暴凶狠，或是另一个极端，父母（抚养人）对孩子过于溺爱的结果。处于这两个极端状况下的孩子都有可能成为这样的人，因为他们生存的唯一途径是将“父母式自我状态”封闭或是将“父母式自我状态”排除。这是一种典型的精神变态者。

③“成人式自我状态”失效的人。一个人封闭了自己的“成人式自我状态”，就成了精神病患者。他的“成人式自我状态”不再发挥作用，因此，他与现实隔绝了。他的“父母式自我状态”和“儿童式自我状态”处在陈旧信息的杂乱混合体中，常常肆无忌惮地表现出来。这些早期经历的重播毫无意义，因为它们被记录下来时就无什么意义可言。

④“成人式自我状态”无能为力。如果一个人具有不变的“父母式自我状态”、不变的“儿童式自我状态”或不变的“成人式自我状态”，而三者中任何一部分又都在排斥人格的另外两个部分，那么这个人对周围事物的反应则相当古板和主观，他的情绪也常常呆滞。

⑤沉闷乏味的人。个体的“父母式自我状态”和“儿童式自我状态”中记录的信息是如此地干巴枯燥，以致使他的心灵缺乏丰富多彩的个性素质。在临床上，这种人一般表现为浑浑噩噩、神志沮丧（幸福是人家的，与自己无缘）。有时也可能简单表现为对生活感到厌倦。这种沉闷乏味的人，是因为当他还是个孩子的时候，未能置身于一个充满热情、欢乐的环境中。他很少与别的孩子交往，尽管他是个“好”孩子，从不调皮捣蛋，但他也是一个很少得到别人关注的孩子。他的“成人式自我状态”能够正确地感知现实，可现实对他却是极度地单调乏味。这样的个体长大后，可能具备一个无拘无束的“成人式自我状态”，但是，他的“成人式自我状态”对与他人相处交往的有益价值却毫无认识。他的个性非常像一台计算机。所以他给人的印象就是“乏味无趣”，不仅是他自身，就连他周围的人都会暗地里想：

生命于他还有怎样的意义？（托马斯·A. 哈里斯著，杨菁、陈桦、张作光译，1988）。

三　从交互作用分析理论看良好自我状态的养成

1. 交互作用分析理论对沟通型态的划分

发生在两个人之间的任何事情都牵涉他们自我状态的表现。当一个人对另一个人传达某个信息（一种刺激）时，他期待对方有某种反应。这种一方传达某种“刺激”，另一方给予回应的过程便是一种最简单的沟通。简单的沟通只牵涉两个自我状态，越复杂的沟通，牵涉的自我状态越多。一个会话是由多个沟通所组成的。当一个人开始沟通（或反应对方刺激）时，他可以选择从哪一个自我状态来发出他的沟通或刺激对方的哪一个自我状态。这种本能对一个健康的人而言是一种自动的反应，可随环境而改变，作出适当的反应。为了了解一个人如何与他人相处及沟通，TA 理论将沟通分为三种型态：

①互补沟通（Complementary transaction）。当刺激的指向和反应都在同一自我状态，回答也是指向发出刺激的那个自我状态。这个沟通一般可在自然顺畅下进行，双方对彼此的期待也配合得很好。互补沟通只要谈话双方始终保持互补，就可以永远地继续下去，或进行到不想继续这个话题为止。

②交错沟通（Crossed transaction）。当刺激的指向和反应都处在不同的自我状态之间，回答的指向可能是发自刺激的那个自我状态，也可能不是。这个沟通主要是对刺激表现出非预期中的反应。引发不适当的自我状态，使沟通交错而中断。此时，人们可能退缩、逃避对方或者转换沟通方式。但是，交错沟通并非都是不好的。人有时可能会受困在一种无效的互补沟通模式之中，此时如能改变自我状态或将其引导到另一个自我状态，使沟通交错产生即可解决问题，并引发出有益的想法和看法，重新面对问题，促使下一次的沟通更有意义。

③隐藏沟通（Ulterior transaction）。隐藏沟通包含了两个以上的自我状态，信息同时从一个或两个自我传达到其他两个自我。传达的是一个公开的、社会层次的信息及另一个隐藏的、心理层次的信息。隐藏沟通的结果是由心理层次的内容决定，而非口头的社会层次信息。在隐藏沟

通中，社会层次通常是透过语言；而在心理层次，你需要观察到非语言的暗示，这些可以从语气声调、手势、姿势和脸部表情发现。例如经由呼吸、肌肉紧张状态、脉搏频率、瞳孔扩散、流汗程度等等观察。事实上，每一个沟通行为都有一个社会层次和心理层次信息。但是在隐藏沟通里，这两种并不相符，透过语言传递的信息与经由非语言传递的信息不一致。往往只有当事人本身对他所发出的隐藏的信息，心里有数。这种沟通不一定是不诚实的，但是往往导致“心理游戏”的产生或者会造成不愉快的结局。

2. “成人式自我状态”的建立途径

当走向人生舞台时，人们首先登场的是“父母式自我状态”和“儿童式自我状态”。“成人式自我状态”的发展迟于“父母式自我状态”和“儿童式自我状态”，所以对“成人式自我状态”来说，在整个一生中都处于支配地位，似乎是很困难的。“父母式自我状态”和“儿童式自我状态”对刺激作出的反应往往是无意识的，但它们对反应的方式却具有相当大的影响力。因此，如何使“成人式自我状态”能够与两者形成一个和谐的体系，尤为重要。一个高质量的、合理运转的三个相互匹配的自我状态是需要个体在生命的征程中不断地修炼。生命意义感也会在这样的一个修炼过程中，历练出属于自己的色彩。

为了能够体验到积极的生命意义感，个体需要不断增强“成人式自我状态”的作用，具体而言：

首先，要保持对“父母式自我状态”和“儿童式自我状态”信号的高度敏感性。感情用事是“儿童式自我状态”在作祟的线索。了解自己的“儿童式自我状态”，对自己的“不行”情感保持高度的警惕，是“成人式自我状态”加工信息的第一要求。个体能够清醒地意识到“这就是我自认为‘不行’的‘儿童式自我状态’”，被认为是阻止这种情感外化成行为的一个有效的方法。亚里士多德说过，真正的力量是自我控制。“成人式自我状态”的力量首先也表现在它的控制能力上。只有在对“父母式自我状态”和“儿童式自我状态”中那些陈旧的、无意识的反应进行控制的过程中，才能够锻炼“成人式自我状态”学习如何能够对刺激做出恰如其分的反应。

其次，要对“成人式自我状态”的建设途径在认知上有所了解和掌握。一是要学会分辨个体的“儿童式自我状态”。要能够认出它的脆弱性和恐惧感，以及表达这些情感的主要方式；二是要学会分辨个体的“父母式自我状态”。要能够认出它的盛气凌人，它的排他性，它的固执态度，以及这些习性的主要表达方式；三是要保持对他人“儿童式自我状态”的敏感性。学会与他人的“儿童式自我状态”交谈，安抚他人的“儿童式自我状态”，保护他人的“儿童式自我状态”，鼓励其进行创造性的表现，消除或减轻“儿童式自我状态”不行的负担；四是要必要时学会以默数数字的方式先冷静下来。从1数到10，给“成人式自我状态”以时间，使其能对输入大脑计算机中的信息进行加工，排除“父母式自我状态”和“儿童式自我状态”对现实的干扰；五是学会存疑。如果对某一情形有疑问，请先将它暂时放置一边。这样，就不会因为你错误表态而遭非难；六是要建立一个价值观体系。因为没有一个伦理道德的构架，很多时候，你就无法做出决策和选择。

再次，通过自我图的绘制与分享加强“成人式自我状态”。自我状态中的不同功能对我们的人格有什么重要呢？在TA里精神能源的相互移动如何呈现呢？杜杰克（Jack Dusay）设计了自我图来呈现其重要性，即从自我状态的功能层面来看自我。杜杰克假设有一个能量不变的原则：如果某一个自我状态的强度增加，其他自我状态就会呈现代偿性地减少，就好像无论心理能量如何流动，其总量不会改变一样。要改变自我图的最好方法就是去提高想要增加的项目，当这样做的时候，能量自然会从希望减少的项目流出。比如我想增加自己的照顾型父母，减少控制型父母，我就开始练习用更多的照顾型父母的行为，控制型父母的行为自然就会减少。具体做法是画出一条横柱分成五等份，分别标明CP、NP、A、FC、AC。在其上以不同的高度表示其所占时间的多寡。先画出自己判断占最多者，再画出最少者（用本能的判断），如我认为，自己在成人自我状态的时间最多，在自然型儿童的时间最少，其剩下的三个部分按照所占时间多寡的顺序 AC > CP > NP 就画出了自我图。高度多少并不重要，主要是看其相对高度。

“自我图”纸笔练习

姓名：________ 院系：________ 日期：________ 评分：________

画出你自己的“自我图”，然后和别人分享自己的想法。也可以试着向某个熟识你的人解释自我图的意义和画法，请他画出你的自我图，然后与自己画的自我图比较，如此更能看出你对自己与别人对你的了解间之差异。有些人觉得一个自我图可以适用于不同的情形，有些人则在不同的情境有不同的自我图，比如在工作场合和在家里的自我图可能就不一样。你也可以将自己“现在的自我图”与“理想的自我图”加以比较，这样就可以对自己的以及自己的状态有更多的了解。

练习：

1. 请你回溯自己过去24小时的生活，有没有哪一刻，你的行为、想法和感觉就像你小时候的反应一样？有没有哪一刻，你的所做、所想、所感就和你父母的反应一样？还有哪些时候，你的举止、念头、和感情是单纯针对当时所发生的事的直接反应，与过去无关？每一项至少写下一个例子。并写下当时的感觉、想法及行为。你刚才完成了自我状态模式的第一个练习。想一想你刚才所做的，你检查了人类的三种表现方式，每一种都包含了一套行为、想法和感觉。再回到刚才你所举的例子，审视你所写在过去一天中的儿童、父母、成人自我状态。

①儿童自我状态。回想每当你在儿童自我状态中的情形，注意你有什么样的情绪，可以试着自己以角色扮演来感觉；然后记下你当时的想法，通常可以自问“我在脑子里对自己说什么”来得到儿童自我的想法，特别是针对关于自己、别人、整个环境自己会怎么对自己说；最后再注意自己会有什么行为表现，可以对着镜子在自己的儿童自我状态中角色扮演一番。核对一下当你还是个孩子的时候是不是就有这样的感觉、想法和行为，你甚至可能会想起自己是在重演过去的某个事件，那大约是几岁呢？

②父母自我状态。以同样的方式写下在父母自我状态中相关的感觉、想法和行为，可以用角色扮演的方式来揣摩。要知道父母自我的想法可以自问“在我脑中有没有听到父亲或母亲会对我说什么?”当然也可能是叔伯、祖父母、或老师等具父母形象的人的话。核对一下在父母自我状态里的行为、感觉、想法是否模仿自他们，好像拷贝进来的一样。你可能很容易就发现在各个情境中自己模仿认同的对象是谁。

③成人自我状态。最后记录在成人自我状态时的相关行为、想法和感觉。要和儿童和父母自我状态来区分，可自问“这样的行为、想法、感觉对处理现在发生的事是否适当，是否能解决问题?”如果答案是“是”，这个反应就是出自成人自我状态。

最后一步，核对各种自我状态中的感觉、想法、行为是否经常出现在你自己的身上?

____

____

____

____

____

____

____

2. 想不想改变自己的自我图呢？先决定你想提高哪一项，至少列出五种行为有助于增加该自我状态，在未来一周内执行它，然后重画出你的自我图。最好的办法是请不知道你要改变哪一个自我状态、熟悉你的朋友来画，待他画完之后，将二幅图对照起来观察、思考。

你想提高项目：______________________________

你的五种行为：

①______________________________

②______________________________

③______________________________

④______________________________

⑤______________________________

实行一周后的变化情况：(两个图的对比)

3. 用自我图的对比来分析自己：画一个现在的自我图及一个理想中的自我图，然后比较二者之间的差距，并思考要如何改变，才能达到自己所期待的理想境界。

现在的自我图：

理想的自我图：

类似上面这样的思考或演练，应该在每一个人的一生中都反复地推敲、体会并演练，最终将良好的方式习得于身。相信通过这样的方式，可以改善个体一些不良的自我状态能量层级，让三者之间的能量匹配适度且合理。个体会因为生活中越来越顺畅的人际交往和越来越和谐的自我，而尽享生命的意义和人生的幸福。

"有效沟通"纸笔练习

姓名：________院系：________日期：________评分：________

讨论：

有人说："话不是蜜，说好了比蜜还要甜；话不是花，说好了比花还要美；话不是剑，说不好比剑还要利；话不是毒药，说不好比毒药还毒。说话，并不在乎你说什么，而在于你是怎样说的。应该把消极的话说成积极的，把不好听的话说成好听的，把不容易被人接受的话说成容易被人接受的话。"

对此，你如何理解？

____

____

____

____

____

____

____

____

____

____

____

____

____

第三节　了解心理咨询　接纳心理援助

20世纪是一个发生了广泛的社会和文化变迁的世纪，社会问题日趋复杂，生产、生活节奏不断加快，高新技术不断崛起，信息产业飞速发展，使现代人每一天都要面临许多新的信息、新的观念、新的改变，其生活环境与前几十年人们所面临的生活环境相去甚远。因此，现代社会，在人们追寻生命的意义的时候，离不开心理咨询提供的各种援助与服务。

一 心理咨询概述

人类进入了现代文明带给他们的高压力社会，心理问题日益凸显，于是很多的人们开始寻求心理咨询机构的帮助。在专业人员的咨询与辅导下，求助者宣泄自己负性的情绪，重新认识自己的困境，再一次体验生活的点滴幸福，使本已不堪一击的心找到新的航向。可以说，由于现代人越来越关注自身的和谐、健康发展，使心理咨询这个行业在社会上变得越来越普及，也越来越发挥出其辅导人生的作用。特别是近十几年来，心理咨询工作发展得非常迅速，而且被普遍地认为，是现代社会中一项独特的、专业化的人际帮助活动，是一门能够帮助人发展的科学。于是除了一些专业性或综合性医院，许多的社区、群众团体及大中小学校也都不同程度地开设了心理咨询门诊或较大规模的心理咨询机构。

咨询（Counseling）的基本含义为磋商、商讨，因而也具有考虑、反省、深思、忠告、交谈等意思。中国古代是将咨询分而言之的："咨"为商量，"询"为询问。因此古今中外，"咨询"这个词都有"通过商谈求得解决"的含义。

这样看来，咨询就是一种磋商、商讨的行为，其目的是想通过磋商，透过事物的表层，进行有关意见的交换，达到增广见闻的目标，所以"咨询"是彼此的、双方的。如果是单向的、非互动的咨询肯定会以失败告终。

心理学家 Tyler L. E. 提出："咨询是一种从心理上进行帮助的活动，它集中于自我同一感的成长，以及按照个人意愿进行选择和做出行动的问题。"按照心理咨询的理论，那些前来咨询的人都不同程度地存在自我同一感的丧失问题。所谓自我同一感是一种关于自己是谁，在社会上应占什么样的地位，将来准备成为什么样的人以及怎样努力成为理想中的人等问题出现的感觉。一个实现了自我同一感的青少年至少有以下三方面的体验：首先，他感觉到自己是一个独立的、独特的、有自己个性的个体，虽然他与别人一起活动，共同承担任务，但他可以与别人分离；其次，自我本身是同一的，他的需要、动机、反应模式可以整合和一致；再次，从时间上来看，自我有一种发展的连续感和相同感。

心理学家 Patterson C. H. 认为："咨询是一种人际关系，在这种关系中，咨询人员提供一定的心理氛围或条件使咨询对象发生变化，做出选择，解决自己的问题，并且形成一个有责任感的独立个性，从而成为更好的人和更好的社会成员。"（江光荣，2005）

国际心理学联合会 1984 年编辑的《心理学百科全书》肯定了心理咨询的两种定义模式，即教育模式（Educational Model）和发展模式（Development Model）。所谓的教育模式，指的是咨询心理学始终遵循着教育的、而不是临床的、治疗的或医学的模式，遵循对象（不是患者）是在应付日常生活中的压力和任务方面需要帮助的正常人。咨询心理学家的任务就是教会他们模仿某些策略和新的行为，从而能够最大程度地发挥其已经存在的能力，或者形成更为适当的应变能力。所谓的发展模式，指的是咨询心理学强调发展的模式，它试图帮助咨询对象得到充分的发展，扫除其正常发展中的障碍。

由上可见，咨询心理学作为应用心理学的一个分支，运用心理学的知识和原理，帮助来访者（咨询对象）发现自己的问题及根源，在认知重构的基础上引导来访者探索新的行为模式，挖掘自我实现的潜在资源，以提高其对生活的适应性和对生命意义的理解和感受。

二 我国心理咨询的起源和现状

心理咨询起源于西方国家，目前已深入到西方社会生活中的各个领域。后来由一些向西方寻求救国救民之道的中国知识分子们引进到我国，在国内它经历了一个非常漫长的本土化过程。

南京高等师范的教育科于 1920 年首次设立了心理系；1929 年 5 月的时候，中央研究院成立了心理研究所；1936 年 4 月，"中国心理卫生协会"在南京正式成立。此后，心理咨询工作在一些地区陆续地开展起来。到了"文化大革命"期间，由于历史和政治上的原因，心理咨询与心理治疗有所中断。直到 20 世纪 80 年代，随着对外开放和学术交流以及中国社会发展，心理咨询才又一次受到重视，并逐渐发展起来。这也更说明它是社会进步的产物，是人类走向文明的标志。

人既存在着自然实质、又存在着社会实质，所以人不仅有反映人的自然实质的身体活动方面，也有更能说明人的本质并反映人的社会实质的心理活动方面（丁瓒，1945）。21世纪的到来，不光是时间轴上的数字改变，它带来了前所未有的变革，科技、生活、军事等各个领域的迅猛发展，在丰富了人们的物质生活的同时，使得人类的精神生活日趋复杂。现代信息社会不仅改变了人们的工作内容和节拍，更改变了人们的人际交往方式。在新的人际关系模式下，再加上社会生活节奏的加快，使得现代人越来越多地遇到自感难以解决的纠葛和问题。由心理冲突带来的紧张疲惫、焦虑、抑郁等心理问题，使个体的精神生活及行为活动发生了不同程度的偏差。这些亟待解决的心理问题，正是心理咨询工作的对象。

随着世界卫生组织对健康定义的不断完善，心理咨询也开始将原初的生物医学模式（Bio-Medical Model）转向了生物—心理—社会—医学模式（Bio-Psycho-Social Medical Model）。采取这种模式的心理咨询，可以站在一个系统和谐的全人的视角，对个体的生命质量提供全方位的服务与咨商，显然可以更加深度地提高个体的生命质量。因为它将站在个体的情绪、动机、性格等视角，从个体在超负荷的工作、麻烦丛生的人际关系和杂乱无章的生涯发展模式中，解析应激事件中那些对个体造成了重大影响，以及对生活事件的发展产生催化作用的因素，并与来访者共同探讨提高个体心理资本、改善人格等各种提高生命意义感的具体路径。

三　解除对心理咨询的误解

心理咨询在社会上不断受到重视，但因为历史的原因，人们对它还依然存在一定的误解，主要表现在以下方面：

第一，希望心理医生为来访者开的药物能够让他的情绪立即变得积极乐观。在与来访者的会谈开始之前，特别常见的场面通常是这样的：咨询师，我最近总是心烦，睡不好觉，您能给我开点让我好好睡觉的药吗？让我明天早晨起来的时候不再烦闷。这样的来访者忘记了“心病还需心药医”的道理，而且即使是理智上懂得这样的道理，但由于“心病”时间较长，已将自己折磨得无法进行正常的学习、工作和生活，所以希望“药到病除”，这样的求治心理虽然可以理解，但是治疗身体上的疾病，或许还可以实现，但是心理疾病，因为它受到反映人的社会实质的心理活动因素的影响，不是药物所能直接作用到的，需要心理咨询师对来访者的认知进行调整，因此需要一定的时间。

第二，来访者希望向咨询师索要现成的答案。有些来访者可能会这样开始他与咨询师的会谈：我女朋友非要和我散伙，听说您是恋爱咨询方面的专家，您一定很有经验，快给我出个主意，好吗？心理咨询的宗旨是帮助来访者自己找到解决问题的办法，因此咨询师通常不会马上把答案告诉来访者，这时，来访者可能会面露怒气，认为我是来找你要解决办法的，你干吗不直截了当地告诉我，卖什么关子呀。而这种误解，容易在咨询关系中产生阻抗，阻碍心理咨询的进程。

第三，认为自己有心理问题就等同于一定得了“不治之症”。有些人因为对心理咨询中一些诊断和评估存在误解，因此一旦被推荐到心理咨询机构接受咨询，就会认为，自己一定得了心理上的“不治之症”，本来就已经觉得自己不太正常，这样一来，恐惧、焦虑感更加严重，难怪有些人会这样开玩笑：喂，我看你这两天神经兮兮的，快去心理咨询中心看看去。这样的提醒是善意的，但也存在对心理咨询的偏见。其实，心理咨询是一种高层次的享受，它遵循的是一种教育与发展性的咨询模式，助人自助是心理咨询的最高境界。因此，一个希望拓展自我、享受人生的个体，在未来的社会中都需要通过心理咨询的辅助，提高生命质量。

第四，将心理咨询与思想政治工作混为一谈。有些人会将心理咨询看成是思想政治教育的代名词，一听到有人建议他去接受心理咨询，就会觉得是让自己去接受再教育，马上产生逆反心理：我最不喜欢听说教了。其实，心理咨询和思想政治工作是两个不同概念，两者对个体的辅导视角不同，但正是因为它们的相互补充，才使得个体在符合社会核心价值体系的理念构筑中，找寻自我完善的途径，使自己更好地融入社会，更快地确立自己的生涯发展方向。

四　心理咨询的任务

1. 帮助宣泄负性化情绪

大学生虽然已经步入成人阶段，但从情绪的调控、思维的缜密性方面，还不像成年人那样成熟。加上青年时期特有的掩饰性，使他们不愿意将自己内部的负性情绪宣泄出来，由于负性情绪的蓄积，并在固有不良认知模式的诱导下，很容易发生心理问题。所以，心理咨询的首要任务就是帮助大学生们及时地宣泄负性情绪，并对宣泄出来的负性情绪加以引导，如同洪水要泄洪一样，疏导负性情绪非常关键。它的目的是缓解大学生情感上的压力，减轻他们的痛苦水平。

因此，有些时候，咨询师虽然好像只是起到一个真诚的陪伴作用，也会让来访者感到非常舒心，正如有的同学所说：您是第一个能让我把心里话全都说出来的人，我平时有再多的不如意，也不愿和父母讲，结果本来每件事情都不大，但是汇集在一起，就变得堵塞内心，情绪郁闷。

2. 协助重构合理化认知

心理咨询不仅要帮助来访者宣泄负性情绪，更重要的是在宣泄的过程中，咨询师与来访者一同回顾曾经的心路历程，澄清事件的本来面目，为来访者有机会重新认识自我和他人提供一个重建的平台。用新的经验代替他原有的经验；帮助他树立对人、对事、对自己的正确的看法和态度；使他重新建立新型的、和谐的人际关系；帮助他树立良好的、健康的行为方式，愉快地度过大学生活，身心健康成长，达到我们的教育目标。

3. 援助重塑适应性行为

在认知调整的基础上，帮助来访者以更适合自己的方式接收外部信息，改进和完善个体的适应性行为。使个体在判断自己和周围环境的关系同时，做出符合当时情景的最佳的适应性行为模式。随着个体的成长，在适应性行为模式的基础上，创造有利于自身发展的空间，引导个体进入可持续发展轨道。

五　心理咨询理论与方法对提升生命意义感的作用

心理咨询的理论与实践方面的探索而形成的临床手段正在被不断地扩容，根据美国心理咨询协会的统计，如果将很多细小的分支全部统计起来，应该至少有300多种类，并有持续增加的趋势。自心理咨询的发展至今，精神分析疗法、行为疗法、来访者中心疗法、合理情绪疗法、交互作用分析疗法、森田疗法等依然是主流方法，但是在工作实践中，我们也通过引入一些适合中国东方文化背景的心理援助手段，帮助大学生提升对生命意义感的理解，提高他们的生命意义感水平，取得了非常好的效果，如本书在最后介绍的角色书信疗法。所有这些理论及其临床应用，都是提升个体生命质量时一些非常有价值的方法、工具和手段。

1. 精神分析疗法

精神分析理论是当代心理咨询与心理治疗的重要理论基础。精神分析学派的创始人弗洛伊德是现代心理咨询与心理治疗的鼻祖。他的理论与方法在帮助人们克服心理障碍或治疗心理疾病中有很多可取之处，虽然它的后继者们在某些问题的看法上与他有分歧、有修正、有发展，但均未脱离这一体系的基本思想与原则。

弗洛伊德精神分析学说将人的心理活动分为三个部分——意识、前意识和潜意识（又称无意识）。其中：意识（Consciousness）是指人能够知觉的心理活动，它是心理的表面部分，是同外界接触直接感知到的稍纵即逝的心理现象。更通俗一些的说法是：人们在清醒状态下，对自己所想所作的事的动机是清楚的，即，自己知道为什么要这么想这么做，这种心理状态就是意识。潜意识（Unconsciousness）则是指被压抑了的，不经引导个体无法感觉到但又没有被清除的心理活动。在清醒的意识下面的潜意识有两种含义：一是指人们对自己的一些行为的真正原因和动机不能意识到，例如有的时候，人会莫名其妙地发火；二是指人们在清醒的意识下面还有潜在的心理活动进行着，它是在人们的意识下面存在的一个强有力的精神过程。弗洛伊德称潜意识应该包括原始冲动、本能以及其他的欲望，由于这些内容与社会的道德准则相违背，为社会法律所不容，无法得到直接的满足，因此只好被挤出意识之外，被压抑到潜意识之中。在弗洛伊德看来，许多心理障碍的形成，是由于那些被压抑在个人潜意识当中的本能欲望或意念没有得到释放的结果。因为它们并不是安分守己地待在那里，而是积极活动着寻找机会、追求满足，其结果可能导致神经症、精神病症状、梦和过失行为的发生。前意识（Preconsciousness）指在意识与潜意识之间的一个中间区域，是指人平时感觉不到，但却可以经过努力回忆和集中精力而感觉到的心理活动。前意识介于潜意识与意识之间，其内容可找回到意识中去，“哦，我想起来了”，就是一个见证。

在潜意识理论中，意识实际上只是心理能量活动的一种表层水平，潜意识则是心理过程的深层部分。弗洛伊德认为，意识在决定人的行为中并不重要，潜意识才是行为发生的最强大的动力。即，被人们意识到的驱力往往并不可怕，可怕的是个体意识不到的驱力，就如同笼子里的老虎，受人控制，因此并不令人恐惧，最让人恐惧的是妖魔鬼怪等不被人所见的怪物。如果把意识、前意识和潜意识比作冰山，潜意识不仅不会向水面上冒，它还会施以相反的力量，向下、向内压紧，这就是所谓的压抑。压抑力量像个“监察官”，其功能是把主体的经历和回忆，各种欲望和冲动保存和隐藏起来，不让它们在意识中出现。但正如前面所述，这些东西并未消失，而是一直潜伏着、活动者，在压抑的作用下存在于潜意识之中。

正是因为精神分析理论认为，心理障碍是潜意识中的矛盾冲突引起的，所以精神分析疗法致力于挖掘被患者压抑到潜意识中的幼年创伤性经验，治疗师借助自由联想、梦的分析、解释等手段，将这些被压抑的创伤性经验带回到患者的意识之中，启发患者重新认识这些经验，使存在于患者潜意识中的矛盾冲突得到解决，从而消除患者的症状。这就好比躯体的某一部分受到重创，细菌感染后腐烂，不是简单地包扎就可以解决问题，只为表层的皮肤消毒更是不可能的，必须把腐烂的机体细胞全部清理干净，才可能长出新的机体组织。

因此，利用精神分析疗法来帮助个体提升生命意义感的时候，应该特别地注意引导个体对生命价值的深度思考，和对生命意义感的深层体验，探寻这些思考背后的既往经历给予个体生命意义感的具体影响，以帮助个体将其没有意识到的一些深层问题挖掘出来，细细梳理，重新架构，以帮助个体能够在意识层面形成一个更为积极而健康的生命意义感体验平台。

2. 行为疗法

行为疗法也称行为矫正，其理论基础可追溯到华生的行为主义理论，但却不完全等同于华生的行为主义理论，因为它已经涵盖了许多行为治疗家的贡献，它被称为20世纪50—60年代心理学的第二势力。

行为疗法的学者们认为，异常行为与正常行为一样，都是通过学习、训练和后天的培养而获得的。人的心理问题既可以通过学习获得，同样也可以通过学习而改变或消失。行为治疗不像精神分析那样着重于分析潜意识的冲突，追溯幼年期的致病根源，重视情感宣泄或启发领悟。它主要关心当前的行为问题，强调通过学习、训练，提高病人的自我控制能力，通过控制情绪、调整行为及内脏生理活动来矫正异常行为，治愈疾病。

行为疗法的理念为提升个体生命意义感提供了可操作的具体路径，个体的生命意义感需要通过行为来外化。因此，帮助个体修正先前影响他体验积极健康的生命意义感的生活样态，取而代之以正确的、健康的生活方式，久而久之，一旦新的行为模式建立起来，个体就会从新的行为模式中感受到生活的充实和生命赋予人的活力，其生命意义感水平自然而然地会得到提升。

3. 来访者中心疗法

来访者中心疗法是人本主义理论提倡的心理治疗方法。人本主义反对将人的心理低俗化、动物化的倾向，故被称为心理学中的第三势力。这一理念奠定了来访者中心疗法的基本观念——人们趋向于自我完善，因此，应该对个体采取一种积极的心向。Rogers C. R. 认为，人的本性会自然地发挥建设性的、足以让人信赖的作用。他由此提出了人的性善说，并进而从人性善出发，指出人有一种与生俱来的自我实现倾向，这种倾向不仅要在生理、心理上维持自己，而且要不断地增长和发展自己。人不会仅仅追求原始欲望的满足，他们在所有的欲望和冲动都得到满足与发泄后，仍会不懈地前进，而且，只有那些在满足了生理上的基本需要之后所从事的各种活动，才是真正的“人”的活动。人永远不会满足已有的成就，而是不断地去创造、去建设。也只有在这种积极主动的创造活动中，人才能体验到只有“人”才能享有的快乐。这样，才是真正意义上的增进自我、发展自我和实现自我。

因此，从 Rogers C. R. 的来访者中心疗法中得到的启示是，在提升大学生生命意义感的具体实践领域，一定要充分信任大学生，发挥他们内在的永不满足、愿意不断地探索生命的更深层价值、提升生命质量的强大内部动机系统的力量，注意观察和引导这一内部体系沿着积极而正确的方向释放正能量，是所有从事心理援助工作的高校教师们密切关注的重点工作。

4. 森田疗法

有人把我们生活着的现代社会称作是忧郁的时代。抑郁症、癌症和心血管疾病被称作现代人的三大疾病，包括抑郁症在内，患有各种精神疾病的人越来越多。环顾我们周围，无论是职场、学校还是家庭内部，只要是有人的地方，都存在着无数给现代人带来精神压力的因素。因为处理不好人际关系而烦恼，因为一点小事而慌恐不安，因为身体稍有不适而心惊肉跳。类似这种心理或精神方面的疾病，其实并非偶然，人人都有可能罹患。正是由于这样的一种时代背景，也就难怪现在书店里，摆放着的有关如何巧妙处理人际关系、如何控制自己的不安情绪等方面的书籍比以往任何一个时代都多，这充分反映出现代人对于排解压力、控制情绪的需求。

但是与上述试图排解或控制的方法相反，有一种办法是告诉人们把不安和烦恼看作是人们日常生活中必然出现的事物，不应该排斥它，而是应该接受它，并加以利用，这一理念的代表性心理治疗方法就是“森田疗法”。“森田疗法”特别适用于那些具有神经质倾向的人，他们往往求生欲望强烈、内省力强，将专注力指向自己的生命安全。但是，心理学的研究成果表明，当个体越是将自己的注意力过分集中于自己身体的某种内感不适上，这样不适的感觉反而会越发地强烈，由此而形成恶性循环。因此，森田疗法主张顺应自然、为所当为，它建议人们要主动打破这种精神交互作用，协调好欲望和压抑之间相互的拮抗关系。

上面提到的“顺其自然，为所当为”，是森田疗法的治疗原则。其中，顺其自然就是建议人们应该接受和服从事物运行的客观法则，敢于承认现实，不强求改变现实。当人们在这一态度的指导下，会达到正视消极体验、接受各种症状出现的目的，而真正地将努力的重心放在更有意义的生活实践和生命体验中。而且，森田认为，人的感情变化有它的规律：注意越集中，情感越加强；顺其自然不予理睬，反而逐渐消退；在同一感觉下习惯了，情感即变得迟钝。因此，他希望人们能够了解“顺其自然”的心理状态对人类积极而健康的生命节律的重要意义，建议人们将顺其自然的态度与其实际的生活状态结合起来。但是顺其自然的态度并不是说对自己的一切活动都放任自流、无所作为，而是让来访者：一方面对自己的症状和不良情绪听之任之；另一方面要靠自己本来固有的上进心，努力去做应该做的事情。为此，森田疗法又通过“为所当为”，对顺其自然的治疗原则进行了必要的充实与补充。它鼓励人们带着那些不适的症状，量力而行地逐渐投身到工作、生活之中。尽管生活中出现了一定的问题，但是如果能够不分外关注，生命中的一些积极元素就会复苏，生命中的正能量会引导着个体回归生命的正确轨道上。

森田疗法对提升大学生生命意义感的启示，在于鼓励大学生们承担自己在生活中应该承担的责任，放弃生命中过度粉饰、过度关注负性事件的生活方式，回归到本真的自然状态，让自己的一切活动都出自生命的本意。这样的方式，是一条被实践证明为有效地提升个体生命意义感的可行路径。

●专栏 9—1

角色书信疗法对提升个体生命意义感的实践

一　理论介绍

当今社会，有许多大学生的心灵受到过创伤，究其根源，或是因为在学校受到凌辱，或是因为对学习成绩不满意，或是因为对未来职场中的恐惧……而其中一些人，甚至连一封遗书都不留下，就选择踏上黄泉路。连一句倾诉的话都没有留下就离开人世，这样的做法很是令他们的家人愕然。这样的悲剧令其家人百思不得其解，更是痛不欲生。因此，现代社会的人们需要一种适合自己的方式，把内心压抑的痛苦述说出来，避免因此而轻视生命。在我们进行的提升大学生生命意义感的实践中，也越来越意识到让大学生们明白在自己认为经历的痛苦已到了极点，甚至是走投无路的时候，选择沟通和倾诉是多么重要。为此，我们引入了角色书信疗法。(孙颖，2012)

1. 角色书信疗法简介。书信疗法（RLT）是 20 世纪 80 年代早期由身为心理治疗师的日本春口德雄用于治疗青少年犯罪时发展起来的。在春口先生多年的临床实践中，于 1984 年在日本交流分析学会发表了《来自角色交换书信法的自我洞察技法》，并于 1987 年出版了以他的博士论文为基础的《角色书信疗法》一书。2000 年，在日本成立了日本的书信疗法协会，该协会的成员包括临床心理学的高校（中学校）教师、心理治疗师、心理咨询师、护士、社会工作者、儿科医生、精神科医生、交流分析从业者、律师及其他研究者等。该书以理论与实证相结合的方法，为小学、中学、高中、大学的学生以及社会各类群体的人们提供一种治疗其抑郁、焦虑等情绪症状的方法，以及当一些人们出现或者存在不愿意上学、不愿意上班，以及酒精成瘾、药物依赖等烦恼时，角色书信疗法也可以为之提供一种有效的帮助。

书信疗法（RLT）是给那些自己有消极情感（例如愤怒、敌意、痛恨）的人写信，尽管信得不到邮寄，但是可以达到角色交换的目的。信是保密的，求助者对他们自己的信件有控制权。这种安全的心理环境使得他们能够接受自己的问题成为可能。

有关书信疗法的程序，首先是与求助者达成一项协议，然后由他自己选择一个与自己有着消极情感的“目标人”。治疗师引导求助者对那个人写信，需补充的一点的是，信是不需要邮寄的。如果求助者不愿意对治疗师出示或者读信，信就仍然是被保密的。这就意味着，求助者不需要担心信是否语法正确或害怕报复而放弃。来自治疗师的这种保护措施为求助者提供了一种放松和安全的感觉，能鼓励他们在信中表达出被抑制的情感。

书信疗法以保密为基本原则，来访者书写的信件不给其他人阅读，不经来访者的许可，连咨询师都不能阅读。因此，在这种安全的心理氛围下，来访者能够把自己内心深处的想法原原本本的暴露出来，而不加掩饰。同时，来访者站在他人的角度给自己写信，本质上就是其对自己想法的反馈，同时，通过随时对信件的反复阅读，可以促进来访者对自我与他人认识的深化。此外，作为写信者的来访者可以自由地选择将信件保存或是撕掉，所以对来访者而言，这是一种非常安全的心理治疗方法。

总之，角色书信疗法是让出现了一定心理问题的人给另外一个人（这个人是他生活中的重要他人）写信，并通过角色互换的方式站在对方视角给自己回信的一种心理疗法。可以说，角色书信疗法是一种以书信为介质，让自己与他人对话的心理治疗方法。它借鉴格式塔疗法的空椅技术，用写信代替椅子。这项技术被证明为既有效又安全。到目前为止，书信疗法已经在日本被广泛地应用于学校、医院和相关机构之中。

在书信往复的过程中，发生了所谓的“为了书写而去回忆、思考、记录、阅读一些事情，甚至是对话、洞察、体验”等一系列精神层面的活动。在书写的过程中，对来访者的帮助至少有五个方面：一是来访者的心理郁结得以舒缓；二是来访者的心理郁结内容得以表露；三是来访者的心理郁结可以被明确；四是来访者有机会与其心理郁结进行对质；五是可以通过对质使来访者有机会真正地面对自己的问题。

2. 角色书信疗法的实践意义。春口德雄（2005）认识到，在对他的求助者，特别是酒精滥用者、青少年罪犯使用角色书信疗法时，至少有七点临床意义：一是通过反复写信，使求助者理清他们矛盾或混乱的情感；二是通过让来访者以让对立的双方（求助者和“敌人”）交换信件的方式，让求助者在他自己的精神世界中，和“对方”展开对话，这为求助者进行自我咨询提供了可能；三是能使求助者复杂的感情得以释放；四是通过体验自己和“敌人”对立的立场，使求助者意识到、面对和接受他们自身的消极情感；五是能使求助者理解自己和“敌人”的参照框架；六是能使求助者改变消极的自我印象，以便能更加客观和恰当地看待他们自己的处境；七是能使求助者意识到自己的自我防卫、不切实际的或非逻辑的自我状态，从而转变成一种更加自主和成熟的自我印象。

求助者写信时，往往以表达来自反抗的儿童自我状态的厌恶之情为开始。然后，站在“对立”的位置和立场，他们尝试着不断地相互交流，直到出现观点的和谐一致。如果对于求助者来说，向某人表达消极情感是非常困难的，就不要强迫他暴露他的内心世界了。然而，咨询师通常可以使用一种辅助性的自我技术或对立技术解决此种情况。很明显地，让求助者扮演他讨厌的人的角色，然后站在“敌人”的立场为自己回复信件，这必然可以削弱求助者的偏见和认知歪曲。在写完信后，求助者体验到了消极情感的释放，使他们增强了成人自我状态的力量。

角色书信疗法中的往复书信形式以“角色理论”为理论背景，以交流分析为导入，以调整人际关系的“对象关系理论”、书写作业过程的“认知疗法”为支柱，因此，这种心理治疗方法是完全可以信赖的。除此之外，书信疗法也是一种以文字的方式来表现或洞察自我的东方式心理疗法，对于中国人应该也具有非常好的亲和力和适用性，在我们帮助大学生提升生命意义感的临床实践中也被广泛地证实。众所周知，在东方文化中，人们不情愿或羞于表达自己的感情或意见，特别是在公共场合和团体治疗中更是如此。所以，角色书信疗法因其帮助人们修正他们的认知歪曲、净化他们受污染了的自我状态，在东方文化背景的国家中应用，是非常适合的。

二 实践案例

写给四年前的自己（去信）

四年前的小 D：

你好！

大学生活如同白驹过隙，一晃神已经快要离自己远去了。我知道这一封信，你是无法收到的，即便是收到，也能想象得了你的神态，必然是骄傲而又不屑一顾，轻易就可以抛在脑后。

想给你写信，起初是源自于一部电影。故事情节难免落入俗套，金发碧眼的好莱坞美女主角是谁，也记不起来了。里面有一位先知提供给女主角一次机会，可以改变从前的自己，结果不论好坏，都要自己承担。看到这个情节的时候我就不免在想，如果我可以改变你的话，那我现在会如何呢？

我已经很久没有联系你了，甚至做梦都没有梦到过，我想是因为心境的迥异让我们日益疏离。世界上再没有任何一个人比我更了解你了。我知道你温暾性子下的傲气，知道你孩童一样的倔强，知道你有一点点贪玩儿，一点点臭美，也知道你曾经无数次在心里描画那一座四季如春的高等学府。高考那年你几乎拼了命，从拿到成绩到报考院校，再收到录取通知书，甚至上了火车一路颠簸着奔向这座城市，你都缓不过神来。

你是优秀的。在亲戚朋友间永远都可以无所顾忌地大声说话，为了某一个目标可以连饭都忘记吃。

可惜我让你失望了。这句话，我到现在才有勇气说出来，自责感一直都藏着掖着，甚至考试成绩不好让父母屡屡心寒的时候，我都把这结果归结于一些毫不相干的外因。

“你以为我自己不想学好吗？你理解一下我好不好！我都学了多少年了”这已经成了我拿来搪塞自己、搪塞家里人的惯用借口，然后我就愈加地恨你，恨你的优秀和你的懂事。甚至有的时候会想，如果你是个平庸的学生就好了，我就可以不用这么辛苦地啃艰涩知识。

你用尽全力才闯出来的路，我却走得那么辛苦。

四年前的我写给我的信（回信）

四年后的我：

这是一封本不应该有的回信，你一定没有想到可以得到回应吧，我一直在你的心里，从来没有离开过，因为你就是我，我就是你。

这几年你做的、你想的，我都看在眼里，难道你没有注意到吗？在你不想上课的时候，会感到内疚，在作业COPY了别人的时候，会感到不安，考试的时候更是焦急地起了个大燎泡，这都是我在提醒着你呢。

这个世界是很大的，大到你难以想象，这里有比原来高一千万倍的天地可以驰骋，你想要去哪里呢？

诚然，在现在同学之间，你注定不是优秀的了。我也很了解你呀，你其实对理科一直停留在应试习题范围，高中数学就让我足足头疼了两年，你的懊恼更加可想而知。大学里有好多好玩儿的吧，我的那一点点小贪玩儿，那一点点小臭美，更是生根发芽了呢。逃避当然轻松了，不去想讨厌的科目，就算待在寝室一整天都没有人来管呢！

这真的是你的想法吗？你会舍得随便丢弃掉过去的二十年努力才换来的果实，而去甘于平庸、得过且过？

我有一个很喜欢的故事，也是你曾经很喜欢的。这是一个真实的故事。一位商界女杰因病即将离开人世，她年轻的女儿成了公司唯一一位继承人。没有任何经营和管理经验的姑娘哭得一塌糊涂。她对母亲说："您的公司会砸在我手里。"母亲笑了笑，从枕头下取出一支崭新的口红，说："只要你把它完完整整的用完，不剩下一点儿，公司就毁不掉，这是一个魔法。"在女儿不解的神情里，母亲离开了人世。事后，女儿开始用这支口红。从前她使用过许多支口红，总是没有用到最后，就不耐烦的扔掉了。她是一个没有耐心的人。渐渐地，口红能拧出来的部分都用完了，然后她买了一支口红刷，把这支口红管里拧不出来的部分一点一点蘸着用，尽管她觉得麻烦透了。终于，她真的用完了这一支，空空的口红管里没有剩下一点点。这时候她才明白母亲的用意。在不知不觉中，她已经拥有了耐心和坚持，把目光踏踏实实地落在了地上。几年过去了，母亲的公司不但没有垮，而且越来越红火了。后来，她上小学的女儿听到别人说自己的母亲和外婆都是有成就的女人，回来问妈妈成功的秘密是什么，她拿出一块崭新的橡皮说："只要你把它用完，不留下一点渣渣，就一定能成功。"

这位同学完成了这封角色书信之后，他是这样说的：

很多难以启齿的话原来是这么容易说出来，一旦开了头，就一股脑儿全都发泄出来了。委屈也好，自责后悔也罢，可以不想理由不管不顾地全都倾吐出去，心里不由得就松下一块儿。我想我一直是不愿意面对现实的，一旦现实不尽如人意，就宁愿活在自己不着边际的幻想里。幻想着自己可以抛却从前的一切、负重的一切，孑然一身轻轻松松享受生活。但是这种逃避总是不能彻底的，不能完全屏蔽掉自己应该去做什么的责任感，就好像是时不时弹出来的对话框，警示音一下子就把人拉回现实里来。

那个故事是我高一的时候抄在摘抄本上的，现在完全是凭印象一个字一个字地打出来，好像回到原来课桌上的感觉，身边堆着一摞摞厚厚的习题集，草稿纸都散落在身边，阳光正好，写字写得手腕发软。虽然现在已经想不起来高中那些考题的内容，但是铆足劲儿往前的心情还是感同身受。

都说大学是个让人迷惘又给人梦想的地方，我想我只是发现得比较迟。我不敢说已经释然，已经完全找到自己应该前进的方向，还是在踌躇地找寻着，还不完全清楚到底应该去做什么，但是毕竟是稍微地平静下来了一点。我想，只要我把我能做的都一步步、踏踏实实地做好了，那么梦想就一定会出现的吧。

当命运断了你所有的路，让你无法前进，那它一定是在鼓励你向上飞了。

总结：

从以上案例中，我们可以体会到角色书信疗法能够帮助个体重新地思考生命中出现的一些问题，理顺那些出现了矛盾和摩擦的人之间的关系，而这些都无形中帮助个体体验到生命的快乐与和谐。在我们帮助大学生提升个体的生命意义感的临床实践中，类似这样的书信举不胜举。让我们欣慰的是，大学生通过这样的方式，确实对人生有了新的思考，面对人生中出现的问题，也有了解决和面对的勇气。

第四节　提高自助能力 享受意义人生

懂得在现实生活中不断完善自己心理自助系统的人，会获得更多的人生幸福。在介绍了经典的个体咨询理论后，下面将介绍一些基本心理自助的理念与方法。它们不像经典心理咨询理论那样复杂，但可以帮助我们自己通过体会、理解，来掌握其精髓，自主地维护自己的身心健康，达到虽然没有接受心理咨询，但同样可以达到心理疏导的功效。可以说，个体心理自助系统的构建与完善是感受生命意义、享受人生幸福的重要保证。如果我们每一个人都能够让自己学会在痛苦的时候适当地宣泄，并依靠积极的暗示，不断地进行自我激励和调适，个体的精神生活状况将会大大改善。

一　正视问题情境，积极应对挫折

幻想，通常被称为白日梦或昼梦。幻想的出现，多是因为个体的内心有某种难以满足的要求，或者是个体在生活上遭遇了某种挫折，此时的个体为了让自己暂时摆脱现实的痛苦，就很容易借助幻想，使自己得到想象中的满足。由于幻想具有这种使个体在想象中获得满足的特性，可以让个体在受到重大挫折之后，寻找到一种片刻的满足，甚至获得一种从痛苦情境中“逃”出来的感觉。因此，很多个体通常都会企图以自己想象的虚幻情景来应付挫折，借以脱离现实。在日常生活中，为保护自己免受重大冲击，偶尔地以幻想的方式，暂时地逃离一下现实的问题情境，并非完全不对，它也是人类的一种自我保护措施，任何人都有幻想，不能说是失常。但是，如果某个人，对于问题情境，总是采取一味幻想的方式，特别是在受到挫折之后，经常或总是以此来脱离现实，则非但于事无补，而且会逐渐形成一种固化的应付问题情境的退缩行为，一旦形成习惯，将有碍于对生活的适应。因为虽然个体可以在由自己的想象构成的似梦的情景中寻求满足，但是一旦个体从梦中回到现实就会感到更加的痛苦。所以，我们认为，个体在遭受挫折的时候，一定要正视现实，千万不要以幻想来应付挫折。

如果幻想总是自觉或不自觉地出现于脑际时，那么一旦当个体意识到了这种情况的发生，就必须自觉地把“梦”打断，比如马上找一项工作去做，或是想一道还没有解出的数学难题，这样做的目的是有意识地阻止“白日梦”的出现，不放纵“梦”的发展。也可以将自己所做的“白日梦”如实地记录下来，等清醒的时候念出来，就会让自己感到一种“纸上谈兵”的不快，以此使个体对“白日梦”产生厌倦情绪，能起到减少“白日梦”发生次数的作用。

二　正视自身资源，建立合理期望

每个人都有自己的抱负，特别是大学生通常习惯于把自己的抱负和奋斗目标定得很高或者贪大求全，对于自己所追求的任何目标都期望获得圆满的成功，而实际上这个目标根本不是自己能力所及的。这时因为个体期望太高，而能力不及，或资源有限，就势必容易使个体体验挫折。比如在现实生活中，一个人如果经常过高地估计自己的能力和占有的资源，就会对自己提出非常不切实际的要求，制订过高的甚至无法达到的目标或计划。一旦这些目标或计划终因能力不济、资源不到位而无法实现，自己却又没能及时地、清醒地认识到这一矛盾状况，个体自然会产生强烈的挫败感。

因此，正视自身的能力与资源，抛弃尽善尽美的念头，从客观事实出发进行自我预期，尽量做到个人能力、拥有资源与个体期望相符合，这有助于个体避免产生不必要的挫折感，调整心理失衡。具体做法是：通过正视自身的能力和资源，重新评估自身价值，对个体的奋斗目标进行重新审定和转移，做出一个符合自身现有条件的计划，这不仅能使个体更快地体验到成功的喜悦感，还可以降低和避免由于目标不当、难以达到而可能产生的挫折感和焦虑情绪。同时，要建立合理的期望。人的一生中追求尽善尽美是对的，但千万不能走入极端，因为一个人想在各个方面都有所建树是不可能的，所以不要不问青红皂白，四面出击，而是应该根据自己的实际情况选准主攻方向，突出重点，努力使自己在主要方面取得成功和满足，至于其他事情，能干多少是多少，干好了满意，干不好也不在意。这样做的好处是使个体能集中精力，取得成功，同时使其更好地保持心理平衡状态。

三　增强内部自信，消除挫败体验

现实生活中，很多人由于缺乏自信，在准备去做某件事情之前，往往会设想出许多可能遇到的困难与障碍。尽管这些困难和障碍，很多时候是个体自己夸大出来的，但是因为自己不断地咀嚼它，使得自己在内心不断上演一个失败的生活脚本。结果，还没顾上去应对事件，就已经被这种设想出来的困难和障碍情境吓倒了，这使得自己的忧虑和恐惧感更加严重，似乎失败就会等着自己，于是总想回避和躲开。这种由个人主观心理活动所造成的失败感就叫作心理上的“自我挫败”。比如，某位大学生一直希望去某大公司工作，可当他接到这家公司的面试通知时，却表现出心事重重的样子，原来他听说这家公司的面试程序很严格，而且还必须经过好几轮面试才可能有资格被录用，于是他便也怀疑自己是否能行，在面试之前就已经感到自己不可能被录用，甚至连去尝试一下的信心都没有了。诸如此类，不一而足。可见，自我挫败常常源于个体对自我缺乏应有的信心。如果自我挫败经常在同一个个体身上发生，不仅不能帮助个体克服可能遭到的困难，无助于个体对付挫折和适应环境，相反，还会大大降低个体的适应能力和自信心，人为地给自己增加精神压力。因此，这种“自我挫败”的心理压力和心理包袱是必须解除的，解除的办法是在个体做事情之前，特别是一件自己从未做过的或是比较复杂的任务之前，一定要对自己有一个适当的要求，锻炼自己不要害怕失败，并时常用生活中的哲理或某些明智的思想来安慰自己，鼓励自己同忧虑和痛苦进行斗争。

四　努力磨砺自我，提高挫折阈限

不同个体对挫折的感受和对挫折的承受程度不同，之所以是这样，是因为不同的个体，抗挫折的阈值是不同的。一般来说，那些挫折阈值非常低的个体，他们对生活中出现的轻微挫折都会非常敏感，这样的个体，他们承受挫折的能力也相应较低；相反，那些挫折阈值非常高的个体，他们对生活中出现的轻微挫折并不会很敏感，他们承受挫折的能力就会相应地高出很多。而且，并不是说因为这类个体麻木，才感受不到轻微的挫折，而是因为他们在既往的生活中因为学会了积极化解微小挫折的方法，而使自己的挫折阈值不断提升起来。因此，提高个体挫折阈限，是个体在受挫以后能够马上适应的一个关键要素。提高的方法有以下几个方面：

（1）对于生活中出现的一些挫折情境，要有意识地加以容忍，并学会接纳，这样做的好处是，通过在与自己整体发展并无重大威胁性影响的丧失情境中，学习主动地把生活中遭到的种种挫折和逆境，转换成为一种提高自己迅速地由消极思维变为积极思维的锻炼情境，这可以达到锻炼个体坚强性格、培养良好心理素质和对付压力的能力，使个体随时随地地在生活中学习和掌握对付挫折的方式和技巧，增强适应力。

（2）在顺境的发展中，有意识地创设一定的挫折情境。这样做的目的是为了在顺境下，也能让自己体验到一些丧失感，使自己对丧失的理解更为全面，同时也起到培养自己胜不骄、败不馁的做事风格。

（3）可以在助人的过程中，给予自己一种在心理上应付挫折的准备。当其他人遇到挫折的时候，应该主动相助，这不仅是为了他人，同时也为了让自己有一种心理上应付挫折的准备。从中，既可以完成一个社会人的社会责任，同时可以帮助个体了解生活中的挫折是人人都会遇到的，挫折的到来并不是只针对某一个人。这样可以使自己在遇到挫折的时候，不再怨天尤人，而是把它的发生看成是一件自然的事件。于是，心理上的气馁、失望会减少很多，也可以让自己腾出更多的心理空间来积极地应对当时的挫折情境。

一个人的挫折适应力和对挫折的心理准备有很大的关系。但要注意的是，这里提到的，让个体在心理上做好一种应付挫折的准备，并不是说让个体每天都诚惶诚恐地生活，总在担忧不幸事件的降临。它只是想提醒个体在思考问题的时候，一定要从“顺”“逆”两个方面来同时考虑。其实有的时候，有些人的挫折阈值低，是因为这些人总喜欢把未来设想得很容易，对困难却不愿意多想。当生活顺利时，他感到很舒适；而一旦遭到艰难困苦，他就会感受到很大的挫折和压力，这就是因为他缺少对付挫折的心理准备。而另一些人在憧憬未来时，尽量考虑到各种可能出现的困难，做好和困难搏斗的思想准备。这样，当日后并没有碰到那样的困难时，他会感到出乎意料的轻松；即使真的碰到了那样的困难，他也会因为早有心理准备，而不感到有很大的压力和挫折感。所以每一个人都应该做好随时应付挫折的心理准备，因为在人的一生中遭受挫折是不可避免的。

五　改善挫折情境，提高适应能力

挫折情境是产生挫折感的主要原因，如果挫折情境得以消除和改善，则挫折感自然会随之发生变化，乃至不复存在，这样就会在无形中提高个体对周围环境，特别是挫折情境的适应能力。

个体应该努力减轻挫折引起的不良影响。有些挫折情境一旦发生，是无法消除或一时无法改变的，而且必然会给人带来许多不良的影响。如果这些不良影响持续很长时间，那么个体就不可避免地产生心理失衡，因此采取措施消除或减轻挫折引起的不良影响是很重要的，如向最亲近的人（父母、爱人、朋友）寻求帮助，以此增加重新奋起的勇气和信心。改变挫折情境的另一种方法是暂时离开受挫的环境，到一个新的环境里去，以新环境中的成功感来替代受挫后给人带来的痛苦。等到个体得到了新鲜的能源补充之后，再去直面挫折情境，相信那时的个体会因为得到新能量的滋养而斗志昂扬。

当然，我们也不能只是强调个体内部的努力，作为外界系统，也要尽量地帮助个体与挫折情境脱钩。当挫折发生以后，如果经过认真分析，发现引起挫折的原因和挫折情境是可以通过外界政策的调整，改变或消除挫折情境的，外界的确应该通过各种努力，设法将其改变、消除或降低它的作用程度。比如目前针对大学生就业难的现状，国家政府各级部门都在群策群力，积极为大学生们的就业开通绿色通道，为大学生创业提供各种有利支持，这样做不仅可以做到人尽其才，而且可以最大程度上从外界降低个体的挫折感和紧张感，避免焦虑情绪的产生。

总之，当个体在遭受挫折，产生心理失衡的时候，必须要进行及时有效的自我心理调整。因为自我心理调整就如同物理上寻找平衡的支点一样，平衡的支点找得好，心理平衡的时间就会延长，心理状态也就会更稳定；相反，平衡的支点找不好，心理失衡就不可避免。因此，不断加强有助于自身心理调整的自助资源，才是确保大学生体验幸福人生、升华人生意义感的重要保障。

参考文献

中文部分

A

［法］阿尔贝特·史怀泽：《敬畏生命》，陈泽环译，上海译文出版社1995年版，第9页。

［美］安东尼·克龙曼：《教育的终结——大学何以放弃了对人生意义的追求》，诸惠芳译，北京大学出版社2013年版。

B

伯恩：《人间游戏——人际关系心理学》，田国秀、曾静译，中国轻工业出版社2006年版。

C

曹鸣岐：《论人力资源管理视野中的心理资本》，《职业时空》2006年第24期，第5—6页。

曹小燕：《“大学生心理资本量表”中引入“作假识别量表”的研究》，硕士学位论文，天津大学，2010年。

曹专、朱敏：《首届大学生生命教育高峰论坛会议综述》，通识教育优质公共选修课程建设项目，北京师范大学，2011年。

常保瑞：《大学生完美主义与自杀意念的关系研究》，硕士学位论文，河南大学，2007年。

常海：《从心理资本角度看高校学生管理创新》，《辽宁师专学报》（社会科学版）2009 年第 1 卷第 61 期，第 109—111 页。
常宪鲁、王云华：《儿童期心理虐待和忽视与成人心理健康》，《中国健康心理学杂志》2008 年第 16 卷第 11 期，第 1239—1240 页。
陈本友、张锋、邓凌、黄希庭：《老边穷地区高中生时间管理倾向特点及相关因素研究》，《西南大学学报》（人文社会科学版）2007 年第 33 卷第 2 期，第 9—13 页。
程明明、樊富珉：《生命意义心理学理论取向与测量》，《心理发展与教育》2010 年第 4 期，第 431—437 页。
陈桂兰：《贫困生心理资本与心理健康的关系研究》，《学校党建与思想教育》2009 年第 10 卷第 329 期，第 82—83 页。
陈萍、张金连：《高职院校女大学生生命意义感现状及其导向研究》，《西南农业大学学报》（社会科学版）2012 年第 10 期，第 217—218 页。
陈秋婷：《大学生生命意义的结构及其与心理控制源、社会支持和主观幸福感关系的研究》，硕士学位论文，华南师范大学，2008 年。
陈秀云：《大学生个人生命意义量表编制及初步应用》，硕士学位论文，浙江师范大学，2007 年。
陈砚秋：《社会心理学原理与应用》，哈尔滨地图出版社 2006 年版。
春口德雄：《人間関係のこじれを洞察するロールレタリング入門》（役割交換書簡法），東京：株式創元社 1987 年版。
春口德雄：《ロールレタリングの理論と実際》，東京：株式会社チーム医療 2005 年版。
春口德雄：《角色书信疗法——一种针对“问题少年”的心理咨询方法》，孙颖译，中国轻工业出版社 2011 年版，第 16—18 页。

D

戴玉錦《高中职辅导教师生命意义感与辅导自我效能感关系之研究》，硕士学位论文，台湾国立高雄师范大学，2005 年。
邓凌、陈本友：《大学生时间管理倾向、主观时间压力与抑郁的关系》，《中国心理卫生杂志》2005 年第 19 卷第 10 期，第 659—661 转 684 页。
邓旗明：《双峰患者生命意义之探讨——以乳癌个案为例子》，硕士学位论文，台湾南华大学生死学研究所，2003 年。
丁成莉：《企业员工的心理资本对其工作绩效和工作卷入的影响》，硕士学位论文，河南大学，2009 年。
丁红燕：《大学生时间管理倾向的干预研究》，硕士学位论文，华中师范大学，2006 年。
丁瓒：《心理卫生论丛》，商务印书馆 1945 年版。
董文香：《生死教育课程对职校护生生命意义影响因素之研究》，硕士学位论文，南华大学，2002 年。
段琪：《交互分析理论视角下大学生人际交往影响因素及提升策略》，硕士学位论文，天津大学，2011 年。

F

范翠英：《大学生时间管理倾向与压力和主观幸福感的关系》，硕士学位论文，华中师范大学，2006 年，第 18— 19 页。
范晓清：《家庭心理健康新概念》，人民军医出版社 2010 年版，第 2 页。
冯晨旭：《时间管理倾向、主观幸福感和生命意义感的相关研究》，硕士学位论文，天津大学，2013 年。
冯媛媛：《高校学生生命意义感、生活压力与生活适应的关系研究》，硕士学位论文，西北师范大学，2009 年。
付爱兵：《大学生时间管理倾向与主观幸福感相关研究》，《内江师范学院学报》2003 年第 26 卷第 4 期，第 74—76 页；付志高、刘亚、潘朝霞：《大学生外倾性生命意义感与生活满意度的关系》，《中国学校卫生》2012 年第 33 卷第 5 期，第 610—611 页。
弗兰克尔：《活出意义来》，赵可式等译，三联书店出版社 1991 年版。

G

岡本泰弘：《子どものためのエゴグラムロールレタリング実践法》，東京：株式会社少年写真新聞社 2010 年版。
高希庚、孙颖：《大学生心理健康的理论与实践》，天津大学出版社 1999 年版。
顾红亮：《人格认同危机与自由人格建构》，《浙江社会科学》2005 年第 6 期，第 137—142 页。
郭志峰：《大学生自我和谐与综合幸福感的关系研究》，硕士学位论文，北京师范大学，2005 年。

H

侯振虎:《大学生成长中“单相思”恋爱挫折的个案辅导与思考》,《校园心理》(学术版),2007年,第4期,第227—231页。

侯振虎:《内蒙古地区大学生心理健康观调查研究》,《前沿》2011年第23期,第174—177页。

侯振虎:《农业高等院校本科生主观幸福感调查研究》,《中国健康心理学杂志》2011年第19卷第9期,第1085—1087页。

郝红英:《包头市大学生生命态度现状》,《中国学校卫生》2012年第5期,第600—601页。

何英奇:《大专学生之生命意义感及其相关:意义治疗法基本概念之实证性研究》,《教育心理学报》1987年第20期,第87—106页。

何英奇:《生命态度剖面图之编制:信度与效度之研究》,《台湾师范大学学报》1979年第35卷,第71—79页。

何瑛:《主观幸福感概论》,《重庆师范学院学报》(哲社版)1999年第4期,第73—81页。

何郁玲:《中小学教师职业倦怠,教师效能感与生命意义之研究》,硕士学位论文,台湾彰化师范大学,1999年。

侯冬芬:《云嘉地区资深荣民生命意义、死亡态度与生活品质之相关性探讨》,硕士学位论文,台湾南华大学生死学研究所,2004年。

胡锦涛:《在全国宣传思想工作会议上的讲话》,《人民日报》2003年12月8日。

胡志:《我国篮球运动员比赛应对方式的理论与实证研究》,博士学位论文,西南大学,2000年。

黄成毅、李英:《弗兰克尔意义疗法对生命意义教育的启示》,《科教导刊》2012年第2期,第52—54页。

黄国城:《高雄市医院职工幸福感、死亡态度与生命意义感之相关研究》,硕士学位论文,台湾高雄师范大学成人教育研究所,2003年。

黄小英、温虹羽:《在校大学生生命意义感现状分析——以内蒙古师范大学传媒学院为例》,《内蒙古师范大学学报》(教育科学版)2011年第24卷第1期,第53—55页。

黄希庭、张志杰:《论个人的时间管理倾向》,《心理科学》2001年第24

卷第 5 期，第 516—518 页。

J

姬云兵、刘启珍：《大学生自我概念与生命意义感关系研究》，《学理论》2013 年第 3 期，第 181—183 页。

贾林祥：《试析弗兰克尔的意义治疗理论》，《医学与哲学》2004 年第 25 卷第 8 期，第 73—74 页。

贾林祥、郭利：《追寻生命的意义——大学生自我生命意义的多元价值取向分析》，《江西师范大学学报》（哲学社会科学版）2013 年第 1 卷第 39 期，第 146—149 页。

贾林祥、石春：《徐州地区大学生生命意义调查》，《中国心理卫生杂志》2008 年第 3 卷第 22 期，第 219 页。

贾林祥、石春：《307 名大学生生命意义认知及其影响因素分析》，《中国学校卫生》2008 年第 5 期，第 420—421 页。

江光荣：《人性的迷失与复归——罗杰斯的人本心理学》，湖北教育出版社 2000 年版。

江光荣：《心理咨询的理论与实务》，高等教育出版社 2005 年版。

江慧钰：《国中生生命意义之探讨：比较分析与诠释研究》，台湾慈济大学，2001 年。

姜红娟、邓云龙、潘辰、黄莉：《儿童心理虐待和忽视与高职新生的心理健康：自尊、情绪稳定性的中介作用》，《中国心理卫生杂志》2010 年第 24 卷第 9 期，第 705—709 页。

蒋灿、阮昆良：《大学生自我价值感与自我和谐的相关研究》，《西南师范大学学报》2006 年第 32 卷第 2 期，第 13—16 页。

蒋建武、赵曙明：《心理资本与战略人力资源管理》，《经济管理》2007 年第 9 期，第 55—58 页。

蒋燕宾：《大学生正负生活事件、应对方式对主观幸福感的影响研究》，硕士学位论文，华东师范大学，2009 年。

金军伟：《初中生时间管理倾向训练对心理健康及学业成绩的影响》，硕士学位论文，浙江师范大学，2007 年。

金玲玲、李芳、刘芳：《医学生生命意义感及其与学习动机关系的研究》，《北京教育学院学报》（自然科学版）2011 年第 9 期，第 22—25 页。

金盛华、张杰：《当代社会心理学导论》，北京师范大学出版社 1995 年版，第 287—295 页。

金泽勤：《531 名高中生生命意义感与心理健康关系》，《中国校医》2012 年第 26 卷第 4 期，第 318—319 页。

K

康积勤、郭若虹：《存在主义团体心理辅导在大学生中的应用》，《老区建设》2013 年第 6 期，第 11—13 页。

孔祥娜：《大学生自我认同发展与疏离感关系的调查研究》，《河西学院学报》2005 年第 21 卷第 3 期，第 63—67 页。

L

李凤英、李斌：《“90 后”大学生对生命意义的认知分析》，《人民论坛》（中旬刊）2011 年第 6 期，第 172—173 页。

李桂仙：《高雄市高职学生生命意义感、忧郁情绪与自杀倾向关系之研究》，硕士学位论文，高雄师范大学教育学系，2006 年。

李国平、杨波兰、段功香：《慢性阻塞性病人生命意义感及其影响因素研究》，《护理研究》2011 年第 3 期，第 670—672 页。

李慧茹、李英：《生命意义的确立：从传授教育到自我发现——弗兰克尔意义疗法的启示》，《经济与文化》2012 年第 4 期，第 132—133 页。

李荔波：《大学生生命意义感调查与分析》，《科教导刊》（上旬刊）2012 年第 5 期，第 99—100 页。

李虹：《压力应对与大学生心理健康》，北京师范大学出版社 2004 年版。

李虹：《自我超越生命意义对压力和健康关系的调节作用》，《心理学报》2006 年第 38 卷第 3 期，第 422—427 页。

李儒林、胡春梅、田川：《代成书——大学生时间管理倾向与主观幸福感的相关性》，《中国临床康复》2006 年第 10 卷第 46 期，第 67—70 页。

李伟：《培养个体生命自觉》，博士学位论文，华东师范大学，2008 年，第 14 页。

李幼穗、吉楠：《主观幸福感研究的新进展》，《天津师范大学学报》（社会科学版）2006 年第 2 期，第 70—74 页。

李祚山：《大学生的文化取向、自我概念对主观幸福感的影响》，《心理科学》2006年第29卷第2期，第423—426页。
李政涛：《教育学的生命之维》，《教育理论与实践》2004年第5期。
李政涛：《做有生命感的教育者》，北京师范大学出版社2010年版。
李忠鹏、黄仙红、张刑炜：《杭州市某大学学生生命意义与死亡态度的典型相关分析》，《医学与社会》2013年第3期，第80—82页。
廖星：《大学生完美主义者的情绪特点研究》，硕士学位论文，天津大学，2011年。
赖斯（Rice，P. L.）：《压力与健康》，石林等译，中国轻工业出版社2000年版。
赖雪芬、江冬梅：《大学生生活事件、应对方式与生命意义感的关系》，《重庆理工大学学报》（社会科学版）2013年第27卷第5期，第119—123页。
赖雪芬、林瑞琦：《地方院校大学生生命意义感的调查与分析》，《嘉应学院学报》（哲学社会科学版）2011年第29卷第1期，第75—79页。
梁惠茹：《癌症末期病人生命意义之探讨》，硕士学位论文，台湾成功大学护理学研究所，2009年。
廖英、邓云龙、潘辰：《大学生儿童期心理虐待经历与个性特征的关系》，《中国临床心理学杂志》2007年第15卷第6期，第647—649页。
林慧芬：《大学生完美主义，灵性成长与生命态度之研究》，硕士学位论文，台湾大叶大学，2011年。
林宁：《从生命观调查看高职院校生命教育的必要性——以开封大学为例》，《开封大学学报》2012年第26卷第1期，第59—61页。
刘玲玲：《大学生时间管理倾向与心理健康的关系研究》，硕士学位论文，江西师范大学，2006年。
刘铁芳：《保守与开放之间的大学精神》，北京师范大学出版社2010年版，第37页。
刘欣：《沟通分析理论在大学生心理健康教育中的应用》，硕士学位论文，华东师范大学，2004年。
刘雪珍：《桂西北大学生生命意义调查与生命教育》，《教育评论》2012年第6期，第48—50页。
柳迎新、黄文倩、朱婉儿：《大学新生的自杀意念及与生活满意度、幸福感的关系》，《中国心理卫生杂志》2012年第26卷第3期，第235—

238 页。
卢盛华、杨娜、刘惠星：《大学生时间管理倾向及影响因素的研究》，《中国健康心理学杂志》2013 年第 21 卷第 5 期，第 761—762 页。
鲁洁：《道德教育的当代论域》，人民出版社 2005 年版。
路桑斯、尤瑟夫、阿沃里欧：《心理资本：打造人的竞争优势》，李超平译，中国轻工业出版社 2008 年版。
罗献明、范燕、蒋索：《温州市高校学生自我和谐与自杀态度的关系探讨》，《医学与社会》2013 年第 26 卷第 4 期，第 79—81 页。

M

玛莉亚·葛莫利、伊莲娜·艾达斯金：《心灵的淬炼——萨提尔家庭重塑的艺术》，易之新译，海天出版社 2009 年版。
明星、赵继军：《癌症患者生命意义干预的国内外研究进展》，《护理管理杂志》2012 年第 12 卷第 12 期，第 859—860 页。
莫书亮、李丽、苏彦捷：《大学生心理控制源与抑郁倾向的关系：自我效能感的中介效应》，《应用心理学》2010 年第 16 卷第 1 期，第 67—70 页。

N

［德］诺斯拉特·佩塞施基安：《寻找意义——一种循序渐进的心理疗法》，万兆元等译，社会科学文献出版社 2010 年版。

O

［瑞典］欧嘉瑞、安妮卡、罗南：《人际沟通分析——TA 治疗的理论与实务》，黄佩瑛译，四川大学出版社 2006 年版。

P

潘清泉、周宗奎：《贫困大学生心理资本、应对方式与心理健康的关系》，《中国健康心理学》2009 年第 17 卷第 7 期，第 844—846 页。
彭霞、王鑫强、郭成：《重庆某高校大学生生命意义感与心理健康关系》，《中国学校卫生》2011 年第 9 期，第 1119—1120 页。
彭香萍：《当今高校新生的主要心理问题及辅导策略》，《心理科学》2006

年第 1 期，第 211—213 页。

Q

邱芬：《体育锻炼对大学生的时间管理倾向与情绪健康的调节作用》，《体育学刊》2011 年第 18 卷第 2 期，第 86—90 页。

邱芬、季浏、崔德刚、杨剑：《体育锻炼对大学生的时间管理倾向与情绪健康的调节作用》，《体育学刊》，2011 年。

邱哲宜：《青少年生命意义感、死亡态度与自我伤害关系的研究》，硕士学位论文，国立台湾师范大学，2004 年。

瞿葆奎：《教育学文集·智育》，人民教育出版社 1993 年版，第 148 页。

R

任俊《积极心理学》，上海教育出版社 2006 年版，第 98—100 页。

［德］R. 奥伊肯：《人生的意义与价值》，张蕾译，新星出版社 2013 年版。

S

杉田峰康：《医師ナースのための臨床交流分析入門》，東京：医歯薬出版株式会社 2000 年版。

宋春蕾、徐光兴、王雪：《生命教育视野下大学生生死观状况调查分析》，《华北水利水电学院学报》（社会科学版）2011 年第 27 卷第 3 期，第 134—137 页。

宋秋蓉：《青少年生命意义之研究》，硕士学位论文，台湾彰化师范大学，1992 年。

［苏］苏霍姆林斯基：《学生的精神世界》，吴春萌、林程译，教育科学出版社 1981 年版，第 2 页。

孙梦霞、李国平、李建湖：《养老院老年人主观幸福感影响因素的路径分析》，《中国老年学杂志》2011 年第 16 期，第 3140—3143 页。

孙梦霞：《养老院老年人生命意义感与死亡态度的典型相关分析》，《护理研究》2011 年第 6 期，第 1657—1658 页。

孙颖等：《思想政治教育柔性化与大学生心理幸福感》，中国社会科学出版社 2012 年版。

孙颖：《角色书信疗法：一种新的助人自助技术》，《中国社会科学报》2012 年 4 月 18 日 B02 版。

孙颖、冯晨旭：《消极完美主义刍论》，《光明日报理论版》2012 年 6 月 12 日 B11 版。

孙颖、张宝帆：《大学生心理疾患产生原因及心理保健对策》，中国人民大学复印报刊资料（心理学），2003 年，第 78—81 页。

T

[英] 特里·伊格尔顿：《人生的意义》，朱新伟译，译林出版社 2012 年版。

唐德海等：《论教育目的的预设与生成》，《高等教育研究》2007 年第 8 期，第 26 页。

唐晓鸣：《关怀生命意义感的教育》，《教育研究与实验》2008 年第 4 期，第 43—46 页。

田喜洲：《我国企业员工心理资本结构研究》，《中国地质大学学报》（社会科学版）2009 年第 9 卷第 1 期，第 99 页。

[美] 托马斯：《我好—你好——改善我们的人际关系》，林丹华、周司丽译，中国轻工业出版社 2008 年版。

[美] 托马斯：《我行—你也行》，杨菁等译，文化艺术出版社 1988 年版，第 20—38 页。

W

[美] 维克多·弗兰克尔：《活出生命的意义》，吕娜译，华夏出版社 2010 年版。

王登峰：《自我和谐量表的编制》，《中国临床心理学杂志》1994 年第 2 卷第 1 期，第 19—22 页。

王登峰、谢东：《心理治疗的理论与技术》，时代文化出版社公司，1993 年版。

王东宇、赵慧琴：《大学生生命意义感量表的编制》，《宁波大学学报》（教育科学版）2012 年第 6 卷第 34 期，第 43—47 页。

王芳：《完美主义、自我效能感、心理控制源与生命意义感的相关研究》，硕士学位论文，天津大学，2012 年。

王杰发、王丽：《高职生体验式生命教育课程的实证研究》，《宁波职业技术学院学报》2013 年第 17 卷第 2 期，第 1—5 页。

王敬群、梁宝勇、邵秀巧：《完美主义研究综述》，《心理学探新》2005 年第 25 卷第 1 期，第 69—73 页。

王克静、王振宏、戴雅玲：《主观幸福感影响因素的理论与实证简析》，《西安文理学院学报》（社会科学版）2013 年第 16 卷第 2 期，第 45—49 页。

王孟成、戴晓阳：《中文人生意义问卷（C-MLQ）在大学生中的适用性》，《中国临床心理学杂志》2008 年第 16 期，第 459—461 页。

王希平：《大学生自我和谐、人际信任与主观幸福感的关系研究》，硕士学位论文，河北大学，2011 年。

王亚杰：《大学生自我和谐与生命意义的相关研究》，硕士学位论文，天津大学，2010 年。

王燕：《当代大学生责任观的调查报告》，《青年研究》2003 年第 8 期，第 18—23 页。

王彦朴、赵亮、李锐：《大学生生命意义感量表的编制》，《心理学探新》2011 年第 31 期，第 463—466 页。

吴明隆：《SPSS 统计应用实务——问卷分析与应用统计》，科学出版社 2003 年版，第 234 页。

吴明霞：《30 年来西方关于主观幸福感的理论发展》，《心理学动态》2000 年第 8 卷第 4 期，第 23—28 页。

吴式颖、任绅印：《外国教育通史》（第 9 卷），湖南教育出版社 2002 年版，第 175 页。

X

肖蓉、张小远、赵久波：《生活目的测验（PIL）在大学生中的应用及其信、效度研究》，《中国临床心理学杂志》2010 年第 3 期，第 309—311 页。

肖蓉、张小远、赵久波：《医学生生命意义感状况与幸福感关系》，《中国公共卫生》2010 年第 26 卷第 7 期，第 855—856 页。

谢佳、杨国庆、徐晓：《522 名大学生生命意义状况调查》，《社会心理科学》2011 年第 26 卷第 129 期，第 83—87 页。

谢曼盈：《生命态度量表之发展与建构》，硕士学位论文，台湾慈济大学教育研究所，2003 年。

谢杏利、邹兵、黄中岩：《大学学生自杀态度与生活目的、生命意义感的关系》，《南方医科大学学报》2012 年第 32 卷第 10 期，第 1482—1485 页。

谢杏利、邹兵：《主观幸福感在贫困大学生自杀态度与生命意义感中的中介作用》，《上海交通大学学报》（医学版）2013 年第 33 卷第 1 期，第 78—83 页。

谢智静、唐秋萍、常宪鲁、邓云龙：《457 名大学生儿童期心理虐待和忽视经历与心理健康》，《中国临床心理学杂志》2008 年第 16 卷第 1 期，第 63—65 页。

邢占军：《中国城市居民主观幸福感量表的编制》，《香港社会科学学报》2002 年第 23 期，第 151 页。

徐洁、常美玲：《大学生生命意义与死亡态度的关系》，《漳州师范学院学报》（自然科学版）2011 年第 3 期，第 128—132 页。

徐维东、吴明证、邱扶东：《自尊与主观幸福感关系研究》，《心理科学》2005 年第 28 卷第 3 期，第 562—565 页。

Y

［德］雅斯贝尔斯：《什么是教育》，邹进译，三联书店 1991 年版，第 26—27 页。

严标宾、郑雪、邱林：《社会支持对大学生主观幸福感的影响》，《应用心理学》2003 年第 9 卷第 4 期，第 22—28 页。

闫梅洁：《免费师范毕业生个人生命意义感现状调查》，《现代企业教育》2013 年第 8 期，第 264—265 页。

杨琳娜：《大学生自我和谐与主观幸福感的关系研究》，四川师范大学，2007 年。

［英］罗素：《西方哲学史》（上），马元德译，商务印书馆 1981 年版，第 305—319 页。

杨牡娟：《大学生和高中生的生命意义感与时间管理倾向、自我价值感的比较研究》，硕士学位论文，江西师范大学，2010 年。

杨雯、杨玉柱：《华为时间管理法》，电子工业出版社 2010 年版，第

6 页。

杨英英：《大学生自我状态、应对方式与生命意义感的相关研究》，硕士学位论文，天津大学，2013 年。

姚姿如、杨兆山：《以人为本教育理念的意蕴》，《教育研究》2011 年第 3 期。

姚远峰：《寻求意义——现代教育之转型》，博士学位论文，华东师范大学，2003 年，第 33 页。

叶澜：《教育概论》，人民教育出版社 2006 年版，第 195 页。

叶柱轩：《心理资本研究进展》，《社科论坛》，2009 年，第 106—107 页。

尹美琪：《大学生宗教信仰与人生意义感、心理需求及心理健康关系之研究》，硕士学位论文，台湾师范大学教育心理与辅导研究所，1988 年。

于福洋、李颖、刘佳、唐海波：《研究生自我效能感、社会支持与心理幸福感的关系》，《中国健康心理学杂志》2009 年第 17 卷第 1 期，第 21—23 页。

袁雪：《大学生存在空虚与成人依恋、自我同一性的关系研究》，硕士学位论文，苏州大学，2009 年。

Z

翟书涛：《21 世纪自杀预防及其研究展望》，《临床精神医学杂志》2001 年第 10 卷第 1 期，第 41—43 页。

糟艳丽：《中学生自杀态度与生命意义的跨文化研究》，硕士学位论文，西北师范大学教育学院，2007 年。

臧爽、计永利：《护理本科生人生意义与积极完美主义的相关研究》，《护理研究》2011 年第 25 卷第 5 期，第 1154—1155 页。

臧爽、计永利：《医学生人生意义与积极完美主义相关性研究》，《卫生职业教育》2011 年第 29 卷第 9 期，第 115—116 页。

曾天德：《大学生生命愿景、自我效能感与应对方式的关系》，《心理学探新》2008 年第 27 卷第 104 期，第 54—58 页。

占春旺、胡光丽：《护理本科生孤独感与生命意义感的关系研究》，《护理学报》2013 年第 4 期，第 69—72 页。

赵晴：《生命意义感与心理健康的现状研究》，硕士学位论文，四川省医科大学，2008 年。

张春兴：《张氏心理学词典》，台湾东华出版社 1995 年版。

张烽：《人力资源开发视野下大学生心理资本培育研究》，《学术交流》2009 年第 186 卷第 9 期，第 195—197 页。

张家园：《生命教育课程对国小儿童生命意义感辅导效果之研究》，硕士学位论文，屏东教育大学，2006 年。

张慧：《大学生自我和谐、人际关系及主观幸福感的相关研究》，硕士学位论文，天津大学，2013 年。

张慧超：《大学生无聊状态与生命意义感的关系研究》，硕士学位论文，内蒙古师范大学，2012 年。

张利燕：《生命意义的概念与个体差异》，《心理研究》2010 年第 3 卷第 5 期，第 3—7 页。

张利燕、谢佳、郭芳姣：《生命意义量表在中国大学生中的适用性研究》，《中国临床心理学》2010 年第 18 卷第 6 期，第 698—700 页。

张陆、佐斌：《自我实现的幸福——心理幸福感研究综述》，《心理科学进展》2007 年第 15 卷第 1 期，第 134—139 页。

张琴：《研究生生命意义感与生命教育的研究》，硕士学位论文，广西大学，2012 年。

张小明、郝福华：《老年荣军患者生命意义感及其影响因素研究》，《中国药物与临床》2012 年第 6 期，第 754—756 页。

张兴贵、何立国、郑雪：《青少年学生生活满意度的结构和量表编制》，《心理科学》2004 年第 27 卷第 5 期，第 1257—1260 页。

张文质：《生命化教育的责任与梦想》，华东师范大学出版社 2006 年版。

张姝玥、许燕、杨浩铿：《生命意义的内涵、测量及功能》，《心理科学进展》2010 年第 18 卷第 11 期，第 1756—1761 页。

张姝玥、许燕：《高中生生命意义寻求与生命意义体验的关系》，《中国临床心理学杂志》2012 年第 6 期，第 871—873 页。

张艳红、胡修银：《主观幸福感研究综述》，《长春师范学院学报》（人文社会科学版）2009 年第 1 期，第 34—37 页。

章志光：《社会心理学》，人民教育出版社 2008 年版。

郑惟谦：《高屏两县国中教师生命意义感与自我效能感关系之研究》，硕士学位论文，台湾高雄师范大学，2006 年。

钟慧：《大学生时间管理倾向与成就动机的相关研究》，《心理科学》2003年第26卷第4期，第747—749页。

仲理峰：《心理资本对员工的工作绩效、组织承诺及组织公民行为的影响》，《心理学报》2007年第39卷第2期，第328—334页。

朱志红、孙配贞等：《高职生父母教养方式与生命意义——自尊的中介作用》，《中国心理卫生杂志》2011年第25卷第9期，第695—699页。

英文部分

A

Achata H. , Kawachia I. , et al. A Prospective Study of Job Strain and Risk of Breast Cancer [J] . *International Journal of Epidemiology*. 2000, 29: pp. 622—629.

Adler A. Striving for Superiority. In H. L. Ansbacher, R. Ansbacher (Eds.),

Alder P. S. , Kwon S. Social capital: Prospects for a New Concept [J] . *Academy of Management Review*, 2002, 27: pp. 17—40.

Andrews, F. M. , Withey, S. B. *Social Indicators of Well-being* [M] . New York: Plenum Press, 1976.

Ann S. C. The Prevention of Depression: Protective Mechanisms of Maintenance Interpersonal Psychotherapy [J] . *Dissertation Abstracts International Section B: The Sciences and Engineering*, 1998, 58 (10 - B): p. 5657.

Antonovsky A. *Unraveling the Mystery of Health: How People Manage Stress and Stay Well* [M] . San Francisco: Jossey-Bsss, 1987.

Audrey R. , Tyrka M. C. , et al. Childhood Maltreatment and Adult Personality Disorder Symptoms: Influence of Maltreatment Type [J] . *Psychiatry Research*, 2009, 165 (3): pp. 281—287.

Avey J. B. , Patera J. L. , West B. J. The Implications of Positive Psychological Capital on Employee Absenteeism [J] . *Journal of Leadership and Organizational Studies*, 2006, 13: pp. 42—60.

Avolio, B. J. , Gardner, W. L. , and Walumbwa, F. O. Unlocking the Mask: A Look at the Process by which Authentic Leaders Impact Follower Attitudes and Behaviors [J] . *Leadership Quarterly*, 2004, 15 (6): pp. 801—823.

Avolio, B. J. , and Luthans, F. *The High Impact Leader: Moments matter in AccelerAting Authentic Leadership Development* [M] . New York: McGraw-Hill, 2006.

B

Bandura A. Self-efficacy: Toward a Unifying Theory of Behavioral Change [J] . *Psychological Review*, 1977, 84: pp. 191—215.

Battista J. , Almond R. The Development of Meaning in Life [J] . *Psychiatry*, 1973, 36 (4): pp. 409—427.

Baumeister, R. F. *Meaning of Life* [M] . New York: The Guildford, 1991: pp. 29—57.

Bering J. M. The Existential Theory of Mind [J] . *Review of General Psychology*, 2002, 6: pp. 3—24.

Berne E. Classification of Positions [J] . *Transactional Analysis Bulletin*, 1962, (3): p. 23.

Berne E. *What do you Say After you Say Hello*? [M] . The Psychology of Human Destiny. New York: Grove Press, 1972: p. 3.

Boholst. F. A. A life position scale [J] . *Transactional Analysis Journal*, 2002, 32: pp. 28—32.

Bond J. M. , Feather N. T. Some Correlates and Purpose in the Use of Time [J] . *Journal of Personality and Social Psychology*, 1988, 55 (2): pp. 321—329.

Bradburn, N. M. *The structure of Psychological Well-being* [M] . Chicago: Aldine, 1969.

Brissette I. , Scheier M. F. , Carver C. S. The Role of Optimism in Social Network Development, Coping, and Psychological Adjustment during a Life Transition [J] . *Journal of Personality and Social Psychology*. 2002, 82: pp. 102—111.

Britton B. K. , Glynn S. M. Mental management and Creativity: A Cognitive Model of Time Management for Intellectual Productivity In: Glover J. A. , Ronning R. R. , Reynolds C. R. (eds.) . Handbook of Creativity [C] . New York: Plenum Press, 1989: pp. 429—440.

Burns D. D. The Perfectionist's Script for Self-defeat [J]. *Psychology Today*, 1980, 14 (6): pp. 34—52.

C

Campbell A. Subjective Measures of Well-being [J]. *American Psychologist*, 1976, 31: pp. 117—124.

Campbell A., Converse P. E., Rogers W. L.. *The Qualtiy of American Life: Perceptions, Evaluation and Satisfaction* [M]. New York: Russell Sage, 1976: pp. 35—36.

Cole K. Wellbeing, Psychological Capital, and Unempolyment: An Integrated Theory [R]. Paper Presented at the Joint Annual Conference of the International Association for Research in Economic Psychology (IAREP) and the Society for the Advancement of Behavioral Econoics (SABE), Paris, France, 2006.

Crumbaugh J. C., Maholic L. T. An Experimental Study in Existentialism: The Psychometric Approach to Frankl's Concept of Noogenic neurosis [J]. *Journal of Clinical*, 1964, 11 (2): pp. 76—88.

Crumbaugh J. C. *Everything to Gain: A Guide to Self-fulfillment Through Logoanalysis* [M]. Chicago: Nelson-Hall Company, 1973.

Crumbaugh J. C. The Seeking of Noetic Goals Test (SONG): A Complementary Scale to the Purpose in Life Test (PIL) [J]. *Journal of Clinical Psychology*, 1977, 33: pp. 900—907.

D

Debatsd L. The Life Regard Index: Reliability and validity [J]. *Psychological Reports*, 1990, 67 (1): pp. 27—34.

Diener E. subjective well-being [J]. *Psychological Bulletin*, 1984, 95 (3): pp. 542—575.

Diener E., Scollon C. N., Lucas R. E. The Evolving Concept of Subjective Well-being: the Multifaceted Nature of Happiness [A]. In Costa P. T., Siegler I. C. (eds.). *Advances in Cell Aging and Gerontology* [C]. Amsterdam: Elsevier, 2004: pp. 187—220.

Diener E., Larsen R. J., & Emmons R. A. Person and Situation Interactions: Choice of Situations and Congruence Response Models [J]. *Journal of Personality and Social Psychology*, 1984, (47): pp. 580 — 592.

Diener E., Eunkook M. S., Richard E. et al. Subjective Well-Being: Three Decades of Progress [J]. *Psychology Bulletin*, 1999, 125 (2): pp. 276—294.

Durkheim E.. *Suicide* [M]. New York, NY: Russell Sage, 1951.

Dusay J. Egograms and the "Constancy Hypothesis" [J]. *Transactional Analysis Journal*, 1972, 2 (3): pp. 37—41.

Dusay J. Egograms: *How I See you and you See me* [M]. New York: Harper & Row, 1977: p. 3.

F

Fabry J. *Use of the Trans-personal in Logotherapy* [A]. In Boorstein S. (Eds.). *Trans personal Psychology* [C]. Plao Alto, CA: Science and Behavior Books, 1980.

Frankl V. E. *Man's Search for Meaning: An Introduction to Logotherapy* [M]. NewYork: Washington Square Press, 1963.

Frend S. *Path to Growth or Open Wound? The Quest for Meaning and Coping with Trauma in Patients with Posttraumatic Stress Disorder* [M]. London: Hogarth, 1964 (Originally published in 1894).

Fredrickson B. L. The Role of Positive Emotions in Positive Psychology: The Broaden and Build Theory of Positive Emotion [J]. *American Psychologist*, 2001, 56: pp. 218—226.

Frost R., Marten P., Lahart C. The Dimensions of Perfectionism [J]. *Cognitive Therapy and Research*, 1990, 14: pp. 449—468.

G

Gable S. L., Haidt J. What (and why) is Positive Psychology? [J]. *Review of General Psychology*, 2005, 9: pp. 103—110.

Goldsmith A. H., Darity W., and Veum J. R. Race, Cognitive Skills, Psychological Capital and Wages [J]. *Review of Black Political Economy*,

1998, (26): pp. 13—22.

H

Halgin R. P. In the field: Understanding and Treating Perfectionistic College Students [J] . *Journal of Counseling & Development*, 1989, 68: pp. 222—225.

Harter J. K. , Schidt F. L. , Hayes T. L. Business-unit Level Relationship Between Employee Satisfaction, Employee Engagement, and Business Outcomes: A Meta-analysis [J] . *Journal of Applied Psychology*, 2002, 87: pp. 268—279.

Heady B. , Wearing, A. Personality, Life Events, and Subjective Well-being: Toward Equilibrium Model [J] . *Journal of Personality and Social psychology*, 1989, 57 (4): pp. 731—739.

Hedlund D. E. Personal Meaning: The Problem of Education for Wisdom [J] . *Personnel and Guidance Journal*, 1977, 55 (10): pp. 602—604.

Heine S. J. (2006) . Death and Black Diamonds: Meaning, Mortality, and the Meaning Maintenance Model [J] . *Psychological Inquiry*, 17: pp. 309—318.

Hess J. I. *An Instrument for the Measurement of the Transactional Analysis Life position* [D] . State University, 1978.

Hollender M. H. Perfectionism [J] . *Comprehensive Psychiatry*. 1965, 6 (2): pp. 94—103.

Horney K. *Neurosis and Human Growth: The Struggle Towards Self-realization* [M] . New York: Norton, 1950: p. 391.

Hosen R. , Solovey-Hosen D. , and Stern L. Education and Capital Development: Capital as Durable Personal, Social, Economic and Political Influences on the Happiness of Individuals [J] . *Education*, 2003, 123 (3): pp. 496—513.

J

Judge T. A. , Bono J. E. Relationship of Core Self-evaluation Traits-Self-esteem, Generalized Self Efficacy, Locus of Control, and Emotional Stabilitywith Job-satisfaction and Performance: A Meta-analysis [J]. *Journal of Applied Psychology*, 2001, 86 (1): pp. 80—92.

Judge T. A., Thoresen C. J., Bono J. E., et al. The Job Satisfaction-Job Performance Relationship: A Quantitative Review [J]. *Psychological Bulletin*, 2001, 77 (3): pp. 376—407.

Jensen S. M. *Entrepreneurs as Leaders: Impact of Psychological Capital and Perceptions of Authenticity on Venture Performance* [D]. University of Nebraska, 2003.

K

King L. A., Hicks J. A., Krull J. L. et al. Positive Affect and the Experience of Meaning in Life [J]. *Journal of Personality & Social Psychology*, 2006, 90 (1): pp. 179—196.

Larson M. D., Luthans F. *Beyond Human and Social Capital: The Additive Value of Psychological Capital on Employee Attitude* [R]. Nebraska: Gallup Leadership Institute, University of Nebraska-Lincoln, 2004.

Lazarus R. S., Folkman S. *Stress, Appraisal, and Coping* [M]. New York: Springer, 1984.

Letcher L., Niehoff B. *Psychological Capital and Wages: A Behavioral Economic Approach* [R]. Minneapolis, MN: Midwest Academy of Management: 2004.

Luthans F. The Need for and Meaning of Positive Organizational Behavior [J]. *Journal of Organizational Behavior*, 2002, 23 (6): pp. 695—706.

Luthans F. Positive Organizational Behavior: Developing and Managing Psychological Strengths [J]. *Academy of Management Executive*. 2002, 16: pp. 57—72.

Luthans F., Luthans K. W, and Luthans B. C. Positive Psychological Capital: Beyond Human and Social Capital [J]. *Business Horizons*, 2004, 47: pp. 45—50.

Luthans F., Youssef C. M. Human, Social, and New Positive Psychological Capital Management: Investing in People for Competitive Advantage [J]. *Organizational Dynamics*, 2004, 33 (2): pp. 143—160.

Luthans F., Avolio B. J., Walumbwa F. O., and Li. W. X. The Psychological

Capital of Chinese Workers: Exploring the Relationship with Performance [J]. *Management and Organization Review*, 2005, 1 (2): pp. 249—271.

Luthans K. W., Jensen S. M. The Linkage between Psychological Capital and Commitment to Organizational Mission: A Study of Nurses [J]. *The Journal of Nursing Administration*, 2005, 35: pp. 304—310.

Luthans F., Youssef C. M, Avolio B. J. *Psychological Capital: Developing the Human Competitive Edge* [M]. Oxford, UK: Oxford University Press, 2007.

Luthans F., Avolio B. J., Avey J. B. Psychological Capital: Measurement and Relationship with Performance and Satisfaction [J]. *Personnel Psychology*, 2007, 60 (3): pp. 541—573.

Luthans K. W, Jensen S. M. The Linkage between Psychological Capital and Commitment to Organizational Mission: A Study of Nurses [J]. *The Journal of Nursing Administration*, 2005, 35: pp. 304—310.

M

Macan T. H. (1994). Time Management: Test of a Proecess Model [J]. *Journal of Applied Psychology*, 79: pp. 381—391.

Maggs J. L., Schulenberg J. Reasons to Drink and Not to Drink: Altering Trajectories of Drinking Through an Alcohol Misuse Prevention Program [J]. *Applied Developmental Science*, 1998, 2 (1): pp. 48—60.

Marcia W., Dawn H., Steve C. et al. Shame, Guilt, Symptoms of Depression, and Reported History of Psychological Maltreatment [J]. *Child Abuse and Neglect*, 2007, 31 (11-12): pp. 1143—1145.

Maslow A. H. A Theory of Human Motivation [J]. *Psychological Review*, 1943, 50: pp. 370—396.

Mcmahan E. A., Renken M. D. Eudaimonic Conceptions of Well-being, Meaning in Life, and Self-reported Well-being: Initial Test of a Meditational Model [J]. *Person Individ Differ*, 2011, 51 (2): pp. 589—594.

Meier A., Edwards H. Purpose in Life Test: Age and Sex Differences [J]. *Journal of Clinical Psychology*, 1974, 30, pp. 384—386.

Michael F. , Steger M. F. , Patricia F. Meaning in Life: One Link in the Chain from Religiousness to Well-Being [J] . *Journal of Counseling Psychology*, 2005, 52 (4): pp. 574—582.

Meyer J. P. , Stanley D. J. , Herscovitch L. , et al. Affective, Continuance, and Normative Commitment to the Organization: A Meta-Analysis of Antecedents, Correlates, and Consequences [J] . *Journal of Vocational Behavior*, 2002, (61): pp. 20—52.

Peterson C. , Park C. Learned Helplessness and Explanatory Style [J] . *Advanced Personality*. 1988, 2: pp. 287—320.

Michael F. , Steger M. F. , Patricia F. Meaning in Life: One Link in the Chain from Religiousness to Well-Being [J] . *Journal of Counseling Psychology*, 2005, 52 (4): pp. 574—582.

Michael F. , Steger M. F. , Patricia Frazier. Meaning in Life: One Link in the Chain Hopelessness as Correlates of Reattempting Suicide [J] . *British Journal of Clinical Psychology*, 1992, (31): pp. 293—300.

Mooren S. L. , Metcalf B. , Schow E. The Quest for Meaning in Aging [J] . *Geriatric Nursing*, 2006, 27 (5): pp. 293—299.

Morgan J. , Farsides T. Measuring Meaning in Life [J] . *Journal of Happiness Studies*, 2009, 10: pp. 197—214.

N

Namkung, D. A Study of the Purpose in Life among Korean High School Seniors [D] . Corvallis: Oreagon State University, 1981.

Neugarten, B. L. , Hvaighusrt, R. J. , Tbbni, S. The Measurement of Life Saitsacftion [J] . *Journal of Gerontology*, 1961 (16): pp. 134—143.

P

Pacht, A. R. Reflections on Perfectionism [J] . *American Psychologist*, 1984, 39 (4): pp. 386—390.

Page L. E. , Bonohue R. *Positive Psychological Capital : A Preliminary Exploration of the Constract* [R] . Australia: Department of Management of Monash University, 2004.

Peterson C. , Seligman M. E. P, et al. Pessimistic Explanatory Style is a Risk Factor for Physical Illness: A Thirty-five Years Longitudinal Study [J] . *Journal of Personality and Social Psychology*. 1988, 55: pp. 23—27.

Peterson S. , Luthans F. The Positive Impact of Development of Hopeful Leaders [J] . *Leadership and Organization Development Journal*, 2002, 24: pp. 26—31.

R

Reker G. T. Meaning and Purpose in Life Across the Life span: Across-sectional Multivariate Analysis [J] . *ERIC Document Reproduction Service ED*, 1984, pp. 248—450.

Reker G. T. *Manual of the Life Attitude Profile-Revised* [M] . Peterborough: Student Psychologists Press, 1992.

Reker G. T. Chamberlain K. *Exploring Existential Meaning: Optimising Human Development Across the Life Span* [M] . USA: Sage, 2000.

Reker G. T. Prospective Predictors of Successful Aging in Community-residing and Institutionalized Canadian Elderly [J] . *Ageing International*, 2002, 27: pp. 42—64.

Revicki D. A. , Mitchell J. P. Strain, Social Support, and Mental Health in Rural Elderly Individuals [J] . *Journal of Gerontology*, 1990, 45 (6): pp. 267—274.

Rogers C. R. A Process Conception of Psychotherapy [J] . *American Psychologist*, 1958, 13: pp. 142—149.

Rogers C. R. *A Theory of Therapy, Personality, and Interpersonal Relationship as Developed in the Client-centered Framework* [M] . In Koch. Psychology: A Study of Science. New York: McGraw-Hill, 1959: pp. 184—256.

Rogers C. R. *On Become person Boston* [M] . Mass: Houghton Mifflin, 1961.

Rowena R. A. , Heinz L. A. . *The Individual Psychology of Alfred Adler: A Systematic Presentation in Selections from His Writing* [M] . New York: Harper Collins, 1964: p. 503.

Ryff C. D. The structure of Psychological Well-being Revisited [J] . *Journal of Personality and Social Psychology*. 1995, 69: pp. 719—727.

S

Schnell T. The Sources of Meaning and Meaning in life Questionnaire (So Me): Relations to Demographics and Well-being [J]. *The Journal of Positive Psychology* 2009, 4 (6): pp. 483—499.

Seligman M. E. P. The President's Address [J]. *American Psychologist*, 1999, 54: pp. 5—14.

Seligman M. E. P. Sikszentmihalyi M. Positive Psychology: an Introduction [J]. *American Psychologist*, 2000, 55 (1): pp. 5—14.

Seligman M. E. P, *Authentic Happiness* [M]. New York: Free Press, 2002.

Sheldon M., King L. Why Positive Psychology is Necessary [J]. *American Psychologist*, 2001, 56 (3): pp. 216—217.

Snyder C. R., Lopez S. (Eds.). *Handbook of Positive Psychology* [M]. New York: Oxford University Press, 2002.

Snyder C. R., Irving L. M., Anderson S. A. *Hope and Health*: *Measuring the Will and the Ways* [A]. In Snyder C. R., Forsyth D. R. (eds.)., Handbook of Social and Clinical Psychology: The Health Perspective, 1991, pp. 285—305.

Stajkovic A. D., Luthans F. Self-efficacy and Work-related Performance: A Meta-analysis [J]. *Psychological Bulletin*, 1998, 124 (2): pp. 240—261.

Swede S. OK Corral for Life Position: A Summary Table [J]. *Transactional Analysis Journal*, 1978, 8: pp. 59—62.

Steger M. F., Frazier P., Kaler M., Qishi S. The Meaning in Life Questionnaire: Assessing the Presence of and Search for Meaning in Life [J]. *Journal of Counseling Psychology*, 2006, 53 (1): pp. 80—93.

Steger M. F., Kashdan T. B., Sullivan B. A., et al. Understanding the Search for Meaning in Life: Personality, Cognitive Style, and the Dynamic between Seeking and Experiencing Meaning [J]. J *Person*, 2008, 76 (2): pp. 199—228.

Steger M. F., Oishi S., Kesebir S. Is a Life Without Meaning Satisfying? The Moderating Role of the Search for Meaning in Satisfaction with Life Judgments

[J] . *J Position Psycholgy*, 2011, 6 (3): pp. 173—180.

Stewart I. , Joines V. *TA Today: A New Introduction to Transactional Analysis* [M] . Nottingham: Life Space Publishing, 1987: pp. 117.

T

Tettegah S. *Teachers, Identity, Psychological Capital and Electronically Mediated Representations of Cultural Consciousness* [R] . In Proceeding of World Conference on Educational Multimedia, Hypermedia and Telecommunications, Chesapeake, VA: AACE, 2002: pp. 1946—1947.

V

Veenhoven R. Is Happiness Relative [J] . *Social Indicators Research*, 1991, (1): pp. 1—34.

W

Wagnild G. M. , Young H. M. Development and Psychometric·Evaluation of the Resiliency Scale [J] . *Journal of Nursing Management*, 1993, (2), 165—178.

White T. Life Positions [J] . *Transactional Analysis Journal*, 1994, 24 (4): pp. 269—276.

Wiesner V. *An Examination of the Relationships Between Affective Traits and Existential Life Positions* [D] . Texas: University of North Texas, 2004.

Wong P. T. , Fry P. S. *The Human Quest for Meaning: A Handbook of Psychological Research and Clinical Applications* [M] . Mahwah, NJ: Erlbanm, 1998.

Wilson W. *Correlates of Avowed Happiness* [M] . Psychological Bulletin, 1967.

X

Xiao H. M. , Kwong E. , Pang S. , Mok E. Perceptions of a Life Review programme among Chinese Patients with Advanced Cancer [J] . *Journal of Clinical Nursing*, 2012, 21: pp. 564—572.

Y

Yalom I. D. *Existential Psychotherapy* [M] . New York: Basic Books, 1980.

Youssef C. M. , Luthans F. Positive Organizational Behavior in the Workplace: The Impact of Hope, Optimism and Resiliency [J] . *Journal of Management*, 2007, 33 (5): pp. 774—800.

Z

Zika S. , Chamberlain K. On the relation between Meaning in Life and Psychological Well-being [J] . *British Journal of Psychology*, 1992, 83 (1): pp. 133—145.

后　记

改革开放以来，面对经济社会的持续发展和人们物质生活的极大改善，现实中却有越来越多的人会诉说“我的生活没有意义”、“我过得并不幸福”。这反映了人们的生命意义感与幸福感似乎并没有随着物质生活的好转而同步变化，因此，我们也就不难理解为什么有那么多人在直呼和追问“生命的意义是什么?”、“我的幸福在哪里?”……

幸福，是人类亘古不变的追求。古往今来，概览民众生活呈现出的多样化状态，从中不难发现，人生路上，人各有志——有人坚持奋斗，锐意进取，期盼拥有巨大的物质财富、争取自己的地位与名声；也有人不愿身居高职、不图荣华富贵，只求淡雅恬静之人生……不管现实生活中的人们各自的追求有何差异，但有一点是相同的——向往幸福的人生，找寻生命的意义。对幸福和意义人生的追求，是人类永恒的主题。而且，伴随着经济社会发展的转型与精神文化建设的强化，在中国社会“生命意义感”已经提升到了人们的意识层面。也正因为如此，才有了我们对人生幸福学的探讨和对生命意义感的追问。

如何去获得幸福，实现生命的价值，它不是通过一个简单的公式就可以诠释的，也不是一句精练的话语就能够涵盖的，更不是靠外界世界来赋予的。它需要我们自己对每一个关键性生活细节与过程的审视，主动学习解决生活中棘手问题的智慧与方法，努力构建一个积极健康的心态，在日常生活的点点滴滴中去发现和感悟生命的真谛。只有这样，一个人才可以在其一生中体味到生命的价值，获得生命意义感，享受人生的幸福。

课题组在对大学生群体进行充分调研的基础上，获得他们对生命意义感和人生幸福感进行思考的第一手材料，并从理论上进行了充分的研讨与分析，形成了本书的写作框架，这其中蕴含着很多值得探讨和深化研究的内容，这也是我们编写本书的初衷，希望借此机会，与那些思考人生、希冀幸福的人们分享我们研究后的心得与体会。我们也希望通过这样的一种努力方式，陪伴大家思考生命意义感的影响因素，追寻生命的意义，感受人生的幸福。

虽竭尽全力，但囿于学识水平和时间仓促之限，书中难免有不足和欠妥之处，敬请同行、专家和读者不吝赐教，以便于我们今后进一步修改和完善。

最后，祝愿朋友们携起手来构建、发展和完善属于自己的独特人生。愿我们能生活在一个充满生命意义感的世界里！

孙 颖 侯振虎 饶 芳

2014 年 7 月 20 日